풍부한 그림과 다양한 일러스트로
쉽게 배워보는 파이썬
가장 쉬운
파이썬
입문교실
오오사와 후미타카 지음 | 김은철, 유세라 옮김

YoungJin.com Y.
영진닷컴

ICHIBAN YASASHII PYTHON NYUMON KYOSHITSU by Fumitaka Osawa

First published in Japan by Sotechsha Co., Ltd., Tokyo
This Korean language edition is published by arrangement with Sotechsha Co., Ltd., Tokyo
in care of Tuttle-Mori Agency, Inc., Tokyo through Shin Won Agency Co., Seoul.

Illustration by Ayaka Sumida

ISBN 978-89-314-5800-8

독자님의 의견을 받습니다.

이 책을 구입한 독자님은 영진닷컴의 가장 중요한 비평가이자 조언가입니다. 저희 책의 장점과 문제점이 무엇인지, 어떤 책이 출판되기를 바라는지, 책을 더욱 알차게 꾸밀 수 있는 아이디어가 있으면 팩스나 이메일, 또는 우편으로 연락주시기 바랍니다. 의견을 주실 때에는 책 제목 및 독자님의 성함과 연락처(전화번호나 이메일)를 꼭 남겨 주시기 바랍니다. 독자님의 의견에 대해 바로 답변을 드리고, 또 독자님의 의견을 다음 책에 충분히 반영하도록 늘 노력하겠습니다.

이메일 : support@youngjin.com
주　소 : (우)08505 서울시 금천구 가산디지털2로 123 월드메르디앙벤처센터2차 10층 1016호 (주)영진닷컴 기획1팀

파본이나 잘못된 도서는 구입하신 곳에서 교환해 드립니다.

저자 오오사와 후미타카 | **역자** 김은철, 유세라
총괄 김태경 | **진행** 김민경 | **디자인** 함세영 | **편집** 함세영, 지화경 | **인쇄** 서정바인텍
영업 박준용, 임용수 | **마케팅** 이승희, 김다혜, 김근주, 조민영 | **제작** 황장협

구입 또는 이용하시기 전에 반드시 읽어 주십시오.

이 책 이용에 관한 주의사항

- 이 책에서 사용하는 Python은 Windows는 3.6.3으로, Mac은 3.6.4로 설명합니다.

- 이 책에 기재된 내용은 정보 제공 만을 목적으로 하고 있습니다. 따라서 이 책을 이용한 운용은 반드시 독자님 자신의 책임과 판단 하에 실시해 주십시오. 이 책의 내용은 집필 시점에서의 정보이며, 예고 없이 내용이 변경될 수 있습니다. 또 이 책에 기재된 URL은 집필 당시의 것으로 예고 없이 변경될 수 있습니다. 이용 시에는 변경되었을 가능성이 있습니다(버전의 차이만 있을 뿐, 동작에 큰 문제가 되지 않습니다).

- 이상의 주의사항을 양해하신 뒤에 이 책을 이용해 주시기 바랍니다.

예제 파일 다운로드 방법

[파이썬 입문교실] 도서의 예제 파일(소스 코드)는 영진닷컴 홈페이지(www.youngjin.com)의 도서 자료실에서 다운로드 할 수 있습니다. [고객센터]-[부록 CD 다운로드]를 클릭하고, 검색 창에서 '파이썬 입문교실'을 입력하여 검색하면 됩니다.

제공되는 예제 파일(소스 코드)은 파이썬 입문교실 도서를 구매한 독자만 사용이 가능하므로 해당 파일을 다운 받으신 후, 압축 해제 시 비밀번호 youngjinclass0789 를 꼭 입력하셔야 합니다.

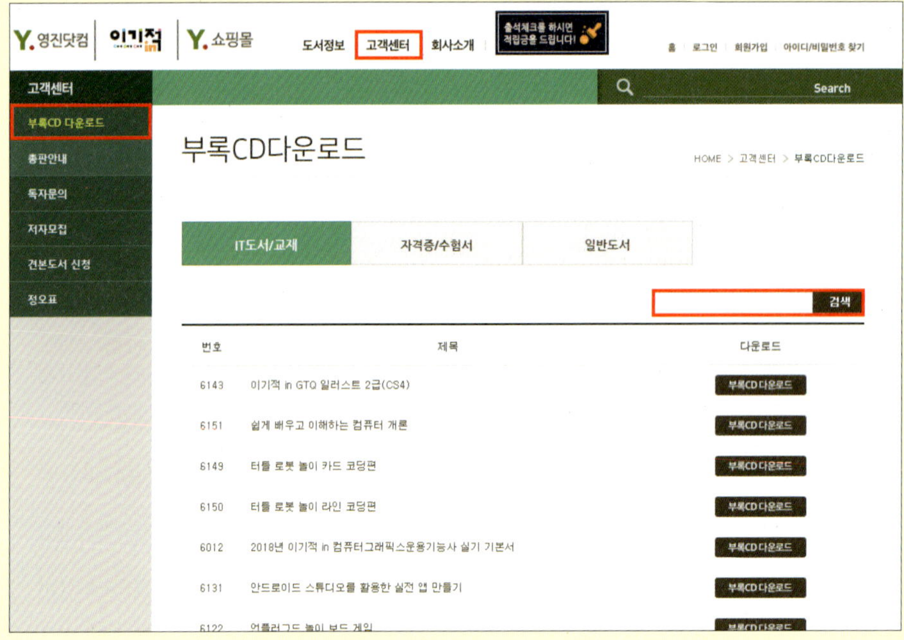

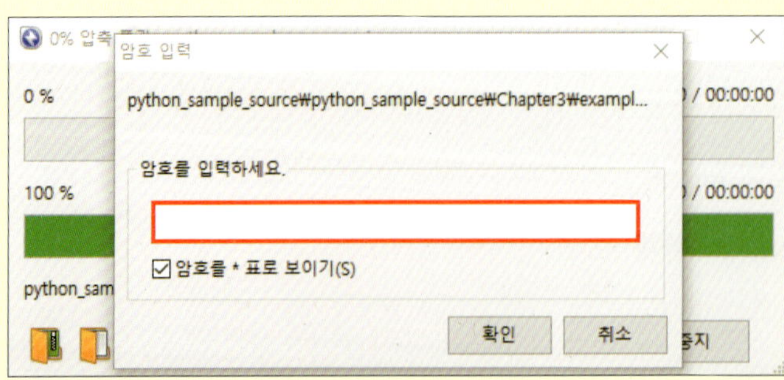

다운받을 수 있는 예제 파일(소스 코드)에는 아이콘이 붙어 있습니다.

List example08-03-01.py

```
# 클래스 임포트
from reportlab.pdfgen import canvas
from reportlab.pdfbase import pdfmetrics
from reportlab.pdfbase.cidfonts import UnicodeCIDFont
import reportlab.lib.units as unit
import reportlab.lib.pagesizes as pagesizes

# 폰트 등록
pdfmetrics.registerFont(UnicodeCIDFont("HYSMyeongJo-Medium"))

# PDF를 만든다
pdf = canvas.Canvas("example.pdf", pagesize=pagesizes.A4)
pdf.setFont("HYSMyeongJo-Medium", 14)
pdf.drawString(10 * unit.mm, 270 * unit.mm, "한글 PDF")
pdf.save()
```

스스로 코드를 입력하고, 오류가 발생하면 예제 파일(소스 코드)을 다운받아서 어디에 문제가 있는지 확인해보세요.

머리말

예전에는 가볍게 취미로 시작한 프로그래밍. 점점 복잡해져 최근 10년 정도에 그 분야의 전문가가 아니면 다룰 수 없게 되어버렸습니다.

"컴퓨터 프로그래밍은 재미있어! 조금 더 많은 사람에게 프로그래밍을 시작하는 계기를 줄 수 있다면"이라고 생각한 것이 책을 쓰기 시작한 동기입니다.

그럼 어떻게 하면 재미를 전할 수 있을까? 그것은 지금 당장 시험할 수 있고, 결과를 볼 수 있는게 중요하다고 생각했습니다.

그래서 선택한 것이 Python입니다. Python이라면 명령을 입력하면 바로 실행할 수 있습니다.

Python을 확장하는 모듈이라 불리는 기능도 풍부하므로 윈도의 표시나 PDF 작성 등 짧은 프로그램으로 구현할 수 있습니다.

이 책에서는 Python의 이러한 이점을 활용하는 기본적인 문법을 설명한 다음, [수 맞추기 게임을 만든다], [윈도 상에서 원이나 사각형, 삼각형을 움직인다], [PDF로 플래카드를 만든다]와 같은 3가지 실제 예를 살펴보면서 학습을 진행합니다.

책을 읽을 때는 가능하면 직접 해보면서 실제로 동작하는 모습을 보며 진행하길 추천합니다(예제 파일은 다운받을 수 있으므로 직접 입력하지 않아도 됩니다).

그리고 "이 부분을 조금 바꾸면 어떻게 될까?" 하는 호기심을 갖고 조금 바꿔보세요. 그렇게 하면 좀 더 이해가 깊어질 것입니다.

이 책이 프로그래밍을 시작하는 계기가 되고, 그리고 프로그램의 즐거움을 전할 수 있다면 좋겠습니다.

2017년 4월

오오사와 후미타카

저자 소개

오오사와 후미타카

기술서 작가. 프로그래머. 정보처리 기술자(정보 보안 전문가, 네트워크 전문가), 잡지나 책 등에 개발자 대상의 기사를 중심으로 집필. 주로 서버나 네트워크, Web 프로그래밍, 보안관련 기사를 담당한다. 최근에는 Web 시스템 설계·개발을 하고 있다.

주요 저서

[제대로 사용할 수 있는 힘을 습득하는 Java 프로그래밍 입문], [제대로 사용할 수 있는 힘을 습득하는 Web과 프로그래밍의 기본의 기본], [Amazon Web Services 네트워크 입문], [Amazon Web Services 완전 솔루션 가이드], [Amazon Web Services 클라우드 디자인 패턴 구현 가이드], [UI까지 손이 닿지 않는 프로그래머를 위한 Bootstrap 3 실용 가이드], [prototype.js와 script.aculo.us에 의한 리치 애플리케이션 개발], [TWE-Lite로 시작하는 센서 전자 공작], [TWE-Lite로 시작하는 간단 전자 공작]

이 책의 구성

1

주고받는 대화를 통해 이번 Lesson에서 무엇을 배울지 미리 살펴봅니다.

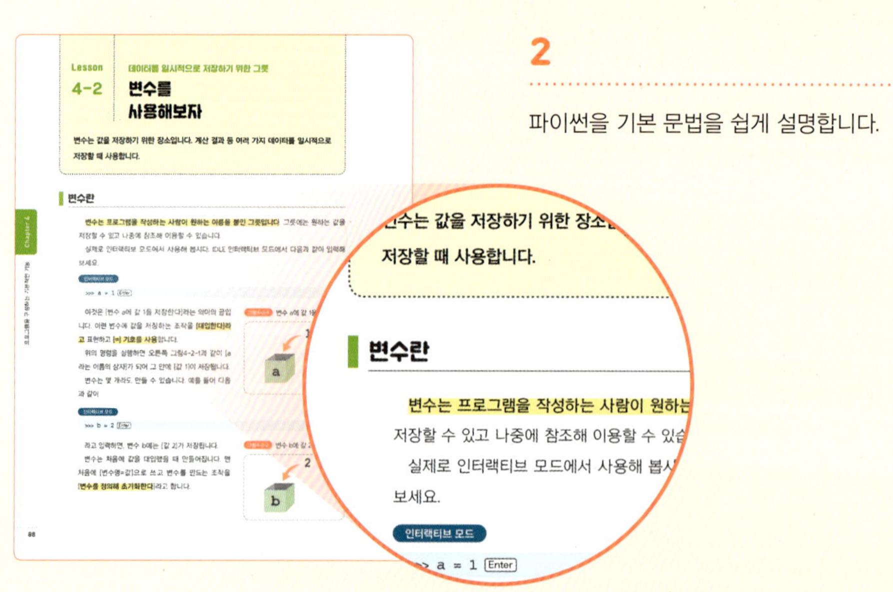

2

파이썬을 기본 문법을 쉽게 설명합니다.

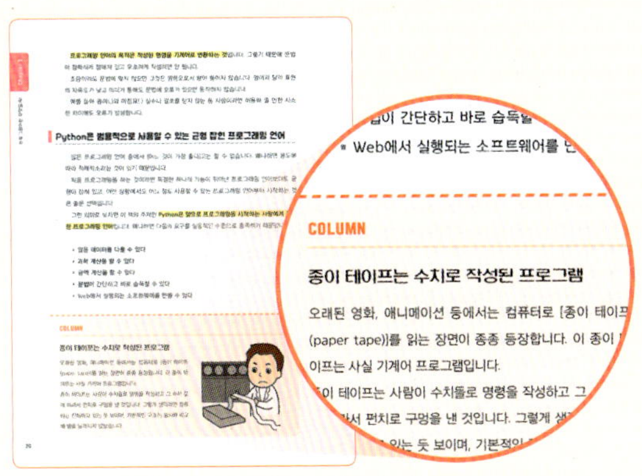

3

파이썬을 더 자세히 이해할 수 있도록 추가 내용을 배웁니다.

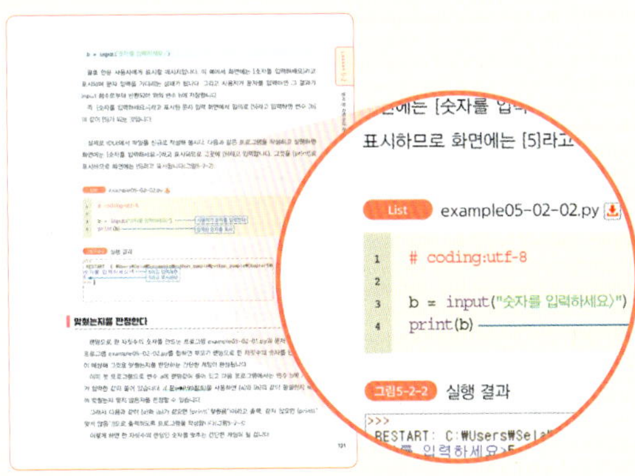

4

제공되는 예제 파일(소스 코드)를 통해 직접 실습합니다.

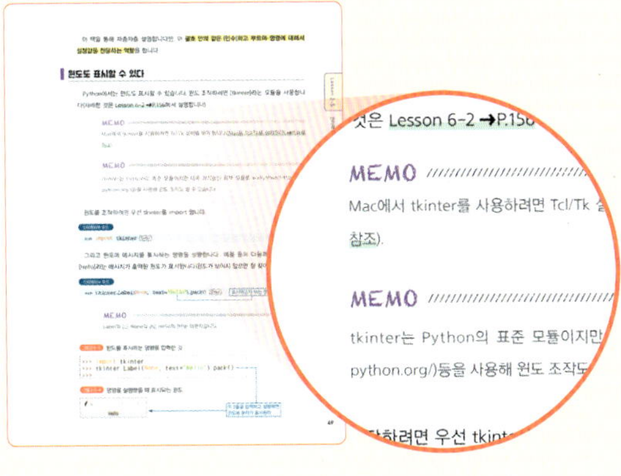

5

파이썬을 배우면서 Tip이 될 만한 내용들을 알려줍니다.

목차

Chapter 1
프로그램이란 무엇일까?

Chapter2
Python을 시작합시다.

Chapter 3
Python으로 프로그램을 작성할 때의 규칙

Chapter 4
프로그램을 구성하는 기본적인 기능

Chapter 5
수 맞추기 게임을 만들어보자

Chapter 6
수 맞추기 게임을 그래피컬하게 하자

Chapter 7
클래스와 객체

Chapter 8
확장 모듈을 사용해보자

Chapter 1

프로그램이란 무엇일까?

프로그램이란 컴퓨터가 처리할 수 있는 명령을 쓴 지시서입니다.
프로그램을 만들게 되면 컴퓨터를 자유자재로 다룰 수 있습니다. 게임을 만들거나 일할 때 사용하는 소프트웨어를 생각한 대로 만듭니다.

Lesson 1-1

도대체 [프로그램]이란 무엇일까?

프로그램이란 명령을 모아놓은 것

전원을 켜고 워드 프로세서나 표 계산, Web 브라우저, 메일 등의 아이콘을 클릭해 실행하면 다양한 소프트웨어의 기능을 사용할 수 있는 것이 컴퓨터입니다. 이렇게 동작을 하는 것은 [그런 동작을 하도록 작성한 프로그램]이 있기 때문입니다. 컴퓨터는 프로그램 없이는 어떤 동작도 할 수 없습니다.

프로그램이라고 하면 수학이나 기호 등의 나열이 떠올라요.

컴퓨터에 여러 가지 동작을 시키기 위한 [명령]이라고 생각하면 이해하기 쉽습니다.

그 명령을 프로그래머가 작성하는 거군요!

네. 먼저 기본적인 역할을 살펴봅시다.

컴퓨터와 연결된 기기를 제어한다

컴퓨터에는 디스플레이나 키보드, 마우스, 메모리, 하드디스크, 프린터, 네트워크 통신 등 여러 가지 주변 기기가 연결되어 있습니다. 이것들을 [**디바이스(device)**]라 합니다.

프로그램은 이런 디바이스에 대해 어떤 방식으로 데이터를 교환할지를 정한 것입니다(그림 1-1-1).

일반적으로 우리가 아이콘으로 실행하는 워드 프로세서 소프트웨어나 엑셀 소프트웨어, Web 브라우저, 메일 소프트웨어, 그리고 OS인 Windows와 Mac OS에 이르기까지 [소프트웨어]라고 불리는 것의 실체는 모두 [**프로그램**]입니다.

그림 1-1-1 프로그램은 컴퓨터에 연결된 디바이스를 제어한다

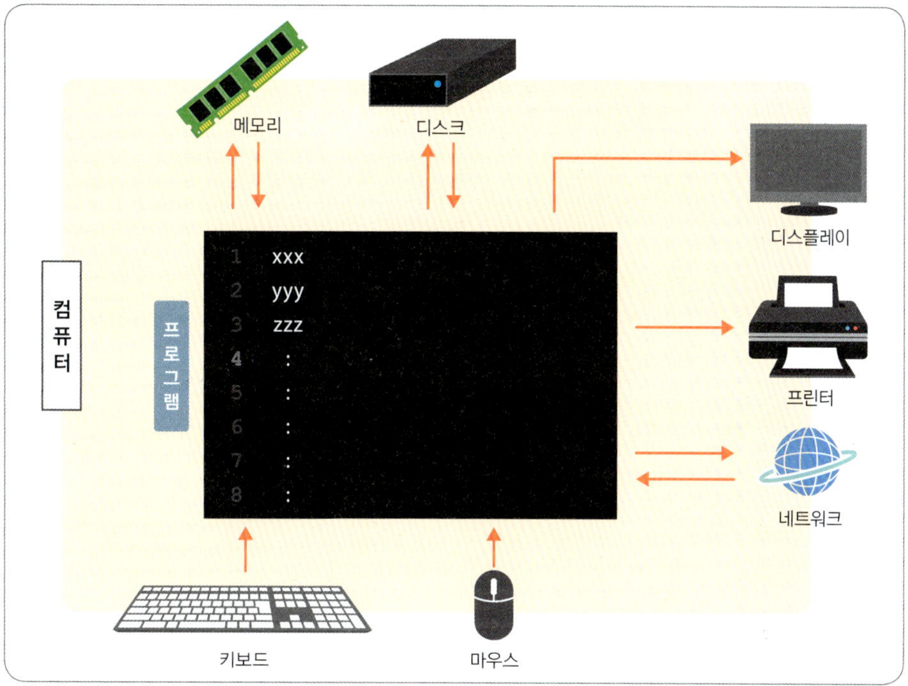

예를 들어 계산기라는 프로그램

이 설명만으로는 감이 오지 않으므로 조금 구체적으로 설명하겠습니다.

예를 들어 Windows에 있는 [계산기]를 보면, 계산기는 Windows를 개발한 마이크로소프트사가 만든 [**프로그램**]입니다. 계산기에는 숫자 키 또는 [+], [−], [×], [÷] 등의 사칙연산 키, 결과를 계산하는 [=] 키 등이 있습니다.

예를 들어 [1] 키를 누르면 화면에는 [1]로 표시됩니다. 이것은 계산기 프로그램에 [1] 키가 눌리면 [1]로 표시하라는 명령이 쓰여 있기 때문입니다.

보통 우리는 [1]키가 눌리면 [1]로 표시되는 것은 당연하다고 생각하지만 컴퓨터는 당연하지 않습니다. [누군가(그건 마이크로소프트사의 프로그래머)]가 그렇게 **명령을 계산기 프로그램으로서 작성했기 때문에 그대로 동작하는 것입니다**.

그림 1-1-2 계산기의 예

그림1-1-3 프로그램은 데이터를 가공하거나 계산하거나 한다

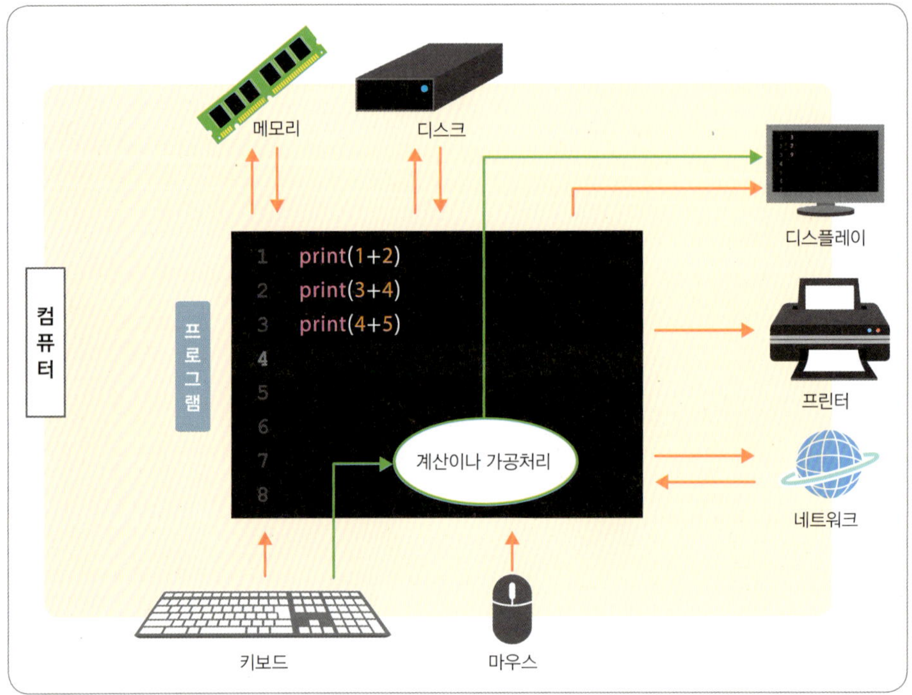

만일 계산기에 그런 명령이 쓰여 있지 않으면 [1] 키를 눌러도 아무런 반응이 없을 것입니다. 키가 눌렸을 때 어떤 동작을 컴퓨터에게 시키려면 그것을 위한 명령이 필요합니다.

계산 등의 가공 처리를 한다

그런데 계산기의 기능은 숫자 키가 눌렸을 때 그 숫자를 표시하는 것만은 아닙니다. [+] 키가 눌리면 덧셈을 하고 [-] 키가 눌리면 뺄셈을 합니다. [×]나 [÷]도 마찬가지입니다.

이러한 계산 방법을 정하는 것도 프로그램에 쓰인 명령입니다.

즉, 프로그램에서는 디바이스로부터 받은 데이터(이 계산기를 예로 말하면 키보드나 마우스에서 입력된 [수치])를 그대로 다른 디바이스(이 예에서는 디스플레이)에게 전송하는 것이 아니라 계산 등의 가공 처리를 추가로 합니다.

이러한 **데이터의 가공 방법을 정하는 것도 프로그램의 명령**입니다(그림1-1-3).

그림1-1-4 프로그램 명령은 공통된 처리로 묶을 수 있다

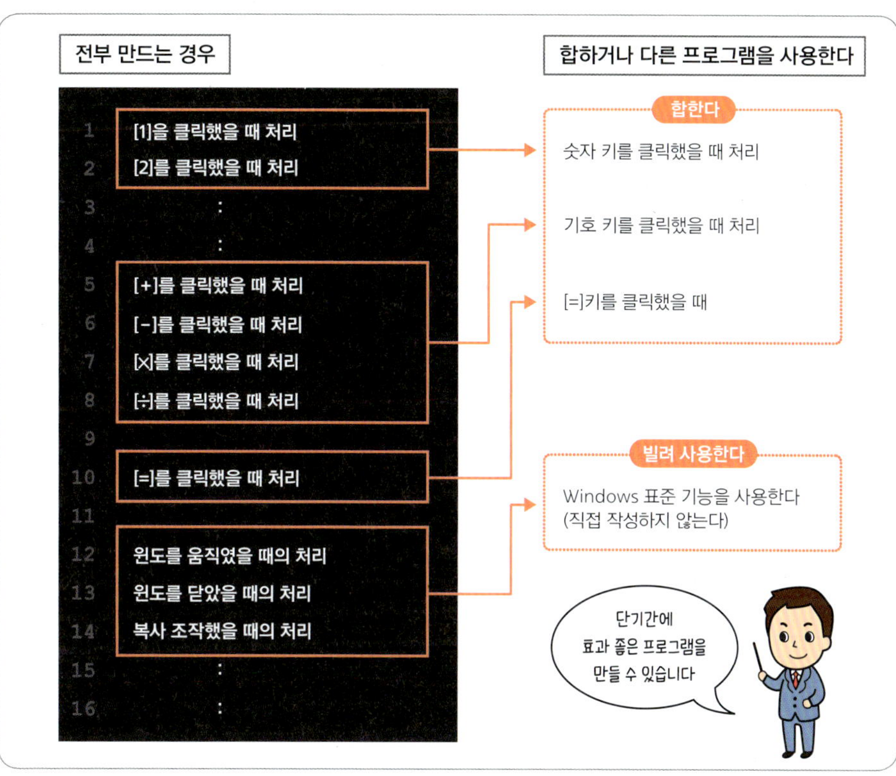

하나하나 작성하면 프로그램은 길어진다

여기까지 [1]이라는 키에 대해서만 설명했는데 [2]나 [3] 등의 다른 키에 대해서도 똑같이 프로그램되어 있습니다. 그러고 보면 계산기라는 프로그램은 단순하지만 모든 키에 대한 동작이 쓰여 있어 프로그램은 의외로 길어집니다.

프로그램이 길어지는 것은 컴퓨터는 [하나하나 모든 명령을 작성하지 않으면 동작하지 않는다]는 구조이기 때문에 피할 수 없습니다.

그러나 그렇다고 어려운 것은 아닙니다. 어려운 것이 아닌 [번거롭다]라는 것이 맞습니다.

그리고 그 번거로움은 사실 **[비슷한 기능을 하나로 합한다]거나 [누군가 다른 사람이 만든 프로그램을 사용한다] 등의 노력으로 해결**됩니다(그림1-1-4).

실제로 상용 프로그램을 만드는 많은 프로그래머는 이런 노력으로 짧은 시간에 효율성 높은 프로그램을 만듭니다.

Lesson 1-2

프로그램 언어는 많지만

프로그램은 어떻게 만들까?

프로그램은 컴퓨터가 이해할 수 있는 서식으로 기술해야 합니다. 그 서식을 정한 것이 프로그래밍 언어입니다. 프로그래머는 프로그래밍 언어로 규정된 문법대로 프로그램을 기술합니다. 그러면 컴퓨터에서 실행할 수 있게 됩니다.

프로그래밍이란
기계어와 프로그램 언어의 관계부터
근본적으로 설명합니다.

프로그램을 작성하기 위한 프로그래밍 언어

컴퓨터가 실행할 수 있는 명령은 [**기계어**]라고 불리는 것으로 수치 나열의 모임입니다. 예를 들어 수치 [4]는 [덧셈], [44]는 [뺄셈] 등 컴퓨터에 맞게 수치와 명령을 대응시킨 것이므로 우리가 직접 다루기는 힘듭니다. 이러한 수치의 나열로 명령을 표현하는 것은 어렵습니다.

그래서 조금 더 사람이 알기 쉽게 프로그램을 작성하게 위해 영어와 비슷한 문법으로 명령을 기술하는 구조가 고안되었습니다. 이 문법의 규약이 [**프로그래밍 언어**]입니다.

MEMO

프로그래밍 언어는 영어와 비슷한 문법을 사용해야 할 이유는 없습니다. 영어와 비슷한 이유는 프로그래밍 언어의 고안자 대부분이 외국인이기 때문입니다. 또한, 우리나라에서 고안한 것이라도 세계적으로 사용하기 위해서는 영어와 비슷한 문법을 사용해야 합니다.

프로그래밍 언어는 사람을 위한 것이며 컴퓨터가 실행할 수 없습니다. 작성한 프로그램은 특정 과정을 통해 기계어로 변환된 후 컴퓨터에서 실행됩니다.

보통 우리가 소프트웨어의 아이콘을 클릭하거나 해서 실행되는 파일의 정체는 이렇게 만들어진 **변환 후의 기계어 명령을 모은 것**입니다(그림1-2-1).

그림1-2-1 프로그래밍 언어는 기계어로 변환된다

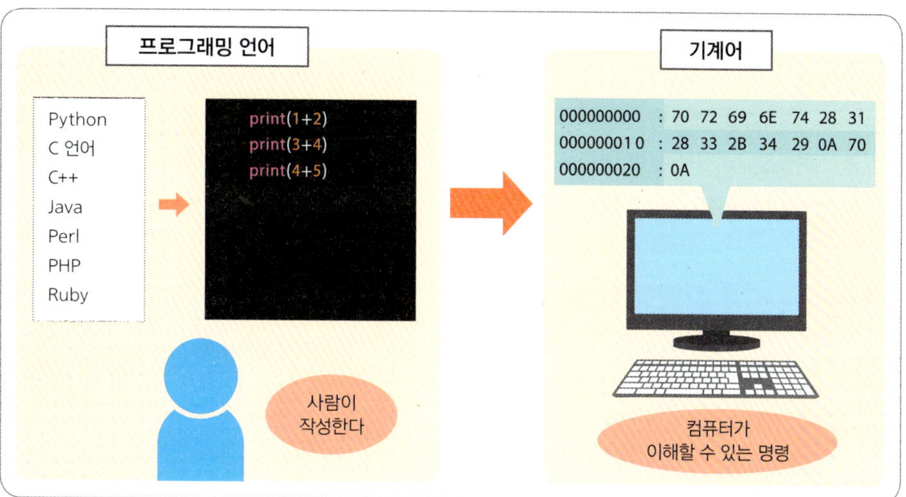

세상에는 많은 프로그래밍 언어가 있습니다

이 책에서 다루는 [Python]은 프로그래밍 언어 중의 하나에 불과합니다. 이 외에도 [C 언어], [C++], [Java], [Perl], [PHP], [Ruby] 등 다양한 프로그래밍 언어를 들은 적이 있을 것입니다.

많은 프로그래밍 언어가 있는 이유는 용도나 목적, 사고방식 등의 사상에 입각해 여러 사람들이 고안하기 때문입니다.

다음과 같이 프로그래밍 언어에 따라 다양한 특징이 있습니다.

- 기계어로 변환한 결과, 매우 빠르게 동작하는 것
- 많은 데이터를 취급할 수 있는 것
- 과학 계산을 잘하는 것
- 금액 계산을 잘하는 것
- 문법이 간단하고 바로 습득할 수 있는 것
- Web에서 실행되는 소프트웨어를 만들기 쉬운 것

프로그래밍 언어는 영어가 아니다

대부분의 프로그래밍 언어는 영어와 비슷한 서식을 취하지만, 그것은 겉보기에만 그렇고 완전히 다릅니다.

프로그래밍 언어의 목적은 작성된 명령을 기계어로 변환하는 것입니다. 그렇기 때문에 문법이 정확하게 정해져 있고 모호하게 작성하면 안 됩니다.

조금이라도 문법에 맞지 않으면 그것은 명령으로서 받아 들이지 않습니다. 영어와 달리 표현의 자유도가 낮고 의미가 통해도 문법에 오류가 있으면 동작하지 않습니다.

예를 들어 콤마(,)와 마침표(.) 실수나 괄호를 닫지 않는 등 사람이라면 허용해 줄 만한 사소한 차이에도 오류가 발생합니다.

Python은 범용적으로 사용할 수 있는 균형 잡힌 프로그래밍 언어

많은 프로그래밍 언어 중에서 [어느 것이 가장 좋다]고는 할 수 없습니다. 왜냐하면 용도에 따라 적재적소라는 것이 있기 때문입니다.

처음 프로그래밍을 하는 것이라면 특정한 하나의 기능이 뛰어난 프로그래밍 언어보다도 균형이 잡혀 있고, 어떤 상황에서도 어느 정도 사용할 수 있는 프로그래밍 언어부터 시작하는 것은 좋은 선택입니다.

그런 의미로 보자면 이 책의 주제인 **Python은 앞으로 프로그래밍을 시작하는 사람에게 적절한 프로그래밍 언어**입니다. 왜냐하면 다음의 요구를 실용적인 수준으로 충족하기 때문입니다.

- 많은 데이터를 다룰 수 있다
- 과학 계산을 할 수 있다
- 금액 계산을 할 수 있다
- 문법이 간단하고 바로 습득할 수 있다
- Web에서 실행되는 소프트웨어를 만들 수 있다

COLUMN

종이 테이프는 수치로 작성된 프로그램

오래된 영화, 애니메이션 등에서는 컴퓨터로 [종이 테이프(paper tape)]를 읽는 장면이 종종 등장합니다. 이 종이 테이프는 사실 기계어 프로그램입니다.

종이 테이프는 사람이 수치들로 명령을 작성하고 그 수치 값에 따라서 펀치로 구멍을 낸 것입니다. 그렇게 생각하면 컴퓨터는 진화하고 있는 듯 보이며, 기본적인 구조는 당시와 비교해 별로 달라지지 않았습니다.

Lesson 1-3

텍스트 에디터, 컴파일러, 인터프리터

프로그램을 만들려면 무엇이 필요할까?

프로그램을 만들려면 프로그램을 편집하기 위한 텍스트 에디터가 필요합니다. 그리고 기술한 명령을 기계어로 변환하기 위한 소프트웨어도 필요합니다. 이를 [인터프리터]나 [컴파일러]라 합니다. 프로그래밍 언어에 따라서는 텍스트 에디터와 인터프리터, 컴파일러 등을 하나의 패키지로 합한 [통합 개발환경]이 제공되는 것도 있습니다.

기계어로의 변환이라고 하니까 어려울 것 같은데…

Python에서 제공하는 통합 개발환경을 이용하면 어렵지 않습니다.

프로그램을 기술하기 위한 텍스트 에디터

프로그램의 편집 작업은 워드 프로세서 소프트웨어 등을 사용해 문장을 편집하는 것과 같습니다. 그러나 워드 프로세서 소프트웨어는 프로그램을 편집할 때는 사용할 수 없습니다. 폰트 변경이나 제목 설정 등의 서식이 프로그램 실행을 방해하기 때문입니다.

그래서 프로그램 편집에는 그런 서식을 사용하지 않는 소프트웨어를 사용합니다. 그런 소프트웨어가 [**텍스트 에디터**]입니다(그림1-3-1).

예를 들어 Windows에 있는 텍스트 에디터 [메모장(notepad)]를 이용해 프로그램을 편집할 수 있습니다. 텍스트 에디터는 무료로 다운받아 이용할 수 있는 것도 있습니다.

Windows용 텍스트 에디터로는 [Notepad++]이나 [EditPlus], Windows와 Mac에서도 이용할 수 있는 것으로는 [Sublime Text]나 [Atom] 등이 있습니다.

프로그래머는 이러한 텍스트 에디터를 사용해 프로그램을 편집합니다. 이 프로그램 파일은 전체의 기본(source)이 되는 파일이므로 [**소스 코드(source code)**]나 [**소스 파일(source file)**]이라고 합니다.

그림1-3-1 프로그램은 텍스트 에디터를 사용해 편집한다

제목 없음 - 메모장

파일(F) 편집(E) 서식(O) 보기(V) 도움말(H)

```
print(1+2)
print(3+4)
print(4+5)
```

MEMO

다룰 수 있는 문자 코드나 개행(줄 바꿈) 코드 등의 이유로 최근에는 Windows에 있는 메모장에서 프로그램을 작성하는 것은 불필요한 문제의 원인이 되므로 추천하지 않습니다. 지금부터 프로그래밍을 시작한다면 [NotePad]나 [EditPlus], [Atom] 등의 텍스트 에디터를 사용합니다.

변환을 위한 컴파일러 또는 인터프리터

Lesson 1-2에서 설명한 것처럼 프로그래밍 언어의 문법에 따라 작성한 프로그램은 최종적으로 기계어로 변환되어 실행됩니다. 다시 말하면 [기계어로 변환하는 기능]이 없으면 실행할 수 없습니다.

이 변환의 역할을 담당하는 것이 [**컴파일러(compiler)**] 또는 [**인터프리터(interpreter)**]입니다(그림1-3-2). 둘의 차이는 [완전히 변환해서 기계어로 변환]하거나 [조금씩 기계어로 변환하고, 변환된 것에서 바로 실행한다]는 점입니다.

❶ 컴파일러

컴파일러는 소스 코드를 완전히 변환하고 기계어로 구성된 파일을 만듭니다. 이 변환 작업을 [**컴파일(compile)**]이라고 합니다.

실행할 때에는 변환 후의 기계어로 구성된 파일만 있으면 되고, 소스 코드나 컴파일러는 필요 없습니다.

반면, 소스 코드를 수정한 경우는 한 번 더 전부 다시 변환하는 조작을 해야 합니다.

❷ 인터프리터

1줄씩 읽어 변환해서 실행합니다. 전체를 변환하지 않으므로 기계어 명령은 파일로 만들지는 않습니다. 그 때문에 실행할 때에는 소스 코드와 인터프리터가 필요합니다.

그림1-3-2 컴파일러와 인터프리터

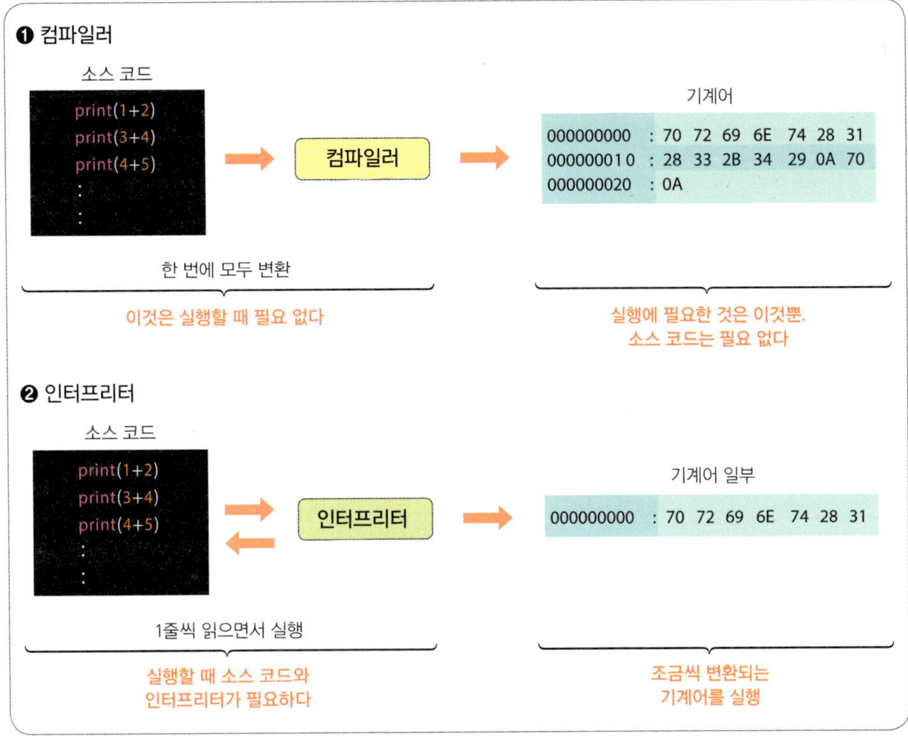

❶ 컴파일러
소스 코드
print(1+2)
print(3+4)
print(4+5)
컴파일러
기계어
000000000 : 70 72 69 6E 74 28 31
000000010 : 28 33 2B 34 29 0A 70
000000020 : 0A
한 번에 모두 변환
이것은 실행할 때 필요 없다
실행에 필요한 것은 이것뿐.
소스 코드는 필요 없다
❷ 인터프리터
소스 코드
print(1+2)
print(3+4)
print(4+5)
인터프리터
기계어 일부
000000000 : 70 72 69 6E 74 28 31
1줄씩 읽으면서 실행
실행할 때 소스 코드와
인터프리터가 필요하다
조금씩 변환되는
기계어를 실행

컴파일러와 달리 명시적인 전체의 변환 작업이 없으므로 소스 코드를 수정한 경우도 실행 시 수정하면 바로 반영됩니다.

컴파일러나 인터프리터를 다운받는다

이렇게 프로그래밍 언어로 작성한 프로그램은 컴파일러나 인터프리터가 없으면 실행할 수 없습니다.

20~30년쯤 전에는 컴파일러나 인터프리터는 매우 비싼 소프트웨어였지만, 이제 대부분의 프로그래밍 언어용 컴파일러나 인터프리터를 인터넷에서 무료로 다운받을 수 있습니다.

컴파일러와 인터프리터 중 어느 쪽이 제공되는지(혹은 둘 다 제공하는지)는 프로그래밍 언어에 따라서 다릅니다.

Python은 인터프리터로서 제공합니다.

모든 것을 갖춘 통합 개발환경

지금까지 설명했던 것처럼 프로그램을 만드는데 필요한 것은 다음 2가지입니다.

❶ 프로그램을 편집하기 위한 텍스트 에디터
❷ 프로그램을 변환하기 위한 컴파일러 또는 인터프리터

이것들을 하나씩 다운받아 설치하는 것은 번거로우므로 프로그램 언어에 따라서는 프로그램 작성에 필요한 환경을 하나의 패키지로 제공하고 있는 것도 있습니다. 이것을 [**통합 개발환경(IDE : Integrated Development Environment)**]이라 합니다(그림1-3-3).

그림1-3-3 통합 개발환경

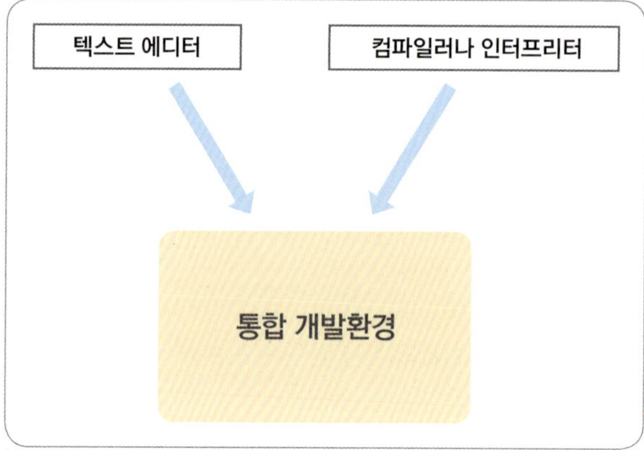

통합 개발환경에는 단순히 프로그램을 작성하고 실행하는 일련의 흐름을 버튼 하나로 실행하는 것만 아니라 실행 시에 오류가 있을 때는 그 위치에서 실행을 정지하고 상황을 알아보거나 데이터에 이상이 없는지 알아보는 기능도 있습니다.

Python에서도 통합 개발환경을 이용할 수 있다

자세한 것은 Chapter 2에서 설명하지만 **Python에는 [IDLE: 아이들]이라는 통합 개발환경**이 있습니다. IDLE을 사용하면 텍스트 에디터나 Python 인터프리터를 각각 설치하지 않고도 바로 Python 프로그래밍을 시작할 수 있습니다

사전 준비가 간단해서 이 책에서는 IDLE을 사용해 Python 프로그래밍을 설명합니다.

Lesson 1-4

프로그램 학습을 시작하기 전에

무엇을 공부하면 좋을까?

다음 장부터 실제로 Python 프로그래밍을 시작하는데 어떤 것을 배우면 프로그래밍을 할 수 있게 될까요? 실제로 해보며 프로그래밍을 배우기 전에 어떤 점을 알면 빨리 숙달되는지 그 비결을 알려줍니다.

좌절하지 않고 계속하려면 어떻게 하면 좋을까요?

여기에서 배움의 흐름과 숙달의 요령을 알려줍니다.

그것이 가장 먼저 알고 싶은 거예요!

4가지를 이해하자

자유자재로 프로그램을 작성할 때까지는 많은 시간이 필요합니다.

그 과정은 대략 다음 4가지입니다.

❶ 프로그램을 입력하고 실행하기까지의 흐름

프로그램을 입력하고 그것을 실행하기까지의 흐름을 이해합니다. 이것은 프로그래밍을 배운다기보다는 조작 방법을 아는 것이 목적입니다.

구체적으로는 텍스트 에디터를 사용해 프로그램을 입력하고 그것을 실행하는 조작 방법을 배우고, 통합 개발환경을 사용한다면, 통합 개발환경의 사용법을 배웁니다. 이 책에서는 Chapter 2~3에서 설명합니다.

❷ 기본적인 문법 배우기

그 프로그래밍 언어의 기본적인 문법을 배웁니다. 예를 들어 한국어의 경우 문장은 .(온점)으로 끝나는 것과 같이 프로그래밍 언어에도 몇 가지 규칙이 있습니다.

그런 규칙을 이해하고 지키지 않으면 작성한 프로그램에서 오류가 발생하고 실행할 수 없습니다. 이 책에서는 Chapter 3을 중심으로 Python 고유의 작성 방법에 대해 설명합니다.

❸ 명령 작성법과 사용법 배우기

그 프로그래밍 언어의 명령 작성법과 사용법 등을 배웁니다.

예를 들어 [데이터를 임시 저장한다], [계산한다], [지정 횟수만큼 반복한다] 등의 기본적인 명령 작성법, 사용법을 이해합니다. 이 책에서는 Chapter 4에서 자세히 설명합니다.

❹ 디바이스의 조작 방법

필요에 따라 키보드나 마우스, 디스플레이, 네트워크, 프린터 등의 조작 방법을 이해합니다. 무엇을 배워야 하는지는 어떤 분야의 프로그램을 만들고자 하는지에 달려있습니다.

통신 프로그램을 만들려면 네트워크 제어 방법은 빼놓을 수 없고, 인쇄하는 프로그램을 만들려면 프린터 제어 방법이 빠질 수 없습니다.

무엇을 배울지는 그 분야에 따라 다릅니다.

3주면 기초 지식을 배울 수 있다.

전체 과정은 긴 여정이지만 이 중 **❶~❸까지 배우는 것은 3주면 충분합니다**. 오래 걸리는 것은 ❹의 과정이지만 중간 정도 배워도 간단한 프로그램이라면 만들 수 있습니다.

❹는 이른바 응용입니다. 각각의 디바이스에 대한 조작 방법이므로 한 번 알아두면 다른 프로그래밍 언어에서도 거의 비슷하게 다룰 수 있습니다. 프로그래밍 언어에 의존하지 않고 폭넓게 사용할 수 있는 지식으로 생각하세요.

다만, 문제는 ❹의 분야가 너무 넓고 모든 것을 배우는 것이 현실적이지 않다는 점입니다. 왜냐하면 컴퓨터에 연결할 수 있는 디바이스가 매우 다양하기 때문입니다.

그래서 디바이스 분야 전체를 공부할 필요는 없습니다. 어쨌든 범위가 넓어 프로 프로그래머도 자신의 전문 분야 이외의 지식은 적은 경우가 많고, 필요할 때 알아가며 그때마다 대응하는 것이 실정입니다.

프로그램을 만드는데 전부를 이해할 필요는 없습니다. 기본적인 것을 배우면 나머지는 실제로 따라하면서 차차 내 것으로 만들어가면 됩니다.

편하게 프로그래밍을 시작해봅시다.

3주 동안 기초는 다질 수 있는 거라면
그렇게 힘들지 않을지도 몰라!

Chapter 2

Python을 시작합시다

Python을 사용하려면 Python 프로그램을 실행하기 위한 소프트웨어가 필요합니다. 이 장에서는 필요한 소프트웨어의 설치 방법과 Python 명령을 실행하기 위한 기본적인 조작 방법을 설명합니다.

Lesson 2-1

Python을 시작하려면 어떻게 하면 될까?

Python을 사용하려면

Python은 네덜란드 출신의 프로그래머 Guido van Rossum(귀도 반 록섬)이 고안한 프로그래밍 언어입니다. 쉽게 배울 수 있고, 만들고 싶은 것을 짧은 프로그램으로 구현할 수 있어 다양한 경우에 사용합니다.

Python은 어떤 언어인가요?

직감적이며 알기 쉽고, 간단하고 배우기 쉬워서 여러 가지를 만들 수 있는 언어입니다.

그럼, 저도 프로그램을 만들 수 있겠네요!

모든 사람을 위한 프로그램 언어 [Python]

Python을 만든 것은 네덜란드 출신의 프로그래머 Guido Van Rossum입니다.

그가 말하기를 원래는 크리스마스 전 후 심심풀이로 취미로써 시작했고, Python이라는 이름도 조금 장난섞인 마음에서 열광적 팬이었던 영국의 코미디 그룹 [몬티·파이썬]에서 따서 지었습니다.

Python은 모든 사람을 위한 컴퓨터 프로그래밍을 목표로 만들어지고 있습니다.

구체적인 목표는 다음과 같습니다.

❶ 간단하고 직관적인 언어이다

❷ 간단하면서 주요 프로그래밍 언어와 비슷한 정도의 구현을 할 수 있다. 즉, 학습용이 아닌 제대로 실용적인 프로그램을 만들 수 있다

❸ 소스가 공개된 오픈 소스이다

❹ 일상적 태스크에 적합해 있고 학습 시간이 짧다. 즉, 매일 조금씩 배우면 잠깐 사이에 프로그램을 만들 수 있다

말하자면 [**쉽고 파워풀한 프로그래밍 언어**]입니다. 컴퓨터에서의 프로그래밍은 물론, 서버상에서 동작하는 프로그램, 과학 계산이나 기계학습, 그리고 IoT(Internet of Things)에서 사용되는 센서나 통신 제어 등까지 폭넓은 분야에서 사용하고 있습니다.

MEMO

IoT는 가전 및 센서 등을 인터넷에 접속하는 것을 말합니다.

Python으로 프로그래밍하는데 필요한 것

Python은 인터프리터로 구성되어 있는 프로그래밍 언어입니다(인터프리터에 대해서는 Lesson 1-3 프로그램을 만들려면 무엇이 필요할까? ➜P.21 참조). 그렇기 때문에 프로그래밍에는 **텍스트 에디터**와 **Python 인터프리터**가 필요합니다.

이것은 Python 공식 사이트(https://www.python.org/)에 배포되어 있으며, 다운받아서 컴퓨터에 설치하면 Python을 사용할 수 있게 됩니다.

다운받은 파일에는 통합 개발환경 **IDLE(Integrated DeveLopment Environment)**이라는 소프트웨어도 들어 있으므로 그것을 사용하면 별도의 텍스트 에디터를 준비하지 않아도 됩니다(그림2-1-1).

MEMO

IDLE은 Integrated DeveLopment Environment의 약자지만, [몬티·파이썬]의 멤버 [에릭·아이들(Eric Idle)]에서 따왔다는 농담도 있습니다.

그림2-1-1 Python 프로그래밍에 필요한 것은 공식 사이트에 준비되어 있다

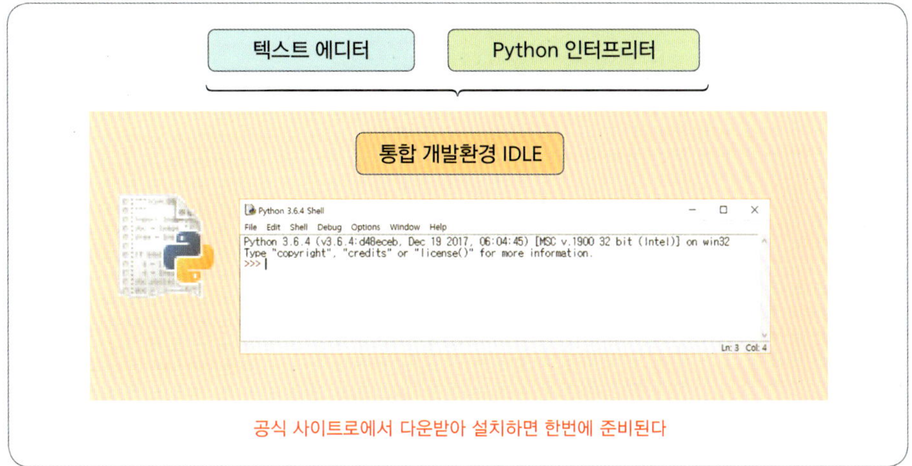

Lesson 2-2

Python2계열과 3계열의 차이는?

버전이 다른 2개의 Python

Python을 사용할 때 주의해야 할 점이 있습니다. 그것은 버전의 차이입니다. 역사적인 이유로 2개의 다른 버전이 있고 각각에서 프로그램 작성법이 다릅니다.

Python2계열과 3계열은 작성법이 다릅니다. 지금 사용한다면 Python3 계열을 추천합니다.

버전2계열과 3계열

Python은 사실 [버전 2계열]과 [버전 3계열] 2가지가 있습니다. 이 책의 집필 시점에서 전자의 최신판은 [버전 2.7.14], 후자의 최신판은 [버전 3.6.3]입니다.

MEMO

버전 2계열은 [Python2]나 [Python2.x.x], 버전 3계열은 [Python3]이나 [Python3.x.x]라고 표기되는 경우가 있습니다.

종류가 2가지인 이유는 [버전 3.0]에서 언어사양의 대폭 정리와 개정이 이루어져서 버전 2의 프로그램이 그대로는 동작하지 않기 때문입니다.

그런 이유로 Python 최신판은 [버전 3.6.3]이지만 옛 언어사양이어야만 하는 사람들을 위해서 버전 2계열의 [버전 2.7.13]도 아직 정식판으로 남아 있습니다(그림2-2-1).

앞으로 사용한다면 버전 3계열

버전 2계열은 이른바 [오래된 Python]입니다. 2010년부터 보수 체제에 들어갔으며 치명적인 오류가 있으면 수정되지만 새로운 기능은 추가되지 않습니다. 그래서 앞으로 프로그래밍을 시작한다면 버전 3계열의 최신판을 사용해야 합니다.

그림2-2-1 버전 2계열과 버전 3계열

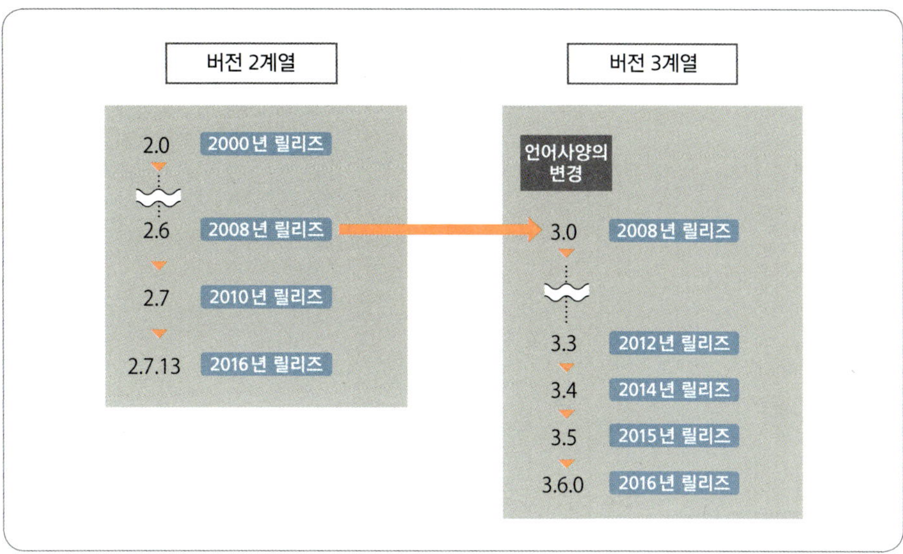

그래서 이 책에서는 버전 3계열을 기본으로 설명합니다. Python2에서의 동작에 대해서는 수시로 보충합니다.

MEMO

버전 2.x용으로 만들어진 프로그램은 Python2.6계열 이후에 포함된 [2to3]이라는 툴을 사용하면 버전 3.x에서 동작하도록 어느 정도 자동으로 변환됩니다.

COLUMN

버전 3.x라면 일부 모듈이 동작하지 않는다

Python은 모듈(LESSON 4-7 기능을 확장하는 모듈 ➜P.122 참조)이라고 불리는 기능을 사용해 기능을 확장할 수 있습니다. 모듈을 사용해 기능을 확장함으로써 그래픽이나 과학 계산, 그래프 그리기, 3D 그리기, 음악 조작 등 다양한 조작을 할 수 있습니다.

이러한 모듈도 버전 2계열과 버전 3계열에서 동작이 다르기 때문에 버전 2계열의 모듈은 버전 3계열의 Python에서 동작하지 않습니다.

모듈 중에는 아직도 버전 3계열에 대응하지 않는 것도 몇 가지 있습니다. 그래서 버전 3계열에 대응하지 않는 모듈을 어떻게든 사용하고 싶다면 버전 2계열로 프로그래밍 할 수 밖에 없습니다.

Lesson 2-3

프로그래밍 준비를 진행해 나갑시다

Python을 설치한다

기본적인 설명은 이 정도로 하고 공식 사이트에서 Python을 다운받아 설치합니다. 여기서는 설치 방법을 Windows인 경우와 Mac인 경우로 나눠서 설명합니다.

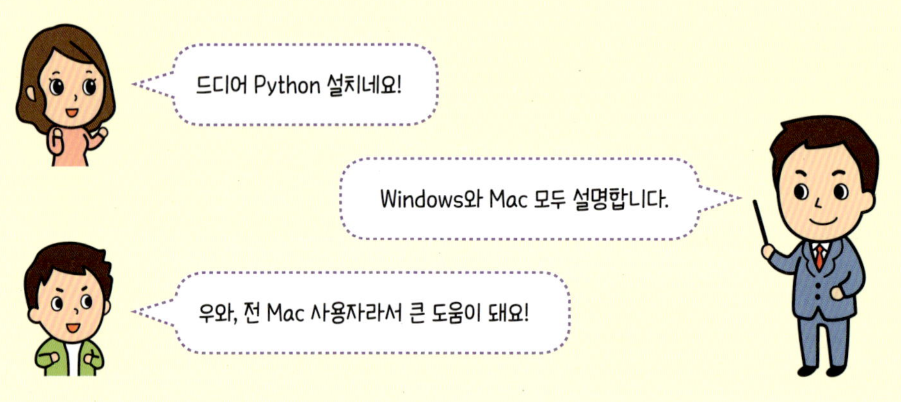

드디어 Python 설치네요!
Windows와 Mac 모두 설명합니다.
우와, 전 Mac 사용자라서 큰 도움이 돼요!

Windows에 설치한다

Windows에 설치하려면 다음과 같이 합니다.

Windows로의 설치 순서

① 인스톨러를 다운받는다

Web 브라우저에서 Python 공식 사이트의 다운로드 페이지에 접속합니다.

▶ https://www.python.org/downloads/

Windows 컴퓨터로 접속한 경우에는 Windows용의 다운로드 화면이 표시됩니다. 여기에서 [Download Python 3.6.3]을 클릭하고 다운받으세요(그림2-3-1).

MEMO

게재한 화면은 이 책 집필 시점의 것입니다. 사이트 구성이 변경되어 다운로드 방법이 다를 수 있습니다. 만약 새로운 버전이 업데이트됐다면 새 버전을 다운받으세요.

• 역자주 : 버전 3.6.5에서도 동일하게 실행됩니다.

MEMO

혹시 다른 OS 다운로드 화면이 표시됐다면 [Looking for Python with a different OS? Python for]라고 표시된 곳에서 [Windows]를 클릭하세요.

그림2-3-1 Windows 경우의 다운로드

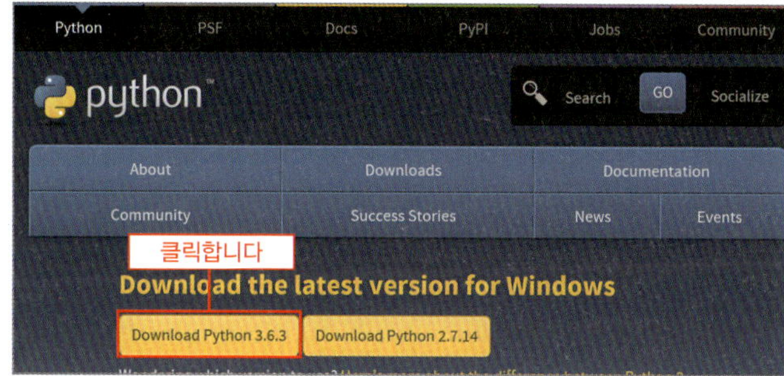

② 인스톨러 실행

[python-3.6.3.exe](다운받은 버전에 따라 파일명은 다릅니다)라는 파일명으로 다운로드 되므로 더블 클릭해 실행하세요. 만약 보안 경고가 표시되면 [실행]을 클릭하세요(그림2-3-2).

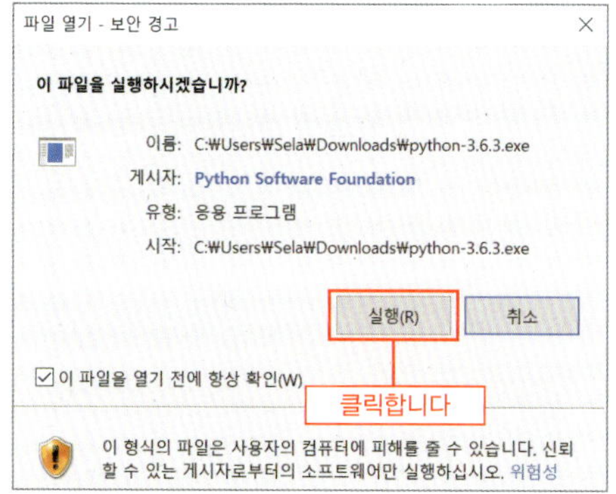

그림2-3-2 보안 경고 표시

MEMO

환경에 따라서는 보안 경고가 표시되지 않을 수도 있습니다.

③ 파이썬 설치

실행하면 인스톨러가 시작됩니다. 이 화면에서는 가장 아래 [Add Python 3.6 to PATH]의 체크박스를 클릭해 체크하세요. 다음에 [Install Now]를 클릭합니다(그림2-3-3).

그림2-3-3 Python 인스톨러가 실행

MEMO

[Add Python 3.6 to PATH] 설정은 프로그램 실행 경로를 추가한다는 의미입니다. 체크를 해 놓으면 명령 프롬프트에서 [python]이라고 입력했을 때 Python이 동작합니다(컬럼 [IDLE이 아닌 본래의 Python을 실행한다] ➜P.43을 참조).

④ 사용자 계정 제어

[사용자 계정 제어]의 검은 알람 대화상자가 표시되면 [네]를 클릭하고, 설치가 시작됩니다.

MEMO

환경에 따라서는 사용자 계정 제어의 알람 대화상자는 표시되지 않는 경우도 있습니다.

⑤ 설치 완료

[Setup was successful]이 표시되면 설치는 종료됩니다. [Close]를 클릭해 인스톨러를 닫아 주세요(그림2-3-4).

그림2-3-4 설치 종료

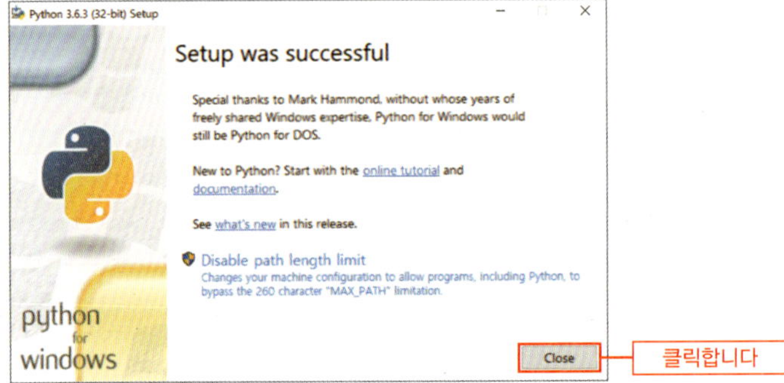

Mac에 설치한다

Mac에 설치하려면 다음과 같이 합니다.

Mac으로의 설치 순서

1 인스톨러를 다운받는다

Web 브라우저에서 Python 공식 사이트의 다운로드 페이지에 접속합니다.

▶ https://www.python.org/downloads/

Mac에서 접근한 경우에는 Mac용의 다운로드 화면이 표시됩니다. 여기에서 [Download Python 3.6.4]를 클릭해 다운받으세요(그림2-3-5).

그림2-3-5 Mac 경우의 다운로드

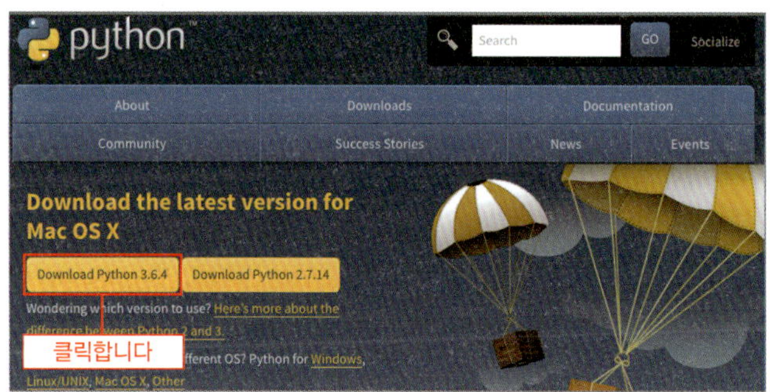

MEMO

화면은 이 책 집필 시점의 것입니다. 사이트의 구성이 변경되어 다운로드 방법이 다른 경우가 있습니다. 만약 새로운 버전이 나왔으면 최신 버전을 내려받으세요.

- 역자주 : 집필 당시 Mac에서의 최신 버전은 3.6.4입니다. Windows는 3.6.3이지만, 앞으로의 예제는 양쪽 버전에서 문제없이 동작합니다.

MEMO

혹시 다른 OS 다운로드 화면이 표시됐다면 [Looking for Python with a different OS? Python for]라고 표시된 곳에서 [Mac]을 클릭하세요.

2 인스톨러 실행

[python-3.6.4-macos10.6.pkg](다운받은 버전에 따라 파일 이름은 다릅니다)가 다운받아져 있으므로 클릭해 실행하세요.

③ Python 설치

실행하면 인스톨러가 시작됩니다. [계속]을 클릭하세요(그림2-3-6).

이후 [읽어보기], [사용권 계약] 화면이 표시되는데 이전과 같이 [계속]을 클릭하세요. [사용권 계약의 이용 약관에 동의해야 합니다]라고 표시된 경우는 [동의]를 클릭하세요.

④ 설치 위치 선택

설치 위치를 선택하고 [계속]을 클릭하세요(그림2-3-7).

그림2-3-6 Python 설치

그림2-3-7 설치 위치를 선택

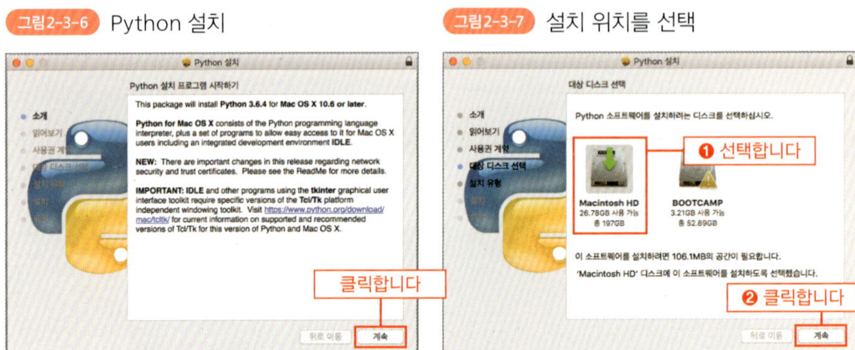

⑤ 인스톨러 종류

이상으로 준비를 마쳤습니다. [설치] 버튼을 클릭해 설치를 시작하세요(그림2-3-8). 설치할 때 비밀번호를 요구하면 Mac에 로그인한 계정에 대한 비밀번호를 입력하고 [소프트웨어 설치]를 클릭하세요.

그림2-3-8 설치

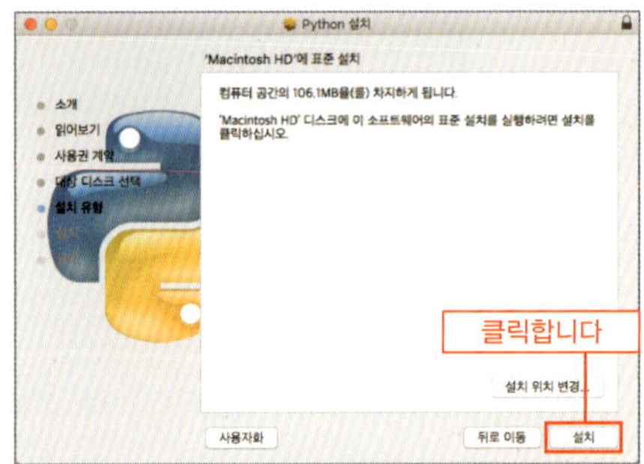

⑥ 설치 종료

잠시 기다리면 설치가 종료됩니다. [닫기]를 클릭해 인스톨러를 닫아주세요. 인스톨러를 휴지통에 이동할지를 물어본다면 [휴지통으로 이동]을 클릭해 인스톨러를 삭제합니다(그림2-3-9)

그림2-3-9 설치 종료 후 인스톨러를 휴지통으로 이동한다

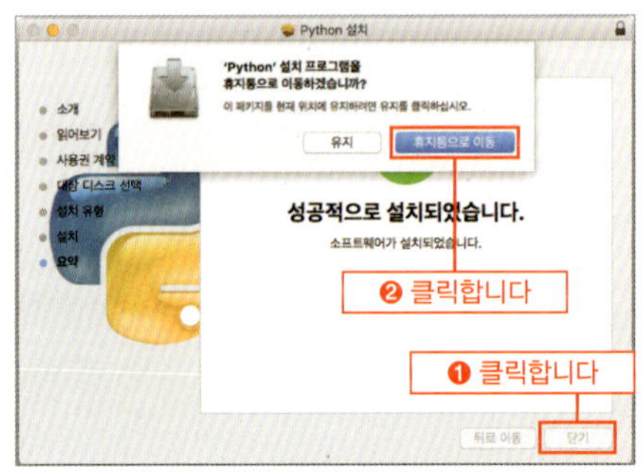

Mac용 Tcl/Tk를 설치한다

Mac 인 경우는 [Tcl/Tk] 라는 추가 소프트웨어를 설치하세요 .

Tcl/Tk는 윈도 표시나 그래픽 기능을 제공하는 프로그램입니다. Tcl/Tk가 없어도 Python 그 자체는 동작하는데 이 책에서 설명하는 통합 환경인 [IDLE]이 동작하지 않거나 Chapter 6 및 Chapter 7에서 설명하는 예제가 동작하지 않거나 합니다.

MEMO

Tcl/Tk는 [티클·티]라고 읽습니다.

Tcl/Tk 라이브러리에는 몇 가지 종류가 있지만 여기서는 [ActiveTcl] 이라는 패키지를 설치합니다.

ActiveTcl 설치

① ActiveTcl를 다운받는다

필요한 ActiveTcl 버전은 Python의 버전과 OS 버전에 따라서 다릅니다. 아래 URL에 접속해 필요한 버전을 확인하세요.

▶ https://www.python.org/download/mac/tcltk/

MEMO

URL은 [downloads]가 아닌 [download]처럼 마지막에 [s]가 붙지 않으므로 주의하세요. URL을 못 찾았을 때는 [Python Mac Tcl]이라는 키워드로 검색합니다.

그림2-3-10과 같이 이 책의 집필 시점에서 권장되는 것은 [ActiveTcl 8.5.18.0]입니다. 그 링크를 클릭해 ActiveTcl 다운로드 페이지로 이동하세요.

MEMO

ActiveTcl의 다운로드 사이트는 [http://www.activestate.com/activetcl/downloads]입니다.

그림2-3-10 ActiveTcl의 버전을 확인한다

Python Release	Installer Variant	macOS Release	Recommended Tcl/Tk	Alternate Tcl/Tk	Not Recommended
3.6.3, 2.7.14	64-/32-bit	10.13	ActiveTcl 8.5.18.0	Apple 8.5.9	
		10.12	ActiveTcl 8.5.18.0	Apple 8.5.9	
		10.11	ActiveTcl 8.5.18.0	Apple 8.5.9	
		10.10	ActiveTcl 8.5.18.0	Apple 8.5.9	
		10.9	ActiveTcl 8.5.18.0	Apple 8.5.9	

• 역자주 : Mac 버전은 3.6.4이지만, 권장되는 버전은 위의 ActiveTcl입니다.

ActiveTcl 다운로드 사이트의 오른쪽에는 최신판이 있는데 이것은 Python 3.6.3에서 필요한 버전보다도 새로운 버전입니다(그림2-3-11). 이것이 아닌 아래쪽으로 스크롤해 버전 [8.5.18.0]을 다운받으세요(그림2-3-12).

그림2-3-11 ActiveTcl 다운로드 페이지

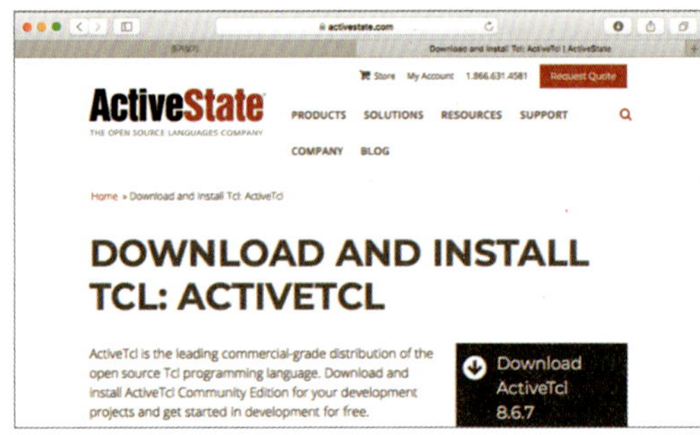

오른쪽에 있는 링크를 내려받으면 안 되고 아래쪽으로 스크롤해서 그림 2-3-12까지 이동한다

그림2-3-12 ActiveTcl 8.5.18.0을 다운받는다

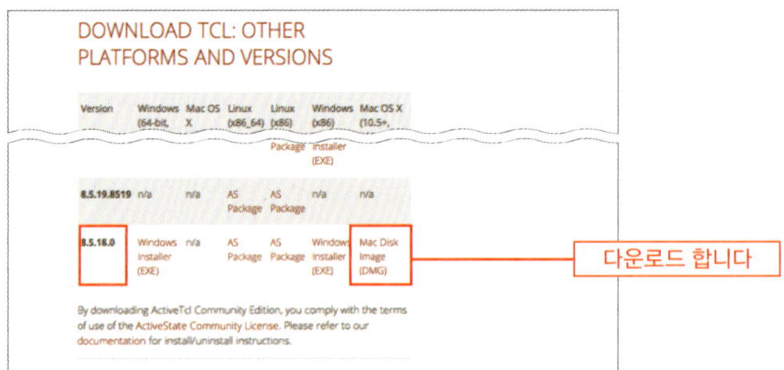

MEMO

여기에서 설치하려는 ActiveTcl은 [Community Edition]이며 상업적으로 이용할 수 없습니다. 상업적으로 이용하려면 유료 [Business Edition]을 구입하세요.

② 인스톨러 실행

다운받았으면 인스톨러를 실행합니다. 인스톨러가 실행되면, 중앙 위의 [ActiveTcl-8.5.pkg]이라는 아이콘을 control 키를 누르면서 클릭해 [열기]를 선택합니다(그림2-3-13).

이어서 확인되지 않은 개발자가 배포했다는 메시지가 표시되면 [열기]를 클릭합니다(그림 2-3-14). 그러면 인스톨러가 실행됩니다.

MEMO

아이콘을 클릭해 실행하면 보안 알람이 표시되어 설치할 수 없으므로 반드시 control 키를 누른 상태로 클릭하고 열어 주세요.

그림2-3-13 ActiveTcl 설치

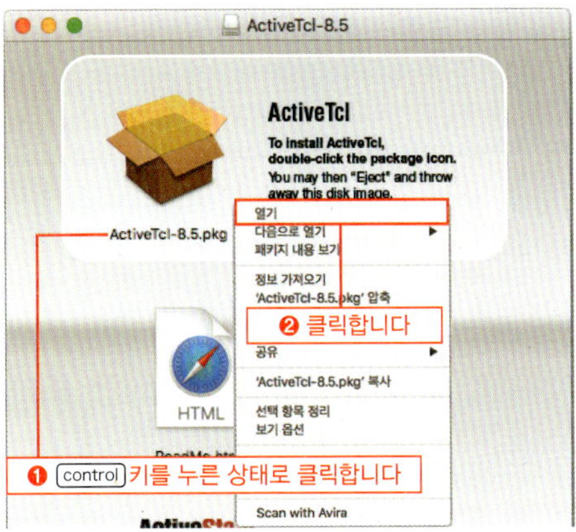

그림2-3-14 패키지를 연다

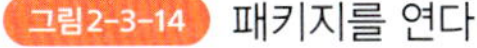

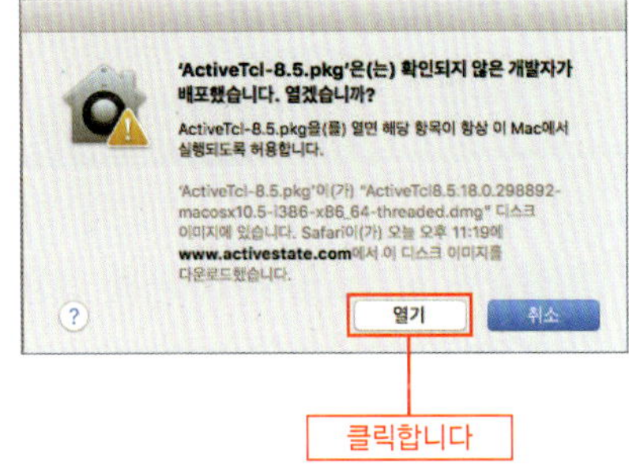

③ 화면의 지시에 따라 설치를 완료한다

처음 화면에서는 확인 사항이 표시됩니다. [계속]을 클릭합니다. 이어서 [사용권 계약]이 표시되므로 [계속]을 클릭하고 동의 여부를 묻는다면 [동의]를 클릭하세요.

④ 설치

설치 장소를 선택하면 그림2-3-15의 화면을 볼 수 있습니다. [설치] 버튼을 클릭해 설치를 시작하세요. 설치할 때 비밀번호를 물어보면 Mac에 로그인한 계정의 비밀번호를 입력하고 [소프트웨어 설치]를 클릭합니다.

그림2-3-15 설치

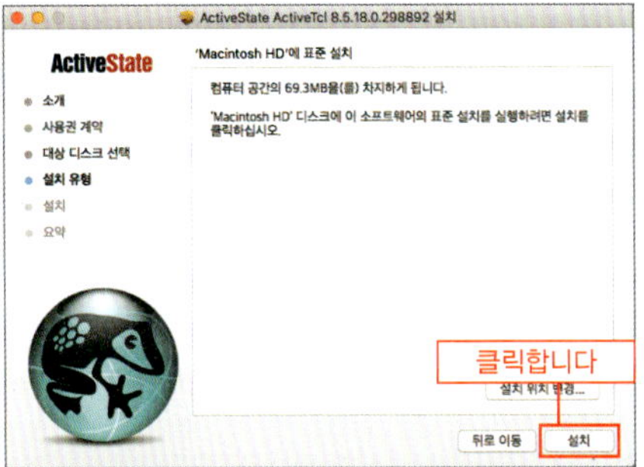

⑤ 설치 완료

잠시 후 설치가 완료됩니다. [닫기]를 클릭해 인스톨러를 닫습니다. 인스톨러를 휴지통으로 이동할지를 묻는다면 [휴지통으로 이동]을 클릭해 인스톨러를 삭제합니다(그림2-3-16).

그림2-3-16 설치 완료 후 인스톨러를 휴지통에 넣는다

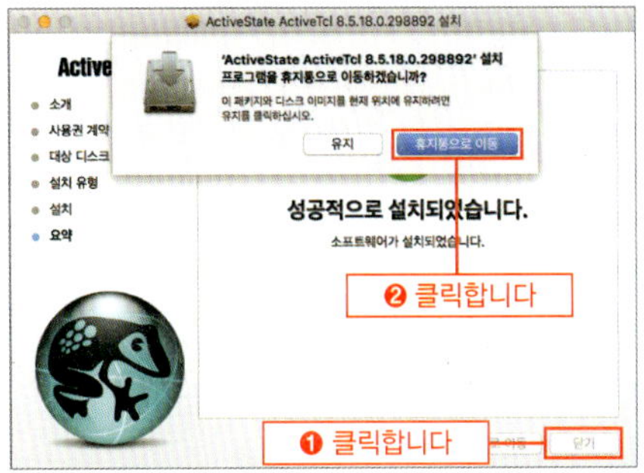

Lesson 2-4

첫 Python에 익숙해지기 위해서

간단한 명령을 실행해보자

설치를 끝냈으면 Python을 실행해봅시다. 여기서는 Python 통합 개발환경인 IDLE을 실행해 간단한 명령을 입력합니다.

설치 다음은 프로그래밍이네요!

먼저 Python에 익숙해지기 위해 IDLE을 사용해 간단한 명령을 입력해 봅시다!

IDLE을 실행한다

이 책에서는 Python 프로그램을 만들기 위해 통합환경인 IDLE을 사용합니다(➔P.29 참조). IDLE은 다음과 같이 실행합니다.

Windows인 경우

[시작] 메뉴에서 [전체 앱]→[Python 3.6]→[IDLE]를 선택하면(그림2-4-1), IDLE 화면이 표시됩니다(그림2-4-2).

그림2-4-1 IDLE를 실행한다

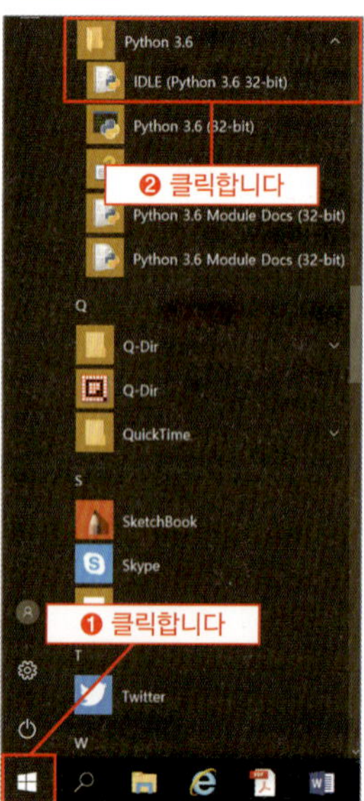

그림2-4-2 IDLE 화면

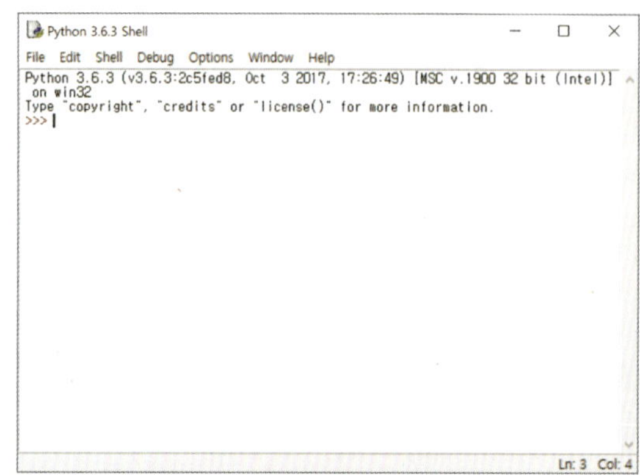

Mac인 경우

Launchpad를 실행해 [IDLE] 아이콘을 클릭합니다(그림2-4-3).

그림2-4-3 IDLE를 실행한다

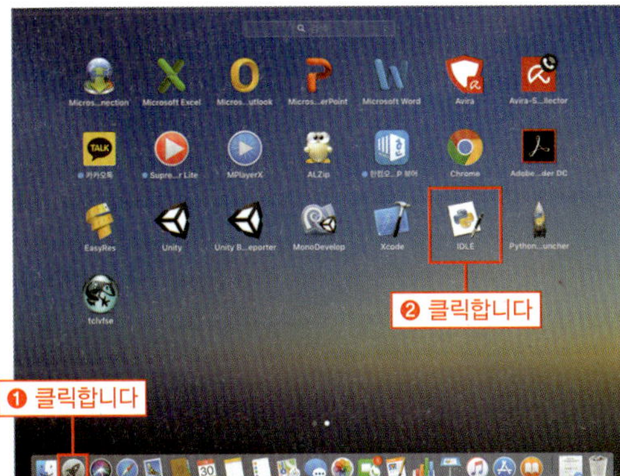

그림2-4-4 IDLE 화면(Mac)

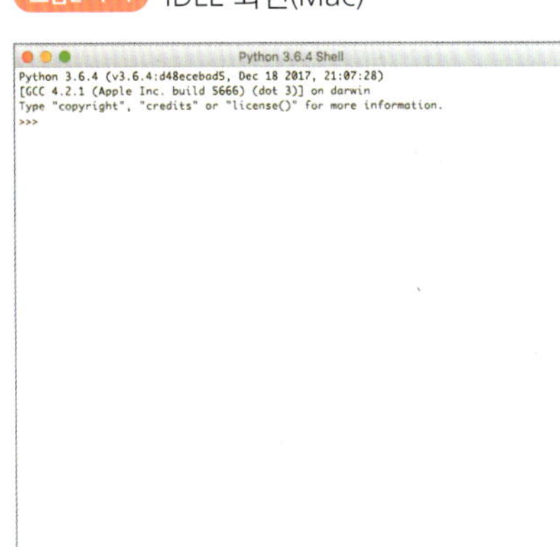

프롬프트에 명령을 입력한다

그림2-4-2나 그림2-4-4를 보면 알겠지만 IDLE까지만 실행되면 Windows에서나 Mac에서 화면 구성과 조작 방법은 같습니다.

화면을 보면 알 수 있듯이 실행 직후의 상태에서는 버전 번호 등이 표시된 후,

```
>>>
```

라는 문자가 표시되어 있습니다. 이것은 [**프롬프트(prompt)**]라고 하며, [명령을 받고 있습니다]라는 의미입니다.

프롬프트에 Python 명령을 입력하면 1줄씩 그 명령을 실행할 수 있습니다. 이렇게 [1줄씩 명령을 입력할 수 있는 모드]를 [**인터랙티브 모드**]라고 합니다.

계산식을 입력해보자

그럼 이 프롬프트에 실제로 명령을 입력해 봅시다. 우선 시작으로

```
1+1
```

이라고 입력하고 엔터 키를 눌러 보세요. 그러면 화면에는 덧셈한 결과 [2]라는 값이 표시됩니다(그림2-4-5).

그림2-4-5 [1+1]을 계산한 것

```
Python 3.6.3 Shell
File  Edit  Shell  Debug  Options  Window  Help
Python 3.6.3 (v3.6.3:2c5fed8, Oct  3 2017, 17:26:49)
[MSC v.1900 32 bit (Intel)] on win32
Type "copyright", "credits" or "license()" for more
information.
>>> 1+1
2
>>> |
```

❶ [1+1]이라고 입력하고 Enter 키를 누른다

❷ 결과 [2]가 표시됩니다

[1+1]은 단순한 계산식으로 보이는데 이것은 **Python에 대한 명령**입니다.

Python은 [1+1]이라는 명령을 받고, 그 명령을 실행한 결과인 [2]를 화면에 표시합니다. 그리고 실행한 후에는 화면에 다시

```
>>>
```

라고 표시해 다음 명령을 입력할 수 있게 합니다. Python에 대한 명령을 [**문(statement)**]이라고 합니다.

이 책에서의 기술 방법

이처럼 실제로는 화면에서 조작해 나가지만 조작 화면을 그대로 입력해 가는 것은 너무 길어져 읽기 어려우므로, 이 책에서는 IDLE 명령 프롬프트(인터랙티브 모드) 조작은 다음과 같이 간략하게 기술합니다.

인터랙티브 모드

여기에서 [>>>]뒤의 [1+1]이 직접 명령을 입력하는 곳입니다. 엔터 키를 누르고 명령을 실행하면 다음 줄에 파란색 [2]가 표시되는데 그것이 결과입니다. [>>>]는 직접 입력하는 것이 아니라 표시된 [>>>] 뒤부터가 입력해야 하는 명령이므로 주의하세요.

또한, **IDLE의 화면에 표시되는 문자 색상은 기본 색상으로, 이 책에서도 문자 색상을 변경하지 않고, 설정값 그대로 사용**합니다.

COLUMN

IDLE이 아닌 본래의 Python을 실행한다

여기서는 통합 개발환경인 IDLE을 실행했는데 IDLE이 아닌 본래의 Python을 실행할 수도 있습니다. 본래의 Python을 시작하려면 다음과 같이 합니다.

Windows인 경우

- [시작]-[모든 앱]-[Python 3.6]-[Python 3.6]을 클릭

  또는

- 명령 프롬프트를 실행해 [python]이라고 입력

Mac인 경우

- [터미널]를 실행한 후 [python3]이라고 입력

MEMO

Mac에는 [Python버전 2계열]이 운영체제와 함께 설치되어 있기 때문에 터미널에서 [python]이라고 입력하면 원래 설치되어 있는 Python 버전 2계열이 실행됩니다. 설치한 Python 버전 3계열을 실행하려면 [python3]처럼 입력해야 하므로 주의하세요.

본래의 Python을 실행했을 때도 [>>>]라는 프롬프트가 표시됩니다. 명령 입력 방법은 IDLE의 경우와 같습니다. 다만, 본래의 Python에는 Chapter 3에서 설명할 파일의 신규 작성 기능이나 편집 기능 등은 없습니다.

Lesson 2-5

명령의 기본, 오류의 기본을 배웁시다

인터랙티브 모드로 놀아보자

Python을 실행할 수 있으니 인터랙티브 모드를 사용해 놀아봅시다. 여기서는 계산하거나 간단한 명령을 실행합니다.

Python의 인터랙티브 모드를 사용해 점점 프로그래밍에 익숙해져 봅시다.

계산해보자

Lesson 2-4에서는 [>>>]라고 표시된 프롬프트에 [1+1]로 입력해 덧셈을 해봤습니다. 물론, 덧셈 말고 다른 계산도 할 수 있습니다. 뺄셈은 [-], 곱셈은 [*], 나눗셈은 [/]를 사용해 계산할 수 있습니다. 또한, 나눗셈에 관해서는 소수점 이하를 버리는 [//]와 나머지를 구하는 [%]라는 기호를 사용할 수도 있습니다.

이런 계산에 사용하는 기호를 [연산자]라고 하며 특히 [A+B]와 같이 [A]와 [B] 2개 항목을 연결하는 목적으로 사용하는 것을 [이항 산술연산자]라고 합니다. 주요 이항 산술연산자를 표 2-5-1에 정리합니다.

표2-5-1 이항 산술연산자

이항 산술연산자	의미
+	덧셈
-	뺄셈
*	곱셈
/	나눗셈
//	소수점 이하를 버리는 나눗셈
%	나눗셈의 나머지

또한, 연산자의 앞뒤에는 공백을 넣을 수도 있습니다. 예를 들어,

인터랙티브 모드

```
>>> 1+1 Enter
```

로 입력해도

인터랙티브 모드

```
>>> 1 + 1 Enter
```
공백을 입력해도 같다

MEMO

여기에서 언급하는 것은 연산자의 앞뒤에 대해서만입니다. 줄 맨 앞에 공백을 넣으면 뒤에서 설명하는 것처럼 오류가 발생할 때가 있습니다.

그럼 실제로 몇가지 계산해 봅시다. 이항 산술연산자는 몇 개라도 연결할 수 있습니다. 예를 들면 1+2+3+4+5로 입력합니다.

인터랙티브 모드

```
>>> 1+2+3+4+5 Enter
15
```

다음에 곱셈이나 나눗셈도 시험해 봅시다. 예를 들어 [3*4+1]를 계산합니다.

인터랙티브 모드

```
>>> 3*4+1 Enter
13
```

계산의 우선 순위는 수학의 경우와 마찬가지로 [곱셈(*)], [나눗셈(/, //, %)]은 덧셈이나 뺄셈보다 우선입니다. 즉, 위의 예에서는 먼저 [3*4]를 계산해 12, 그 값에 1을 더해 13이라는 결과가 나옵니다.

우선 순위는 괄호를 사용해 변경할 수 있습니다. 이것도 수학의 경우와 같습니다.

예를 들어, 앞의 [3*4+1]을 괄호를 사용해 다음과 같이 작성합니다.

인터랙티브 모드

```
>>> 3*(4+1) Enter
15
```

이때는 [4+1]이 먼저 계산되어 5가 되고 그것을 3배 하므로 15입니다. 나눗셈은 [/]를 사용하면 소수점 이하까지 구할 수 있습니다. 나눠지지 않을 때는 적당한 자리에서 반올림합니다.

인터랙티브 모드

```
>>> 10/3 Enter
3.3333333333333335
```

MEMO

Python2와의 차이

Python2에서는 정수끼리의 나눗셈은 계산 정밀도가 정수까지 되기 때문에 [10/3]은 [3]처럼 됩니다. 3.3333…의 결과를 얻기 위해서는 [10/3.0]으로 입력합니다.

[//] 기호는 소수점 이하를 버립니다.

인터랙티브 모드

```
>>> 10 // 3 Enter
3
```

또한, [%]를 사용하면 나머지를 구할 수 있습니다. 다음 예는 10을 3으로 나눈 나머지 [1]을 계산합니다.

인터랙티브 모드

```
>>> 10 % 3 Enter
1
```

Python은 줄 맨 앞 공백에 의미가 있다

앞에서 연산자의 앞 뒤에는 공백을 넣어도 넣지 않아도 결과에 영향이 없다는 설명을 했지만 영향이 있는 공백도 있습니다.

자세한 내용은 Lesson 3-8 →P.80에서 설명하지만 Python에서는 줄 맨 앞 공백은 특별한 의미를 지니고 있습니다. 줄 맨 앞 공백을 [**인덴트(indent)**]라고 합니다. 줄 맨 앞에 불필요한 공백이 들어가면 [unexpected indent]라는 오류가 발생하므로 주의하세요.

```
>>>    1 + 1 Enter
SyntaxError: unexpected indent
```

줄 맨 앞에 불필요한 공백이 있다

문법 오류일 때

그럼 Python에서 그 밖에 어떤 경우에 오류가 발생할까요? 오류가 나오는 상태를 약간 살펴봅시다.

대표적인 오류는 문법이 틀렸을 때입니다. 예를 들면

```
>>> 1 + 2 =
```

와 같이 [=] 기호를 입력했을 때는 Python 문법 오류이므로 다음과 같이 표시됩니다.

```
  File "<stdin>", line 1
    1 + 2 =

SyntaxError: invalid syntax
```

[**SyntaxError(문법 오류)**]는 대표적인 문법 오류로 스펠링을 틀렸을 때나 괄호 사용법이 다를 때 등에 자주 표시되는 오류입니다(그림2-5-1).

이 외에도 몇 가지 오류가 있습니다. 예를 들어 [0으로 나눈다]는 것은 수학에서는 허용하지 않습니다. 그래서

```
>>> 10 / 0
```

과 같이 10을 0으로 나누려고 하면

```
Traceback (most recent call last):
  File "<stdin>", line 1, in <module>
ZeroDivisionError: division by zero
```

와 같이 [ZeroDivisionError]라고 하는 오류가 발생합니다.

그림2-5-1 Python의 오류 표시

오류 이름	오류 내용
SyntaxError:	unexpected indent

Syntax=구문 / Error=오류
구문…… 즉, [문법]이 틀렸어요라는 오류네요.

unexpected=예기치 않은 / indent=인덴트
이쪽은 [예기치 않은] 즉, [문법에는 없는] 인덴트가 들어있어요라는 의미네요.

네, 맞습니다.
오류 이름과 오류 내용으로부터 어디가 잘못된 건지 대략 짐작할 수 있겠죠.

명령을 실행해보자

계산 이외에도 실용적인 명령을 실행해 봅시다. 예를 들어 [달력을 표시한다]는 어떨까요? Python에는 달력을 표시할 수 있는 [calendar]라는 모듈이 있습니다(모듈에 대해서는 Lesson 4-7 ➜P.122에서 설명). 이것을 사용하면 간단하게 달력을 표시할 수 있습니다.

시험해 봅시다. calendar 모듈을 사용하려면 다음과 같이 입력하세요.

인터랙티브 모드

```
>>> import calendar Enter
```

[import]라는 명령은 [그 기능(여기서는 calendar)을 사용합니다]라는 의미입니다.

인터랙티브 모드

```
>>> print(calendar.month(2017,12)) Enter
```

라고 입력하세요. 그러면 12월 달력이 표시될 것입니다(그림2-5-2).

MEMO

Python은 대문자, 소문자를 구별합니다. 이곳에서의 영어 부분은 모두 소문자입니다.

[print]라는 것은 화면에 문자나 숫자 등을 표시하는 명령입니다(자세한 것은 Lesson 3-1 ➜ P.52에서 설명합니다). 그리고 calendar.month(2017,12)는 2017년 12월 달력을 구한다라는 명령입니다.

그림2-5-2 달력을 표시한다

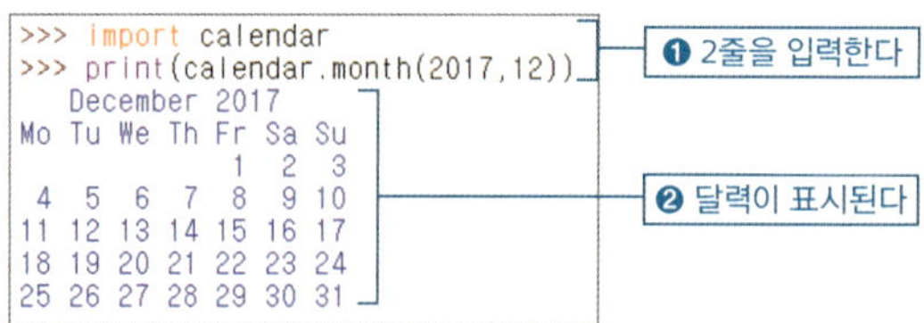
>>> import calendar
>>> print(calendar.month(2017,12))
   December 2017
Mo Tu We Th Fr Sa Su
             1 2 3
 4 5 6 7 8 9 10
11 12 13 14 15 16 17
18 19 20 21 22 23 24
25 26 27 28 29 30 31
❶ 2줄을 입력한다
❷ 달력이 표시된다

이 예제로 예상할 수 있듯이 만약 2018년 1월 달력을 표시하려면 다음과 같이 입력합니다.

인터랙티브 모드

```
>>> print(calendar.month(2018,1)) Enter
```

수정 위치

이 책을 통해 차츰차츰 설명합니다만, 이 **괄호 안의 값은 [인수]라고 부르며 명령에 대해서 설정값을 전달하는 역할**을 합니다.

윈도도 표시할 수 있다

Python에서는 윈도도 표시할 수 있습니다. 윈도 조작하려면 [tkinter]라는 모듈을 사용합니다(자세한 것은 Lesson 6-2 ➜P.162에서 설명합니다).

MEMO

Mac에서 tkinter를 사용하려면 Tcl/Tk 설치를 해야 합니다([Mac용 Tcl/Tk을 설치한다] ➜P.37을 참조).

MEMO

tkinter는 Python의 표준 모듈이지만 더욱 고기능인 외부 모듈로 wxPython(https://wxpython.org/)등을 사용해 윈도 조작도 할 수 있습니다.

윈도를 조작하려면 우선 tkinter를 import 합니다.

인터랙티브 모드

```
>>> import tkinter [Enter]
```

그리고 윈도에 메시지를 표시하는 명령을 실행합니다. 예를 들어 다음과 같이 작성하면 [Hello]라는 메시지가 출력된 윈도가 표시됩니다(윈도가 보이지 않으면 잘 찾아보세요).

인터랙티브 모드

```
>>> tkinter.Label(None, text="Hello").pack() [Enter]
```

표시하고자 하는 문자

MEMO

Label의 [L], None의 [N], Hello의 [H]는 대문자입니다.

그림2-5-3 윈도를 표시하는 명령을 입력한 것

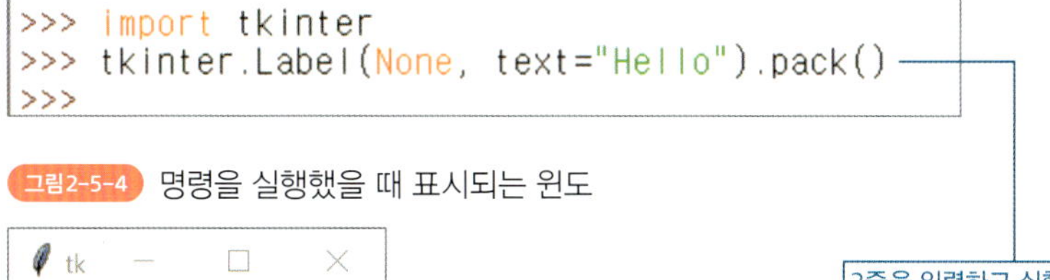
>>> import tkinter
>>> tkinter.Label(None, text="Hello").pack()
>>>
tk
Hello
2줄을 입력하고 실행하면
윈도에 문자가 표시된다

그림2-5-4 명령을 실행했을 때 표시되는 윈도

이 상태에 이어 다음과 같이 또 다른 Label 명령을 실행하면 지금의 [Hello] 문자열 아래에 그 문자열이 표시됩니다.

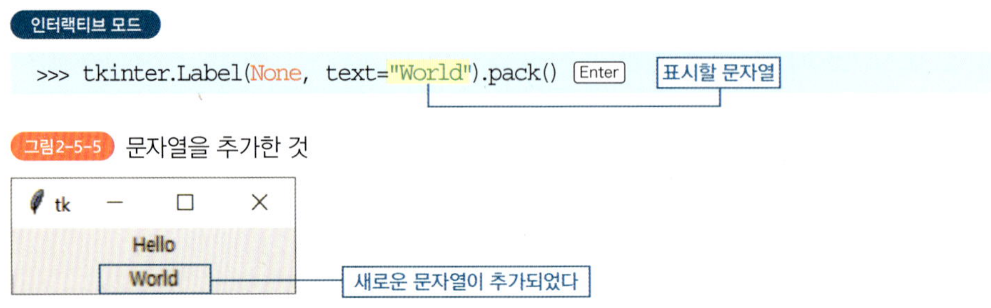
인터랙티브 모드
>>> tkinter.Label(None, text="World").pack() Enter
표시할 문자열
tk
Hello
World
새로운 문자열이 추가되었다

그림2-5-5 문자열을 추가한 것

명령을 알면 뭐든지 할 수 있다

이상과 같이, 인터랙티브 모드에서는 명령을 입력하면 그것을 계속 실행시켜 줍니다. 따라서 명령만 알면 그야말로 여러 가지를 실현할 수 있습니다.

이 책에서는 전반에 걸쳐 Python의 문법과 명령을 설명합니다. 그러나 만약에 빨리 해보고 싶다면 Python 명령 목록을 보는 것도 좋습니다.

Python 명령 목록은 [Python 표준 라이브러리 레퍼런스]에 정리되어 있습니다.

▶ https://docs.python.org/3/library/

지금까지 설명한 [print], [tkinter] 등의 의미도 이 레퍼런스에 잘 설명되어 있습니다.

그림2-5-6 Python 표준 라이브러리 레퍼런스

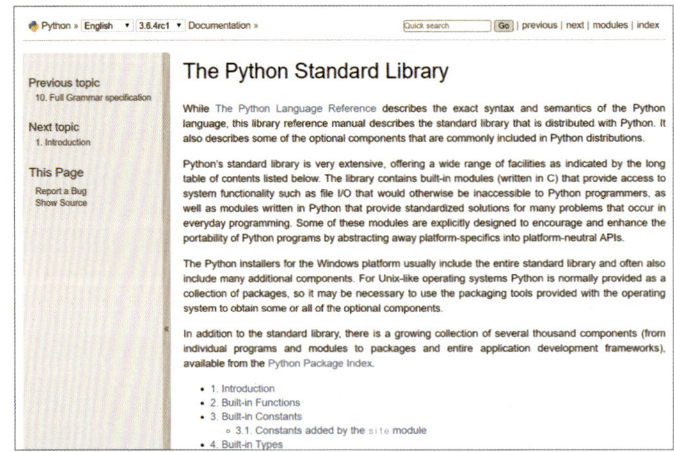

Python » English ▾ 3.6.4rc1 ▾ Documentation » Quick search Go | previous | next | modules | index

Previous topic
10. Full Grammar specification

Next topic
1. Introduction

This Page
Report a Bug
Show Source

The Python Standard Library

While The Python Language Reference describes the exact syntax and semantics of the Python language, this library reference manual describes the standard library that is distributed with Python. It also describes some of the optional components that are commonly included in Python distributions.

Python's standard library is very extensive, offering a wide range of facilities as indicated by the long table of contents listed below. The library contains built-in modules (written in C) that provide access to system functionality such as file I/O that would otherwise be inaccessible to Python programmers, as well as modules written in Python that provide standardized solutions for many problems that occur in everyday programming. Some of these modules are explicitly designed to encourage and enhance the portability of Python programs by abstracting away platform-specifics into platform-neutral APIs.

The Python installers for the Windows platform usually include the entire standard library and often also include many additional components. For Unix-like operating systems Python is normally provided as a collection of packages, so it may be necessary to use the packaging tools provided with the operating system to obtain some or all of the optional components.

In addition to the standard library, there is a growing collection of several thousand components (from individual programs and modules to packages and entire application development frameworks), available from the Python Package Index.

- 1. Introduction
- 2. Built-in Functions
- 3. Built-in Constants
  - 3.1. Constants added by the site module
- 4. Built-in Types

Chapter 3

Python으로 프로그램을 작성할 때의 규칙

Python으로 프로그램을 작성할 때는 여러 가지 규칙이 있습니다. 이 장에서는 파일 사용법, 문자, 숫자, 공백 사용법, 오류가 발생하지 않게 작성하는 법 등 기본 규칙을 배워봅시다.

Lesson 3-1

IDLE을 이용한 프로그램 파일 작성 방법

하나의 파일에 명령을 정리하기

Chapter 2는 1줄씩 프로그램을 실행했습니다. 그러나 실행할 명령어를 매번 입력하는 것은 번거롭고 실수하기 쉽습니다. 그래서 여기서는 명령을 하나의 파일에 입력하는 방법을 설명합니다.

인터랙티브 모드는 명령이 1줄씩 실행되어 사용하기 힘드네요.

IDLE 에디터 기능을 사용하면 여러 개의 명령을 여러 줄에 걸쳐서 쓴 프로그램 파일을 작성할 수 있습니다. 사용법을 배워봅시다!

Python 명령을 하나의 파일로 정리하자

Python에는 미리 실행할 명령을 파일로 정리해두고 그것을 읽어 실행하는 기능이 있습니다.

앞 장에서 테스트한 인터랙티브 모드와 같이 1줄씩 입력해 엔터 키를 누르는 작업이 필요 없으므로 키보드를 잘못 치는 실수가 적어집니다. 또한, 파일을 열어서 여러 번 실행하거나 다른 사람에게 전달해 같은 명령을 실행할 수도 있습니다.

명령을 하나로 정리한 것을 [**프로그램 파일**] 또는 [**프로그램**]이라고 합니다(그림3-1-1).

텍스트 에디터로 작성할 수 있다

파일로 정리한 Python 프로그램은 일반적인 [**텍스트 파일**]과 같으며 텍스트 에디터를 사용해 작성할 수 있습니다.

MEMO

텍스트 파일이란 사람이 읽고 쓸 수 있는 문자만으로 구성된 파일입니다. Windows는 [메모장], Mac은 [텍스트 에디터] 등으로 만든 확장자가 [.txt]인 파일입니다.

그림3-1-1 명령을 하나의 파일로 정리한다

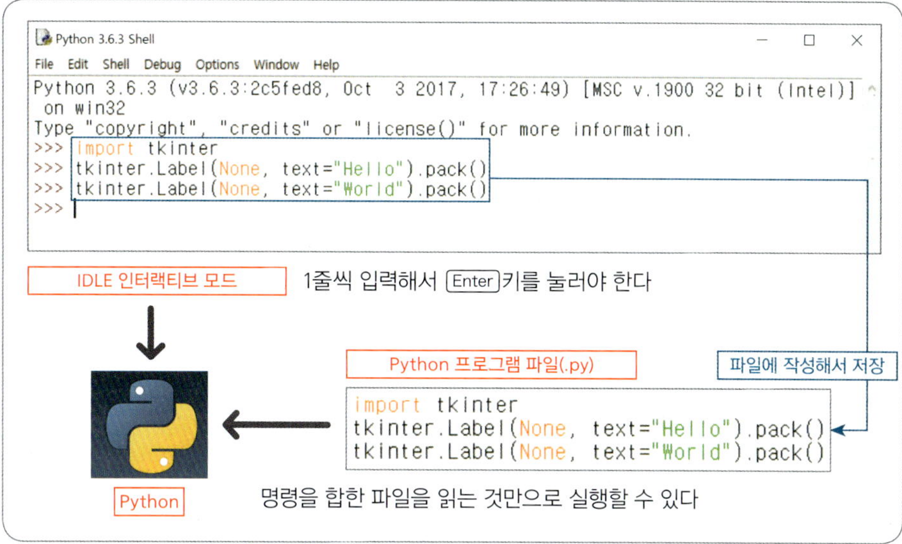

텍스트 에디터로 프로그램을 작성, 저장할 때 확장자를 [.txt]가 아닌 [.py]로 합니다. 예를 들어 [example.py]나 [text.py] 등 [.py]로 끝나는 파일명을 붙입니다. 그렇게 하면 Python에서 실행할 수 있습니다.

Chapter 2에서 설명한 [IDLE]에는 텍스트 에디터 기능이 준비되어 있습니다. 그것을 사용하면 별도의 텍스트 에디터를 설치할 필요가 없으므로 편리합니다.

그래서 이제부터 이 책에서는 IDLE을 사용해 Python 프로그램을 작성하는 방법을 설명합니다.

Python 프로그램 파일을 신규 작성한다

그럼 프로그램 파일을 작성하는 방법을 살펴봅시다. 먼저 IDLE을 실행했으면 [File] 메뉴에서 [New File]을 선택합니다(그림3-1-2).

그림3-1-2 IDLE에서 신규 파일을 작성한다

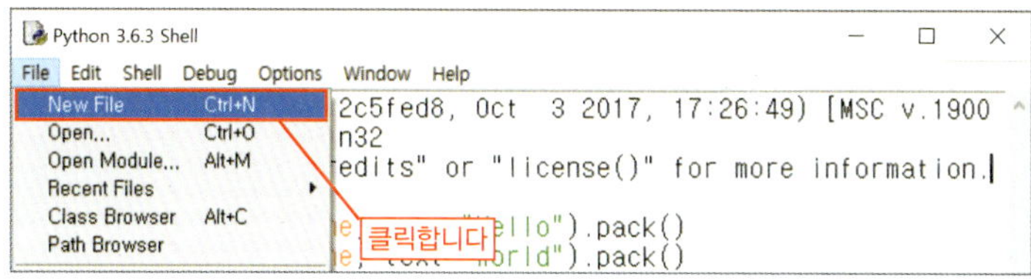

Python 프로그램을 작성한다

[New File]을 선택하면 다음과 같이 에디터 화면이 표시됩니다(그림3-1-3). 여기에 프로그램을 입력합니다.

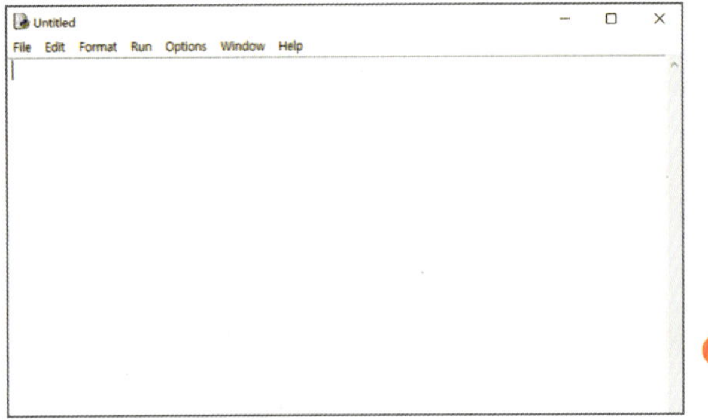

그림3-1-3
에디터 화면을 신규 작성한 것

화면에 결과를 표시하기 위한 [print]

텍스트 파일로 Python 명령을 작성하는 방법은 기본적으로는 Chapter 2에서 설명한 인터랙티브 모드와 같습니다. 그러나 다른 점이 있습니다. 그것은 [결과가 자동으로 화면에 표시되지 않는다는 것]입니다. Chapter 2에서는 예를 들어 [1+2]라고 입력하면 화면에는 다음과 같이 3이라고 표시됐습니다.

인터랙티브 모드

```
>>> 1 + 2 Enter
3
```

마찬가지로 [1+2]라는 명령을 그림3-1-3의 IDLE 에디터 화면에 입력했다고 합시다.

IDLE 에디터

```
1+2
```

그러나 이처럼 파일에 기술해 실행해도 결과는 표시되지 않습니다.

[결과를 화면에 표시한다]라는 기능은 인터랙티브 모드에서만 되는 기능입니다. 화면에 결과를 표시하려면 **표시하기 위한 명령**을 사용해야 합니다.

Python에서는 화면에 뭔가를 표시하려면 [**print**]라는 명령을 사용합니다. 1+2의 결과를 표시하려면 다음과 같이 기술합니다.

```
print(1+2)
```

실제로 프로그램 파일에 [print]라는 명령을 기술해봅시다(그림3-1-4).

그림3-1-4 print를 기술한다

```
*Untitled*
File Edit Format Run Options Window Help
print(1+2)
```

COLUMN

Python 2에서는 괄호는 사용 안 함

Python 2에서는 다음과 같이 괄호를 생략할 수 있습니다.

```
print 1+2
```

이것은 Python 2에서는 문(statement)으로, Python 3에서는 함수(function)로 구현되기 때문입니다(함수에 대해서는 Lesson 3-5 ➜P.67에서 설명합니다).

입력 주의

Python 프로그램을 입력할 때는 다음 사항에 주의하세요.

❶ 프로그램 안의 영숫자는 대소문자를 구분해 입력하세요

그리고 대문자와 소문자는 구별합니다. 예를 들어 앞의 [print]는 [PRINT]로 대문자로 입력하면 오류가 발생하므로 주의합시다.

❷ 불필요한 공백을 입력하지 마세요

Python에서는 프로그램 작성 시 공백에 의미가 있는 것이 있습니다.
공백을 넣거나 넣지 않아도 영향이 없기도 하지만 처음에는 불필요한 오류로 고생하지 않도록 이 책에 있는 대로 입력하도록 합시다.

저장한다

프로그램 입력이 끝나면 [File] 메뉴에서 [Save]를 선택해 저장합니다(그림3-1-5).

[Save]를 선택하면 파일 저장 위치를 물어봅니다. 아무 곳에나 저장해도 되지만 여기서는 [문서] 폴더에 저장했습니다.

저장할 때는 파일명이 필요합니다. 원하는 파일명을 사용해도 되지만 여기서는 예로써 example03-01-01.py라는 이름을 사용했습니다(그림3-1-6). 또한, 몇 가지 이유로 제대로 동작하지 않을 수 있으므로 파일명으로는 한국어를 사용하지 않습니다.

MEMO

Mac에서도 [File] 메뉴의 [Save]를 선택하고 확장자 [.py]를 붙입니다. 저장소는 사용자 폴더의 [문서] 등 알기 쉬운 곳으로 합니다.

그림3-1-5 저장한다

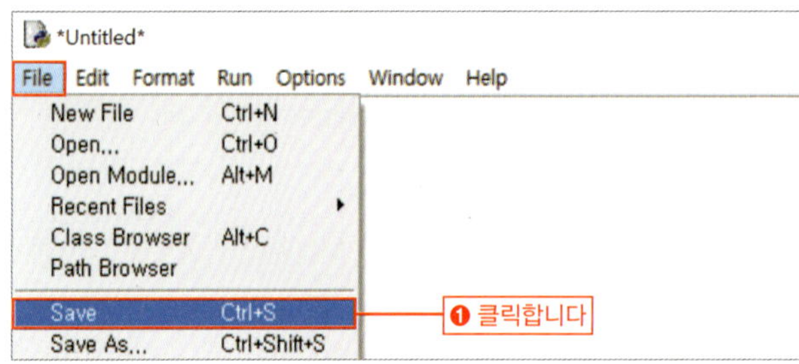

그림3-1-6 저장 위치를 선택한다

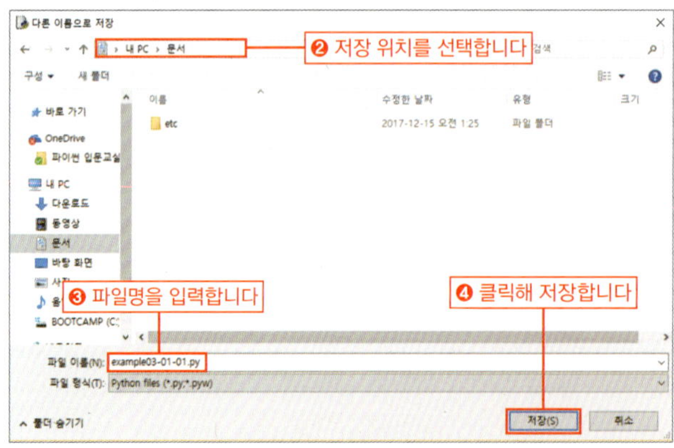

실행한다

저장했으면 실행해봅시다. 실행하려면 [Run] 메뉴에서 [Run Module]을 선택합니다(그림3-1-7). 또는, F5 키를 눌러도 실행할 수 있습니다.

그러면 실행 결과가 표시됩니다. 입력한 프로그램은 print(1+2)라는 프로그램이었으므로 그 결과인 [3]이 표시됩니다(그림3-1-8).

그림3-1-7 실행한다

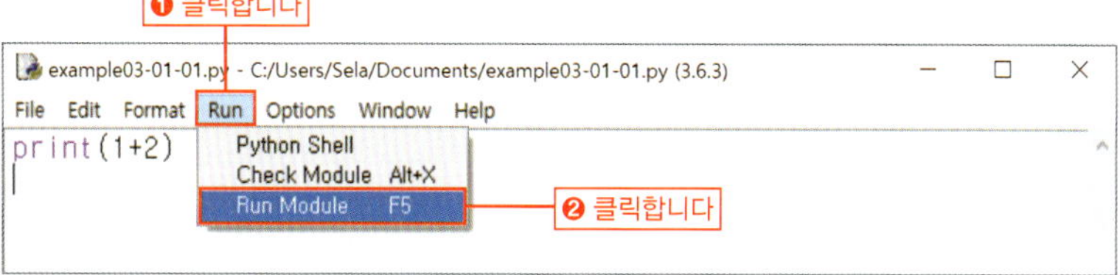

그림3-1-8 실행 결과

```
Python 3.6.3 Shell
File Edit Shell Debug Options Window Help
Python 3.6.3 (v3.6.3:2c5fed8, Oct  3 2017, 17:26:49) [MSC v.1900 32 bit (Intel)]
 on win32
Type "copyright", "credits" or "license()" for more information.
>>>
============ RESTART: C:/Users/Sela/Documents/example03-01-01.py ============
3
>>> |
```

❸ 실행됩니다

MEMO

저장하기 전에 실행하면 오류가 발생한다

실행 시에는 반드시 저장해야 합니다. 저장 전에 실행하려고 하면 오류 메시지가 표시되므로 OK를 클릭해 파일을 저장해주세요.

여러 번이라도 원하는 만큼 실행할 수 있다

일부러 파일로 저장하는 것이 조금 번거롭지만 이것은 몇 가지 이점이 있습니다.

그중 하나가 [여러 번 실행할 수 있다]는 것입니다. [Run]메뉴에서 [Run Module]을 실행하거나 F5 키를 누르면 같은 프로그램을 여러 번 실행해 동작을 확인할 수 있습니다.

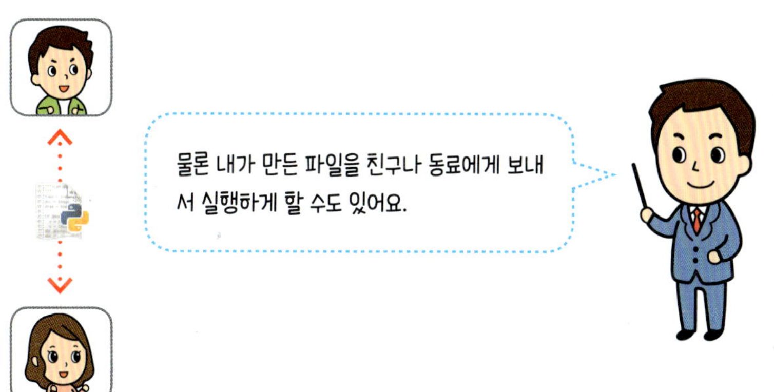

물론 내가 만든 파일을 친구나 동료에게 보내서 실행하게 할 수도 있어요.

Lesson 3-2

파일 다시 작성하기, 추가 작성하기, 다른 이름으로 저장하는 방법

많은 명령을 나열해보자

앞 Lesson에서는 단지 하나의 명령만을 파일에 기술했습니다. 이번에는 조금 더 많은 명령을 나열해 그것을 순서대로 실행해봅시다.

프로그램 파일에는 여러 개의 명령을 몇 개나 써서 저장해 둘 수 있네요.

맞아요. 여기서는 한번 작성한 파일에 명령을 추가해 쓰고, 다른 이름으로 저장하여 실행하는 방법을 설명하겠습니다.

많은 명령을 나열한다

Python 프로그램에 명령을 나열해 기술하면 그것들은 위에서부터 차례로 실행됩니다.

앞 Lesson에서는 [1+2]를 계산하는 명령을 작성했는데 여기서는 그 아래에 [3+4], 이어서 [4+5]를 계산하는 명령을 작성합니다.

다음과 같은 프로그램입니다.

List example03-02-01.py

```
print(1+2)
print(3+4)
print(4+5)
```

2줄을 추가했습니다

실제로 IDLE에서 프로그램을 입력하면 그림3-2-1과 같습니다.

그림3-2-1 2줄 추가한 것

```
*example03-02-01.py - C:₩Users₩Sela₩Downloads₩python_sample₩python_sample₩C...
File Edit Format Run Options Window Help
print(1+2)
print(3+4)
print(4+5)
```

2줄을 추가했습니다

다른 이름으로 저장하려면

이대로 파일을 저장하면 먼저 입력한 1줄만 프로그램이 덮어써 버립니다.

그래서 여기서는 다른 이름으로 저장합니다. 다른 이름으로 저장하려면 [File] 메뉴에서 [Save Copy As]를 선택합니다(그림3-2-2). 그러면 파일 이름을 입력하는 대화상자가 표시되고, 이번에는 [example03-02-01.py]라는 이름으로 저장합니다(그림3-2-3).

그림3-2-2 [Save Copy As]를 선택해 다른 이름으로 저장한다

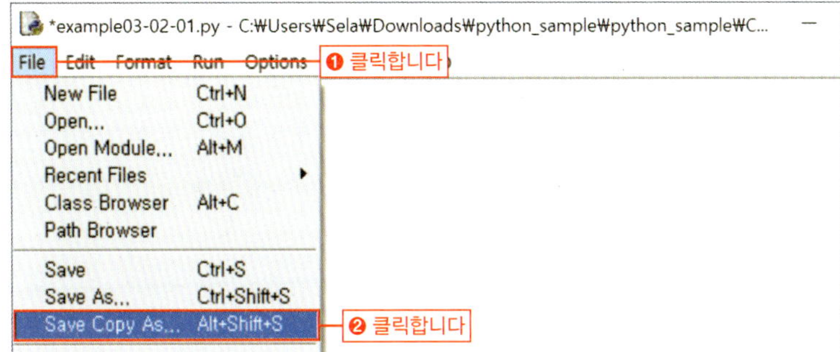

그림3-2-3 example03-02-01.py로 저장한다

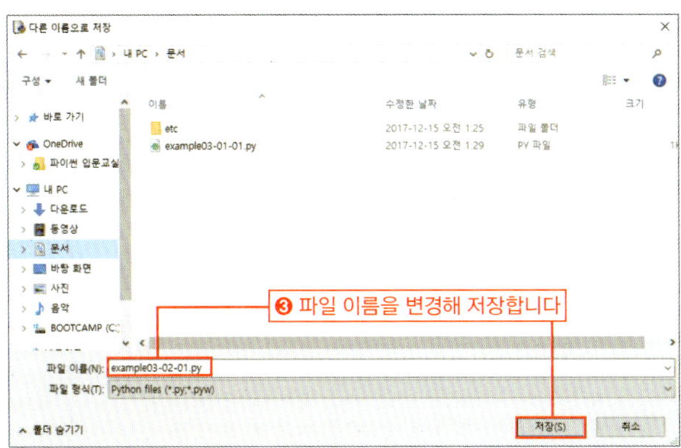

실행한다

저장했으면 실행해봅시다. 실행하려면 [Run] 메뉴에서 [Run Module]을 선택 또는 F5 키를 누릅니다. 실행하면 그림3-2-4처럼 [3], [7], [9] 순서로 표시됩니다. 이것은 각각 [1+2], [3+4], [4+5]의 결과입니다.

이 결과를 보고 알 수 있듯이 Python 프로그램은 **위에서부터 차례대로 1줄씩 실행됩니다**.

여기서는 3줄 밖에 작성하지 않았지만 4, 5줄 조금 더 많이 작성해도 똑같이 위에서부터 아래로 순서대로 실행됩니다.

example03-02-01.py의 실행 결과

```
3 ———— 1+2의 결과
7 ———— 3+4의 결과
9 ———— 4+5의 결과
```

그림3-2-4 IDLE 실행 결과

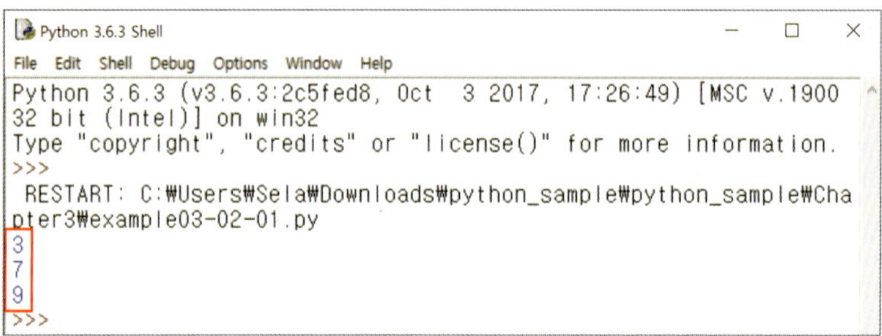

COLUMN

실행 결과를 클리어한다

IDLE의 화면에서는 실행 결과가 쌓이므로 어디부터 새로운 실행 결과인지 모를 때가 있습니다.

그럴 때는

```
>>>
```

라고 표시된 곳에서 몇 번 Enter 키를 눌러 개행(줄 바꿈)해서 지금 표시되어 있는 화면을 밑으로 내리면 됩니다.

Lesson 3-3

작성한 프로그램 파일을 여는 방법

저장한 파일을 열려면

지금까지 [example03-01-01.py], [example03-02-01.py]라는 2개의 파일을 만들어 봤습니다. 이 파일을 나중에 다시 열려면 어떻게 하면 될까요? 그 방법을 설명합니다.

프로그램 파일 조작 설명은 이 Lesson으로 끝입니다.

IDLE을 종료하려면

Python의 IDLE을 종료하려면 단순하게 오른쪽 위의 ⊠를 클릭하거나 [File] 메뉴에 [Close] 혹은 [Exit]를 선택합니다. ⊠나 [Close]를 선택하면 현재 창만 닫습니다. [Exit]를 선택하면 IDLE 자체가 종료됩니다.

여기서는 IDLE은 종료하지 않고 ⊠를 클릭 또는 [Close]를 선택하는 방법으로 닫습니다(그림3-3-1).

그림3-3-1 IDLE를 종료한다

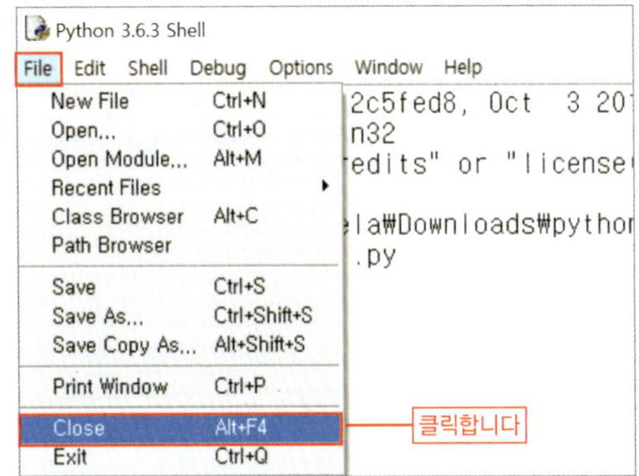

저장한 파일을 다시 열려면

저장한 파일을 열려면 [File] 메뉴에서 [Open]을 선택합니다(그림3-3-2).

그러면 파일을 여는 화면이 표시되므로 파일을 선택하면 열립니다.

또한, 만약 최근 사용한 파일을 열려면 [File] 메뉴의 [Recent Files]에서 여는 방법도 있습니다(그림3-3-3).

그림3-3-2 파일을 연다

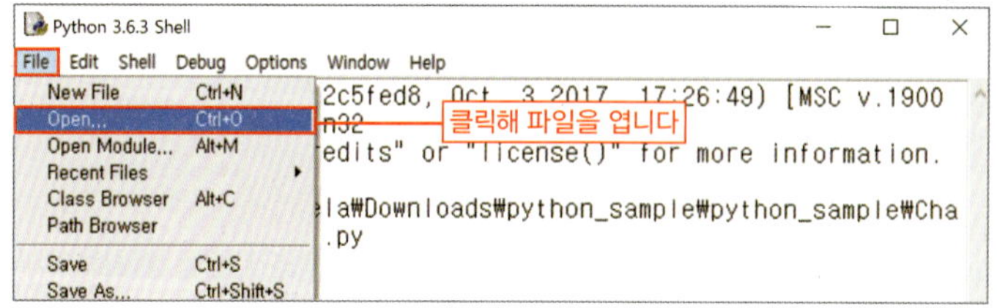

그림3-3-3 Recent Files에서 최근에 열었던 파일을 연다

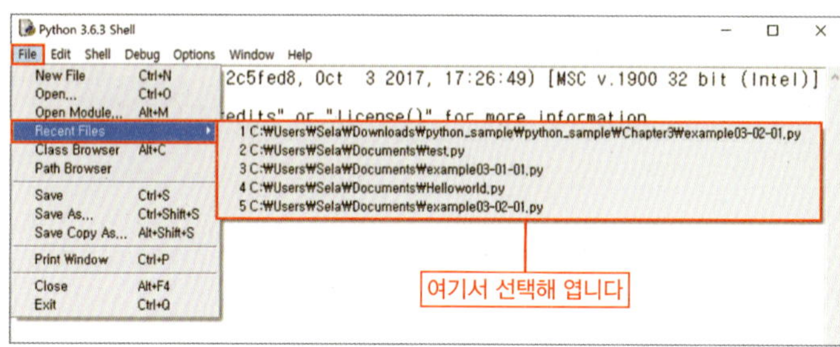

열면 실행할 수 있다

열고 나서는 [Run] 메뉴에서 [Run Module]을 선택하거나 F5 키를 누르면 다시 실행할 수 있습니다. 이렇게 저장한 파일은 열어서 몇 번이라도 실행할 수 있습니다.

IDLE에서의 파일 조작이나 실행 정리

지금까지의 조작 방법을 정리합니다. 다음은 Windows와 Mac에서 공통입니다.

- 저장하거나 여는 조작은 [File] 메뉴에서 선택합니다.
- [Save]로 저장하고, [Save Copy As]로 복제를 저장합니다. 기존의 파일을 수정하고 다른 이름으로 저장하고자 할 때도 [Save Copy As]를 사용합니다.
- 열려면 [Open]을 선택합니다. 최근 사용한 파일을 열고 싶다면 [Recent Files]에서 엽니다.

이제부터는 저장이나 여는 조작은 같으므로 설명은 생략합니다. [저장한다]나 [연다] 등의 말이 나오면 이 레슨을 참고하세요.

Lesson 3-4

[문자=문자열] 기본 법칙을 총정리

문자를 표시해보자

Python에서는 수치뿐 아니라 문자도 다룰 수 있습니다. 다만 문자를 다루려면 조금 특수한 작성법이 필요합니다.

Python에서 문자를 표시하는 방법에 대해서 배웁시다!

["]나 [']로 감싸서 작성한다

Python에서는 문자를 [**문자열**]이라고 합니다. 문자열의 [열]은 문자가 하나의 문자가 아닌 이어져 있다는 의미지만 가령 하나의 문자도 문자열이라고 합니다.

문자열을 표시하려면 그 **문자 전체를 ["](큰 따옴표) 혹은 ['](작은 따옴표)로 묶습니다**. 예를 들면 [abc]라는 문자를 표현하려면 이것을 문자열로서 ["abc"] 혹은 ['abc']와 같이 표기합니다.

앞에서 설명했지만 쓸데없는 공백을 넣으면 오류가 생기는 경우가 있어 ["]나 ['] 앞뒤에는 공백을 넣지 않고 입력합니다.

```
"abc"
```

또는

```
'abc'
```

["]와 [']의 적절한 사용

Python에서는 ["]과 [']의 차이는 없습니다. 앞이 ["]면 뒤도 ["], 앞이 [']면 뒤도 [']인 조합이라면 어느 것을 사용해도 됩니다.

그래서 **이 책에서는 지금부터 특별한 이유가 없는 한 ["]로 통일**합니다.

다만 ["]로 감싼 것 안에 ["]를 넣거나 [']로 감싼 것 안에 [']를 넣으면 안되므로 작성하고 싶은 문자열에 [']가 들어있을 때는 전체를 ["], ["]가 들어있을 때는 전체를 [']로 감싸는 형태로 하는 것이 일반적입니다.

예를 들어 작성할 문자열이 [It's a pen]과 같이 [']가 들어있는 경우는 전체를 ["]로 감싸도록 합니다. [']로 감싸버리면 하나의 문자열에 [']가 3개가 되어 버리므로 오류가 발생합니다.

[It's a pen]을 작성한다

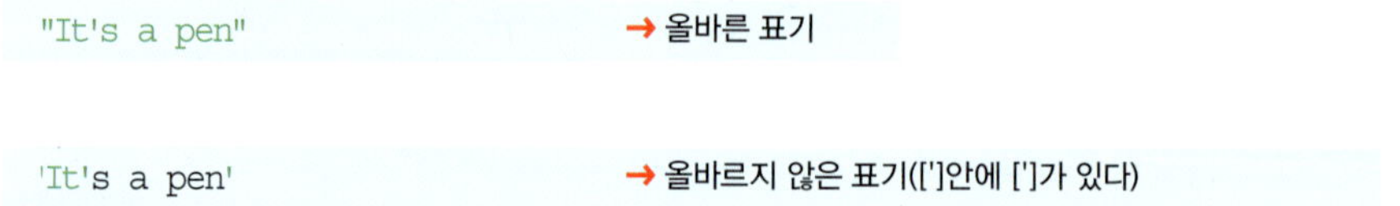

```
"It's a pen"
```
➜ 올바른 표기

```
'It's a pen'
```
➜ 올바르지 않은 표기([']안에 [']가 있다)

또는 [']를 [₩'] 또는 [\']라고 작성하는 방법도 있습니다. 이것을 [**이스케이프 시퀀스**]라고 합니다. 이스케이프 시퀀스에 대해서는 Lesson 3-7 긴 문자열을 표시해보자 ➜P.75에서 설명합니다.

```
'It\'s a pen'
```
➜ 올바른 표기(이스케이프 시퀀스를 이용)

문자열을 화면에 표시하자

실제로 화면에 문자열을 표시하는 프로그램을 만들어 봅시다. 여기서는 화면에 [abc]라고 표시합니다.

[File] 메뉴에서 [New File]를 선택해 신규 파일을 작성하고 다음 프로그램을 넣어줍니다(그림3-4-1).

List example03-04-01.py

```
print("abc")
```

그림3-4-1 「print("abc")」 라고 입력

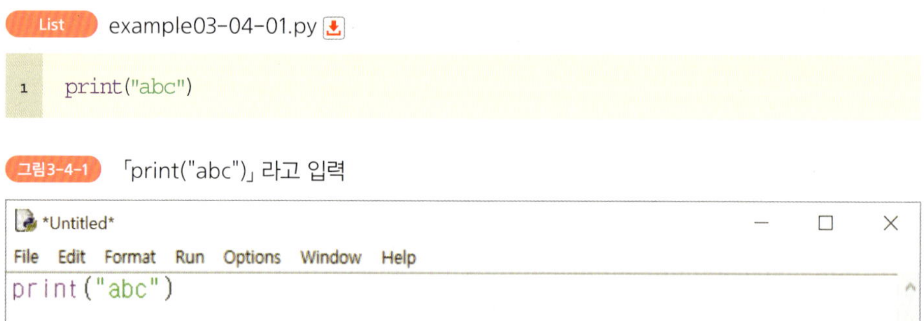

이것을 [example03-04-01.py]라는 이름으로 저장하고 실행합니다. 그러면 화면에 [abc]라고 표시됩니다(그림3-4-2).

여기서는 ["abc"]처럼 전체를 ["]로 감싸고 있지만 화면에 표시될 때 ["]는 사라지고 [abc]라고만 표시되는 점에 주목하세요. 참고로 ["]나 [']는 키보드로 그림3-4-3과 같이 입력합니다.

그림3-4-2 실행 결과(화면에 [abc]라고 실행된다)

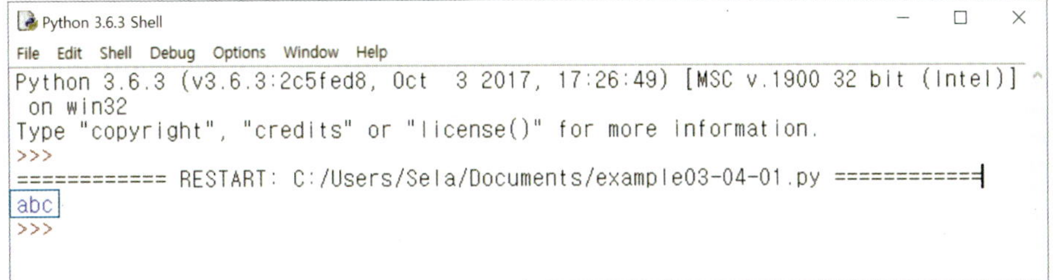

그림3-4-3 키보드에서 ["]나 [']를 입력하는 방법

[₩]와 [\] 문자에 주의

문자열을 다룰 때는 주의할 것이 있습니다. 그것은 Windows의 [₩] 문자와 Mac의 [\](백 슬래시) 문자입니다.

예를 들어 Windows에서 [₩10,000]으로 표시하고자 합니다. 이것을 그대로 [₩10,000]라고 입력하고 실행하면 [1] 부분이 잘 표시되지 않습니다.

Mac의 경우는 이 문제는 일어나지 않지만 비슷한 문제가 [\] 문자에서 발생합니다. 즉, [\10,000]으로 입력해 실행하면 [1] 부분이 표시되지 않습니다. 참고로 [\]는 option키를 누르면서 ₩키를 누르고 입력합니다.

그림3-4-4 [₩]와 [\]의 문제(아래와 같이 입력하면 [1]이 표시되지 않는다)

Untitled

File Edit Format Run Options Window Help

```
print("₩10,000")
```

Windows인 경우

example03-04-02.py - /Users/sera_you/Documents/example03-04-02.py (3.6.4)

```
print("\10,000")
```

Mac인 경우

실제로 실행하면 그림3-4-5와 같이 [1] 부분 문자가 깨집니다. 그 이유는 Python에서는 [₩]나 [\]가 특수한 용도로 사용되기 때문입니다. Windows에서는 [₩]는 [₩₩], Mac에서는 [\]를 [\\]와 같이 [2개를 연이어 쓴다]와 같은 규약이 있습니다.

그림3-4-5 실행 결과(문자가 깨진다)

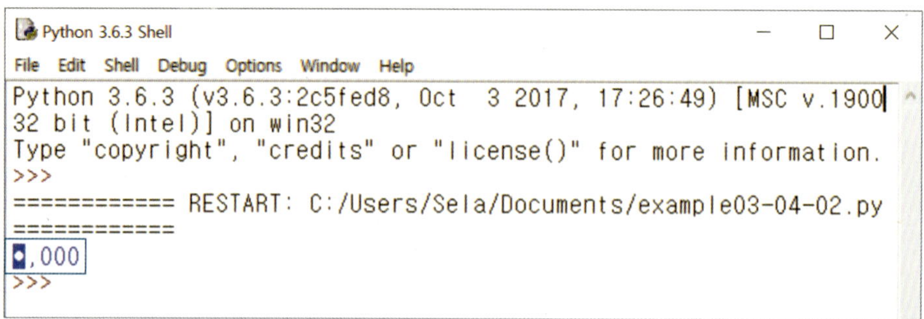

그래서 다음과 같이 작성하면 제대로 출력됩니다.

List example03-04-02.py(Windows의 경우)

```
print("₩₩10,000")
```

List example03-04-02.py(Mac의 경우)

```
print("\\10,000")
```

[₩]나 [\]에 어떤 의미가 있는지에 대해서는 Lesson 3-7 긴 문자열을 표시해보자 →P.75에서 설명합니다.

COLUMN

raw String을 이용한다

[₩]나 [\] 문자를 바르게 표시하는 방법에는 대안이 있습니다. 그것은

```
print(r"₩10,000")
```

와 같이 문자열 앞에 [r]을 붙이는 방법입니다.

[r을 붙인 문자열]은 [raw String]이라고 불리며 [₩]나 [\]를 특수 문자로 다루지 않습니다. 문자열 안에 [₩]나 [\]가 많을 때는 이 방법을 사용하면 편리합니다.

Lesson 3-5

문자열과 수치를 한 번에 표시하려면

문자열을 연결해보자

문자열은 연결할 수 있습니다. 연결하려면 [+] 기호를 사용합니다. 문자열과 수치를 연결할 수도 있지만 그 때는 변환 조작이 필요합니다.

Python에서는 수치와 문자열은 다르게 다루는 기본 작성 방법을 배웁시다!

[+]로 연결한다

[+] 기호를 사용하면 문자열을 연결할 수 있습니다.

예를 들어 [abc]와 [cde]를 연결하는 경우에는 다음과 같이 작성합니다.

List example03-05-01.py

```
print("abc"+"cde")
```

실행 결과는 [abccde]로 연결되어 표시됩니다.

example03-05-01.py의 실행 결과

```
abccde
```

몇 개라도 연결할 수 있다

[+] 기호를 사용하면 몇 개라도 연결할 수 있습니다.

예를 들어 [abc], [cde], [def], [hig]를 연결하려면 다음과 같이 작성합니다. 실행 결과는 [abccdedefhig]로 전부 연결되어 표시됩니다.

List example03-05-02.py

```
print("abc"+"cde"+"def"+"hig")
```

example03-05-02.py의 실행 결과

```
abccdedefhig
```

COLUMN

[*]로 반복한다

문자열에는 [*](애스터리스크)라는 계산식도 사용할 수 있습니다. [*]는 [반복한다]를 나타냅니다. 예를 들어 [*]를 사용해 다음과 같이 작성합니다.

```
print("abc"*3)
```

이것을 실행합니다. 그러면 [*3]이므로 [abc]를 3번 반복해 표시합니다.

```
abcabcabc
```

문자열과 수치는 연결할 수 없다

[문자열]과 [수치]는 [+] 기호로 연결할 수 없습니다. 예를 들어 다음과 같이 작성하면 오류가 발생합니다(그림3-5-1)

List example03-05-03.py(틀림)

```
print("abc"+123)
```

그림3-5-1 example03-05-03.py의 실행 결과(오류)

```
File  Edit  Shell  Debug  Options  Window  Help
Python 3.6.3 (v3.6.3:2c5fed8, Oct  3 2017, 17:26:49) [MSC v.1900
32 bit (Intel)] on win32
Type "copyright", "credits" or "license()" for more information.
>>>
 RESTART: C:₩Users₩Sela₩Documents₩python_sample₩python_sample₩Ch
apter3₩example03-05-03.py
abc123
>>>
============ RESTART: C:/Users/Sela/Documents/example03-05-03.py
============
Traceback (most recent call last):
  File "C:/Users/Sela/Documents/example03-05-03.py", line 1, in
<module>
    print("abc"+123)
TypeError: must be str, not int
>>>
```

오류가 발생합니다

이것은 [+]라는 기호가 다음과 같이 각각 다른 의미로 작용하기 때문입니다.

- **문자열일 때는 [연결]**
- **수치일 때는 [덧셈]**

따라서 [문자열]과 [수치]에 대해서 동시에 [+]를 적용하면 Python이 어떤 계산을 적용해야 할지 몰라 오류가 발생합니다.

그럼 [문자열]과 [수치]를 [+] 기호로 연결하려면 어떻게 해야 할까요. 해결법은 **[수치]를 [문자열]로 변환하기**만 하면 됩니다.

[수치]를 [문자열]로 변환하는 방법은 간단합니다. 보통의 [문자열]과 마찬가지로 [수치] 전체를 ["] 또는 [']로 감쌉니다. 예를 들어 [123]은 ["123"]이라고 작성하면 [문자열]로 변환됩니다.

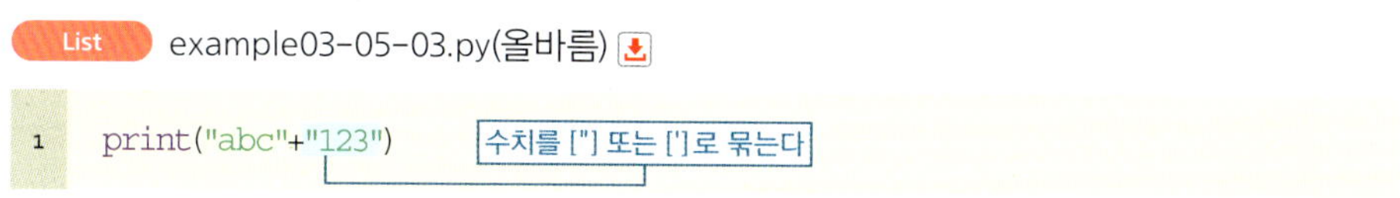

example03-05-03.py의 실행 결과

```
abc123
```

계산 결과와 연결하고자 할 때

다음으로 문자열 [abc]와 [123*234의 계산 결과]를 연결하려면 어떻게 하면 좋을까요? 123*234의 계산 결과는 [28782]이기 때문에 올바르게 연결되면 실행 결과는 [abc28782]라고 표시될 것입니다.

앞의 수치를 문자열로 변환하는 방법을 사용해 다음과 같이 작성하면 기대한 실행 결과는 얻을 수 없습니다. 이 결과는 [abc123*234]이 됩니다.

List example03-05-04.py(틀림)

```
print("abc"+"123*234")
```

example03-05-04.py의 실행 결과

```
abc123*234
```

계산되지 않았다

기대하는 실행 결과를 얻기 위해서는 [123*234의 계산 결과]를 어떠한 형태로든 문자열로 변환해야 합니다. 그것을 가능하게 하는 것이 Python의 [**str 함수**]입니다.

함수라는 것은 어떤 [값]을 전달하면 내부에서 계산과 가공 등의 처리를 하고 그 결과를 돌려주는 기능을 하는 것입니다(그림3-5-2).

이처럼 함수를 사용하고 처리하는 것을 [**함수를 호출한다(call)**]라고 합니다.

그림3-5-2 함수

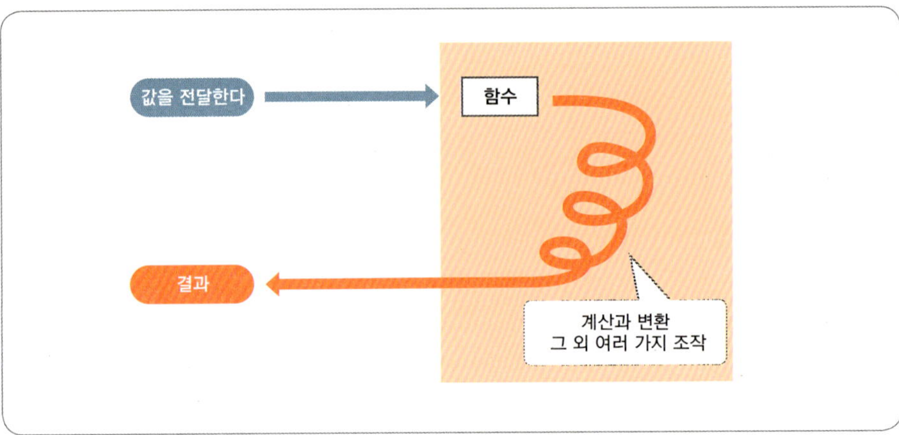

str 함수는 괄호 안에 [수치]를 전달하면 그것을 [문자열]로 변환한 값으로 되돌려 주는 함수입니다(그림3-5-3).

그림3-5-3 str 함수 호출

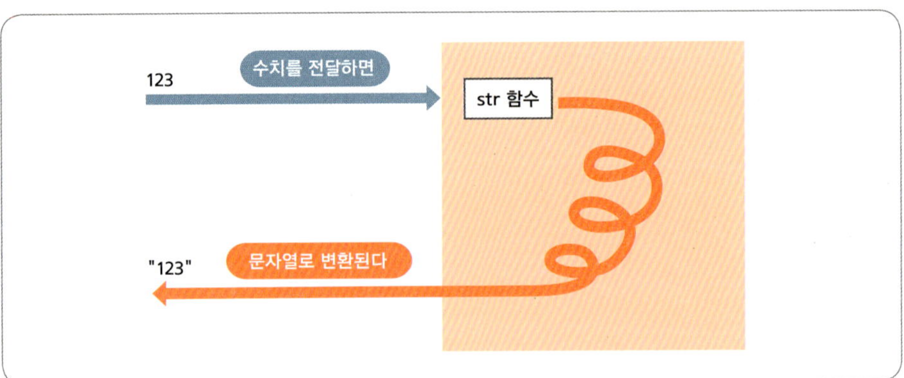

이 str 함수를 사용하여 프로그램을 다음과 같이 작성합니다.

List example03-05-04.py(올바름)

```
print("abc"+str (123*234))
```

str 함수에서 문자열로 변환한다

그러면 그림3-5-4와 같이 괄호 내 [123*234] 계산 결과가 문자열로서 되돌아옵니다. 이 문자열로서 되돌아온 계산결과와 [abc]를 [+]로 연결하므로 기대하는 실행 결과를 얻을 수 있습니다.

그림3-5-4 str 함수를 호출할 때의 처리 흐름도

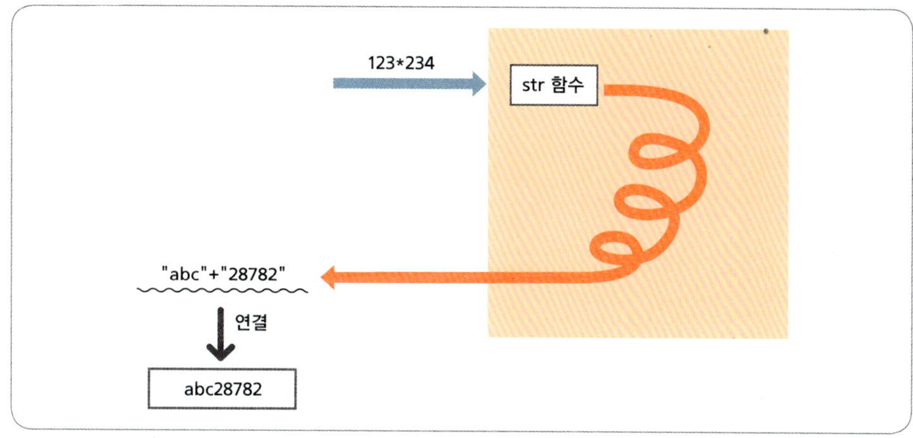

example03-05-04.py의 실행 결과

```
abc28782
```

지금까지 설명한 것처럼 [문자열]과 [수치]를 연결할 때는 수치로는 연결할 수 없습니다. str 함수를 사용한 변환이 필요합니다.

여기서 예시한 경우 이외에도 수치를 어떤 이유든 문자열로 다루려면(예를 들어 끝에서 3번째 자릿수를 꺼내고 싶을 때, [특정 자릿수의 문자]를 꺼내고 싶을 때 등) str 함수를 사용합니다.

이 책에서는 이제부터 str 함수는 자주 등장하므로 기억해 두세요.

함수는 어려울 것 같았는데 실제로 사용해 보니 굉장히 편리하네요.

Python에는 이외에도 편리한 함수가 많이 있습니다. 또한, 직접 만들 수도 있습니다. 자세한 것은 Chapter 4에서 설명합니다.

좋아, 그때까지 기초 다지기를 열심히!

Lesson 3-6

프로그램에서 문자가 깨지지 않게 하려면?

한글을 제대로 표시하기 위한 법칙

Python에서는 한글을 표시할 수 있습니다. 단지 한글은 설정에 따라 제대로 동작하지 않는 경우도 있으므로 주의합니다.

작성 법칙이 있으니까 배워둡시다.

한국어도 쓸 수 있지만 문자가 깨지거나 오류가 표시되는 경우가 있다

Python에서는 한국어도 사용할 수 있습니다.

예를 들어 [print("안녕하세요")]와 같은 프로그램을 실행하면, 화면에는 [안녕하세요]라고 제대로 한국어가 표시됩니다.

List example03-06-01.py

```
print("안녕하세요")
```

example03-06-01.py 실행 결과

```
안녕하세요
```

단지 화면에 따라서는 오류가 발생하는 경우가 있습니다. 이것은 Python에서는 문자 코드가 [UTF-8]이라고 불리는 코드로 작성하는 것을 전제로 하기 때문입니다.

오류가 발생하는 경우

Python 2.x의 경우

```
  File "example03-06-01.py", line 1
SyntaxError: Non-ASCII character '\x82' in file C:\Users\osawa\
Documents\aaa.py on line 1, but no encoding declared; see
http://python.org/dev/peps/pep-0263/ for details
```

Python 3.x의 경우

```
  File "example03-06-01.py", line 1
SyntaxError: Non-UTF-8 code starting with '\x82' in file C:\
Users\osawa\Documents\aaa.py on line 1, but no encoding
declared; see http://python.org/dev/peps/pep-0263/ for details
```

IDLE에서 Python 프로그램을 작성한 경우에는 [UTF-8]이지만 그 외의 텍스트 에디터를 사용한 경우, [UTF-8]이 아닐 때가 있습니다.

그렇기 때문에 IDLE 이외에서 실행했을 때에는 뭔지 모를 오류가 발생할 때가 있습니다.

COLUMN

텍스트 에디터에서 Python 프로그램을 작성하는 경우

문자 코드란 [문자를 어떤 수치로 나타낼까]라는 규정입니다. 한국어로 사용하는 문자코드에는 다음과 같은 것이 있습니다.

● EUC-KR

Windows에서 표준적으로 사용되는 문자 코드입니다. 원래의 문자 등을 사용할 수 있도록 마이크로 소프트사가 개량한 문자 코드는 CP949라고 불리기도 합니다.

● UTF-8

요즘 흔히 쓰이는 문자 코드입니다. 한국어뿐만 아니라 세계 각국의 문자 모두를 다룰 수 있습니다.

1번째 줄이나 2번째 줄에 문자 코드를 써 두자

어떠한 환경에서도 문자 코드의 오류가 발생하지 않게 하려면 1번째 줄이나 2번째 줄에 [coding=utf-8] 또는 [coding:utf-8]이라고 입력해 놓습니다.

```
# coding=utf-8
```

또는

```
# coding:utf-8
```

이것은 프로그램의 문자 코드를 지정하는 구문입니다. 이것으로 Python이 문자코드 [utf-8]로 쓰여져 있다는 것이며, 오류가 발생하지 않게 됩니다.

문자가 올바르게 표시되게 해주는 것으로 한국어를 사용할 때 반드시 입력합니다. 위의 차이는 [=]로 단락을 지을지 [:]로 단락을 짓는 표기의 차이밖에 없습니다. 또한, 단락 앞뒤의 공백은 넣어도 넣지 않아도 같습니다. 결과는 같으므로 마음에 드는 것으로 작성합니다.

특히, Python 2.x에서는 표준으로 한국어를 작성할 수 없는 [ASCII]라는 문자 코드를 사용하므로 **이 지정은 필수**입니다. 지정하지 않으면 IDLE 이외에서는 실행할 수 없습니다.

> **MEMO**
>
> [utf-8] 부분은 대문자와 소문자의 구별은 하지 않습니다. [UTF-8]이라고 써도 같습니다.

예를 들어, 앞의 example03-06-01.py는 다음과 같이 작성합니다.

올바른 example03-06-01.py의 표기

```
# coding:utf-8          ← 이것은 필수
print("안녕하세요")
```

여기서는 1번째 줄을 [:]로 단락지었지만 [=]라도 같습니다. 또한, 1번째 줄과 2번째 줄을 이어서 썼는데 아래와 같이 줄을 띄우고 작성하는 것도 상관없습니다(Lesson 3-8 공백, 인덴트, 개행(줄 바꿈)의 역할 ➜P.80를 참조).

```
# coding:utf-8
↵                       ← 1줄(또는 그 이상) 띄워도 된다
print("안녕하세요")
```

참고로 이 [#]부터 시작되는 줄은 [주석]으로 취급하며, 프로그램으로서의 의미는 없습니다(Lesson 3-9 프로그램을 보조하는 주석의 작성법 ➜P.83 참조).

혹시 한국어가 잘 표시되지 않는다면 1번째 줄이나 2번째 줄에 [coding=utf-8] 또는 [coding:utf-8] 지정이 있는지 확인해 보세요.

Lesson 3-7

Python에서 한국어를 줄 바꿈해서 표시하려면?

긴 문자열을 표시해보자

Python에서는 긴 문자열도 다룰 수 있습니다. 그러나 문자열 안에 줄 바꿈이 들어있는 경우는 특수한 작성 방법을 하지 않으면 제대로 반영되지 않습니다.

오류가 발생되지 않는 줄 바꿈하는 방법, 작성할 때의 법칙을 기억합시다. 몇 가지 있지만 입력해보면 익숙해집니다.

["] 안에 줄 바꿈이 들어가면 오류가 발생한다

Python에서는 ["] 또는 [']로 앞 뒤를 감싼 것 안에 줄 바꿈을 할 수 없습니다.

예를 들어 다음의 프로그램처럼 [print] 안에서 ["]나 [']로 종료하지 않고 다음 줄로 줄 바꿈하면 실행하지 못하고 오류가 발생합니다(그림3-7-1).

List example03-07-01.py(틀림)

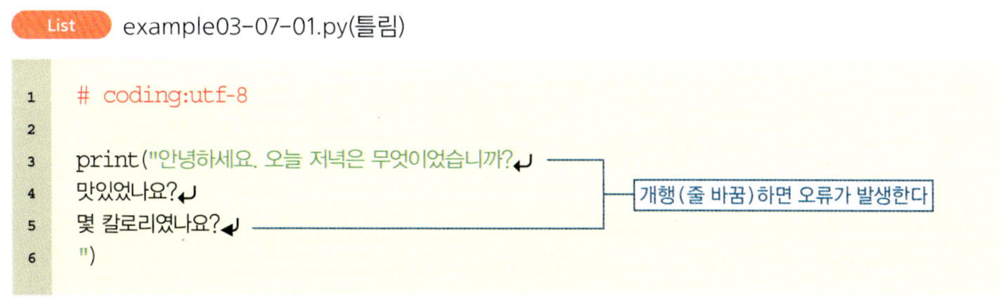

```
# coding:utf-8

print("안녕하세요. 오늘 저녁은 무엇이었습니까?↵
맛있었나요?↵
몇 칼로리였나요?↵
")
```


그림3-7-1 example03-07-01.py의 실행 결과(문자열 중 줄 바꿈이 있는 경우의 오류)

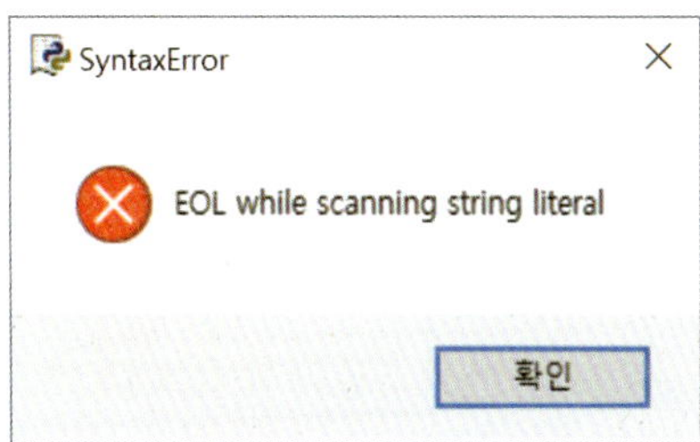

줄 바꿈을 나타내는 특별한 문자

줄 바꿈을을 표현하는 데는 몇 가지 방법이 있습니다.

첫 번째 방법은 [**이스케이프 시퀀스**]라고 하는 표시를 사용하는 방법입니다. 이스케이프 시퀀스란 [₩]나 [\] 기호에 영문자를 이음으로써 특별한 문자를 나타내는 마크인 것입니다.

조금 이해하기 어렵겠지만, 이 문자는 폰트형의 문제로 Windows에서는 [₩], Mac에서는 [\]입니다. Mac에서는 option+₩키로 입력합니다. 본래의 형은 Mac이 맞고, [\](백 슬러시)가 나오면 **Windows에서는 [₩](원기호)로 바꿔서 읽어주세요**.

줄 바꿈은 [\n](Windows라면 [₩n]. 이하 동일)이라는 마크입니다. 줄 바꿈할 부분에 [\n]을 두고 1줄로 프로그램을 작성합니다.

프로그램상으로는 1줄이지만 실행할 때 [\n] 부분이 줄 바꿈을 대체합니다. 결과는 그 부분에서 줄 바꿈되어 표시됩니다. 그 밖에도 이스케이프 시퀀스에는 표3-7-1에 나타낸 것과 같은 표기가 있습니다.

표3-7-1 이스케이프 시퀀스

이스케이프 시퀀스	의미
\newline	백슬러시(₩기호)와 줄 바꿈 문자가 무시됩니다
\\	백슬러시(₩기호) (\)
\'	작은 따옴표(')
\"	큰 따옴표(")
\a	ASCII 단말음(BEL)
\b	ASCII 백스페이스(BS)
\f	ASCII 폼필드(FF)
\n	ASCII 줄 바꿈(LF)
\r	ASCII 복귀(CR)
\t	ASCII 수평탭(TAB)
\v	ASCII 수직탭(VT)
\ooo	8진수값 ooo을 가진 문자
\xhh	16진수값 hh를 가진 문자
\N[name]	Unicode 데이터베이스 중에서 name이라는 이름의 문자
\uxxxx	16-bit의 16진수 xxxx를 가진 문자
\Uxxxxxxxx	32-bit의 16진수 xxxxxxxx를 가진 문자

※ Windows 사용자는 [\]를 [₩]로 바꿔 읽어주세요

그럼 [\n]을 사용해 example03-07-01.py에 줄 바꿈을 넣어봅시다. 다음과 같이 작성합니다.

List example03-07-01.py

```
# coding:utf-8

print("안녕하세요. 오늘 저녁은 무엇이었습니까?\n맛있었습니까?\n몇 칼로리였나요?")
```

Windows인 경우는 [₩n]
Mac인 경우는 option + ₩으로 입력

example03-07-01.py의 실행 결과

```
안녕하세요. 오늘 저녁은 무엇이었습니까?
맛있었습니까?
몇 칼로리였나요?
```

줄 바꿈을 포함해 작성할 수 있는 편리한 삼중 따옴표

이스케이프 시퀀스를 사용하는 방법에 프로그램에 작성한 내용과 실제 결과의 차이 때문에 읽기 어려운 단점이 있습니다.

사실은 Python에는 조금 더 간단한 방법이 있습니다. 그것은 [**삼중 따옴표**]로 묶는 방법입니다. ["]를 3개 연결하거나 [']를 3개 연결하면 됩니다. 이 작성법의 경우 둘러싼 부분을 줄 바꿈도 포함해 그대로 처리됩니다. 삼중 따옴표를 이용하면 프로그램에 쓴대로 화면에 표시되기 때문에 결과를 이해하기 쉽습니다.

List example03-07-02.py

```
# coding:utf-8

print("""안녕하세요. 오늘 저녁은 무엇이었습니까?
맛있었습니까?
몇 칼로리였나요?""")
```

["""]로 감싸면 줄 바꿈이 포함된다

반대로 줄 바꿈하지 않을 때는?

반대로 줄 바꿈하지 않을 때도 있습니다. 줄 바꿈하지 않을 때에는 ["] 혹은 [']로 묶고 안에 차차 문자를 쓰면 좋지만 그럴 경우 IDLE 에디터라면 가로가 잘려 프로그램이 보기 안 좋습니다(그림 3-7-2).

List example03-07-03.py(통째로 " "로 묶은 경우)

```
# coding:utf-8

print("안녕하세요. 오늘 저녁은 무엇이었습니까? 맛있었습니까? 몇 칼로리였나요?")
```

그림3-7-2 IDLE 에디터라면 오른쪽이 잘려 보기 안 좋다

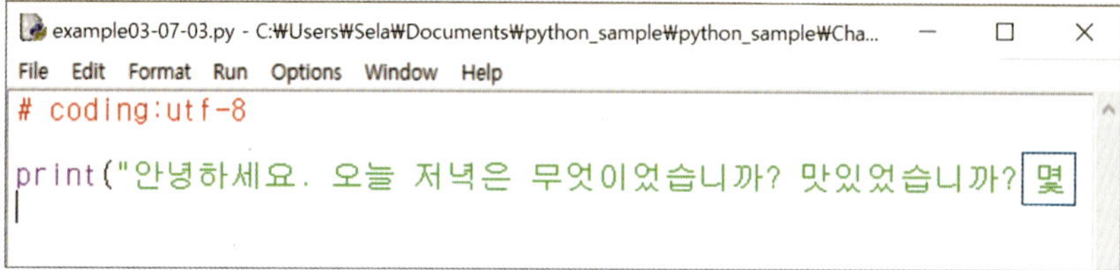

해결방법은 몇 가지 있습니다. 이미 설명한 방법이라면 예를 들어 [+] 기호를 사용해 문자열끼리를 연결하는 방법을 들 수 있습니다. 이 방법이라면 원하는 위치에서 줄 바꿈을 할 수 있습니다. 다만, [+]로 연결하는 것은 문자열에 대해서만 사용할 수 있습니다.

List example03-07-04.py(+로 연결할 때)

```
# coding:utf-8

print("안녕하세요. 오늘 저녁은 무엇이었습니까?" +
"맛있었습니까?" +
"몇 칼로리였나요?")
```

적당한 곳에서 나눠 [+]로 연결한다

사실 Python에서는 더 범용적으로 **원하는 곳에서 줄 바꿈 할 수 있는** 기능이 있습니다.

그 방법은 **줄 끝에 [\] 기호 (Windows의 경우는 [₩] 기호)를 쓰면** 매우 간단합니다. 줄 끝에 [\] 기호 ([₩] 기호)를 기술하면 프로그램을 적당한 곳에서 줄 바꿈 할 수 있어 전체가 보기 좋아집니다(그림3-7-3).

List example03-07-05.py(줄 끝에 ₩를 쓰는 경우)

```
# coding:utf-8

print("안녕하세요. 오늘 저녁은 무엇이었습니까?" ₩
맛있었습니까? ₩
몇 칼로리였나요?")
```

Windows인 경우는 [₩]
Mac인 경우는 option + ₩으로 입력

그림3-7-3 에디터 사정상 줄을 자르려면 끝에 [\]([₩])를 쓰면 된다

*example03-07-03.py - C:₩Users₩Sela₩Documents₩python_sample₩pytho...
File Edit Format Run Options Window Help

```
# coding:utf-8

print("안녕하세요. 오늘 저녁은 무엇이었습니까? ₩
맛있었습니까?₩
몇 칼로리였나요?")
```

책에 예제 프로그램이 표시되어 있을 때도 자주 보이는 표기입니다. 이것은 문장이 끊기지 않도록 편의상 줄 바꿈을 하고 있을 뿐 계속해서 써도 완전히 똑같은 결과가 됩니다.

example03-07-03~05.py의 실행 결과

```
안녕하세요. 오늘 저녁은 무엇이었습니까?맛있었습니까?몇 칼로리였나요?
```

print에서 줄 바꿈 하지 않을 때는

그런데 [print]라는 명령은 마지막에 줄 바꿈을 합니다.

그러나 마지막에 [,end=""]를 붙이면 마지막 줄 바꿈을 하지 않도록 할 수 있습니다. ["] 부분은 [']라고 써도 같습니다. 다음의 [example03-07-06.py]는 [, end=""]를 추가로 입력해 넣음으로써 줄 바꿈되지 않고 연속으로 쓴 것과 같은 결과가 됩니다.

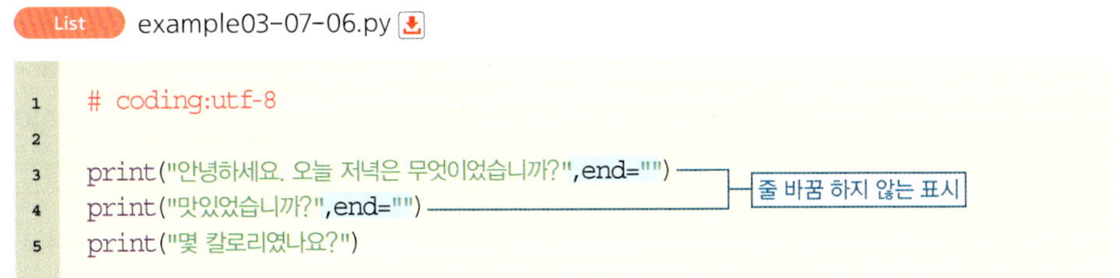


```
# coding:utf-8

print("안녕하세요. 오늘 저녁은 무엇이었습니까?",end="")
print("맛있었습니까?",end="")
print("몇 칼로리였나요?")
```

또한, 마지막 문만 [end]가 붙어 있지 않은 것은 끝만 줄 바꿈 한다는 의미입니다. 특별히 그 것 이상의 의미는 없습니다.

MEMO

Python 2.x에서는 [print("문자열",)] 또는 [print "문자열",]처럼 마지막에 [,]라고 기술합니다.

Lesson 3-8

모르면 오류가 발생하고 맙니다

공백, 인덴트, 줄 바꿈의 역할

Python은 공백에 의미가 있는 언어입니다. 특히, 줄 맨 앞의 공백 유무로 오류가 발생할 수도 있기 때문에 주의해야 합니다.

무심코 공백을 넣고 있는데 괜찮을까요?

공백과 인덴트, 줄 바꿈 방법에도 작성의 법칙이 있습니다. 모르면 오류가 발생하기 때문에 작성하면서 배워 나갑시다!

공백과 줄 바꿈은 보기 좋게 하기 위해서 사용해도 좋다

공백은 [+]와 [=], [(]와 [)] 등의 기호를 보기 좋게 하기 위해서 적당하게 넣어서 사용해도 됩니다. 예를 들어

```
print("abc"+"cde")
```

라는 작성은

```
print( "abc" + "cde" )
```

처럼 괄호나 [+] 앞뒤에 공백을 넣으면 읽기 쉽습니다. 또한, 이 공백은 몇 개 넣어도 결과에는 차이가 없습니다.

```
print(        "abc"        +         "cde"  )
```

이처럼 입력해도 동작은 같습니다. 결과는 다음과 같이 표시됩니다.

```
abccde
```

다만, ["]와 [']로 앞 뒤를 감싼 문자열은 그 안에 공백이 있으면 그 공백이 그대로 표시됩니다. 예를 들어

```
print("abc           def")
```

로 하면 다음과 같이 표시됩니다.

```
abc           def
```

공백도 그대로 표시됩니다

또한, **줄 바꿈도 공백과 마찬가지**입니다.

```
print("안녕하세요. 오늘 저녁은 무엇이었습니까?")
print("맛있었습니까?")
print("몇 칼로리였나요?")
```

이렇게 쓰고 다음과 같이 1줄마다 쓰는 것도 같은 결과입니다(↵ 는 줄 바꿈 뜻).

```
print("안녕하세요. 오늘 저녁은 무엇이었습니까?")
↵
print("맛있었습니까?")
↵
print("몇 칼로리였나요?")
```

공백과 마찬가지로 줄 바꿈을 몇 개 넣어도 동작에 지장은 없습니다. 보기 좋게하기 위해서 원하는 위치에 적당히 줄 바꿈을 넣으면 좋겠죠.

참고로, 줄 바꿈만큼의 줄을 [**공백줄(blank line)**]이라고 합니다.

줄 맨 앞의 공백만은 예외

다만, 줄 맨 앞의 공백만은 예외입니다.

줄 맨 앞의 공백은 [**인덴트(들여쓰기)**]라고 불리며 문단을 가지런히 하는 역할을 나타냅니다. Python에서는 문단의 정렬은 프로그램을 보기 편하게 한다는 목적이 아니라 **제어구조**를 나타내고 있습니다. 그 때문에 줄 맨 앞에 쓸데없는 공백이 있으면 오류가 발생합니다.

기본적으로 프로그램은 가장 왼쪽에 줄의 맨 앞을 가지런히 해야 합니다. 줄 맨 앞에 불필요한 공백이 있는 경우는 오류가 발생할 가능성이 있으므로 주의하세요(그림3-8-1). 오히려 제어구조를 쓸 때에는 왼쪽에 공백을 꼭 넣어야 하는 경우가 있습니다. 그것에 대해서는 Lesson 4-3 반복 실행해보자 ①for 구문 ➜P.92에서 설명하겠습니다.

여기에서 기억해 둘 것은 줄 맨 앞에 쓸데없는 공백을 넣지 않는다는 것입니다.

MEMO

인덴트는 문자 하나의 공백이 아니라 문자 4개나 8개의 공백으로 구성하는 것이 대부분입니다. Tab 키를 입력하면 합해서 이것들의 문자수만큼의 공백을 입력할 수 있습니다.

줄 맨 앞에 인덴트가 있으면 오류가 발생한다

```
# coding:utf-8
    print("안녕하세요")
```

줄 앞 부분에 공백이 있으면 안 된다

그림3-8-1 인덴트가 올바르지 않아서 오류

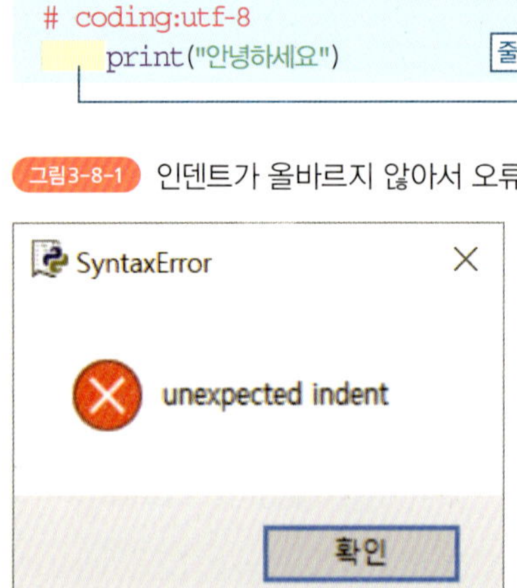

COLUMN

IDLE에서 인덴트를 고친다

프로그램에서 인덴트가 올바르지 않으면, 하나하나 줄 맨 앞의 공백을 삭제해가는 작업은 힘듭니다. 그럴 때 IDLE을 사용하고 있는 경우에는 전체를 마우스로 선택하고(그림3-8-A), Ctrl 키를 누르면서 [키를 누르면 줄 맨 앞부터 들여쓰기를 되돌릴 수(줄 맨 앞을 왼쪽으로 옮긴다) 있습니다(그림3-8-B). 또한, Mac에서는 ⌘+[키로 같은 조작을 할 수 있습니다.

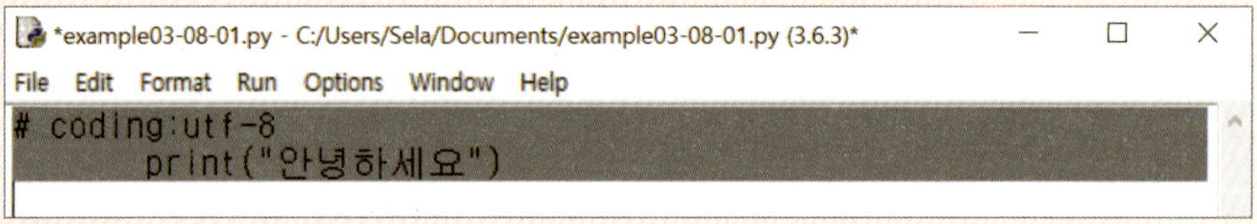

example03-08-01.py - C:/Users/Sela/Documents/example03-08-01.py (3.6.3)

File Edit Format Run Options Window Help

```
# coding:utf-8
    print("안녕하세요")
```

그림3-8-A 전체를 마우스로 선택한다

Ctrl+[키를 누른다

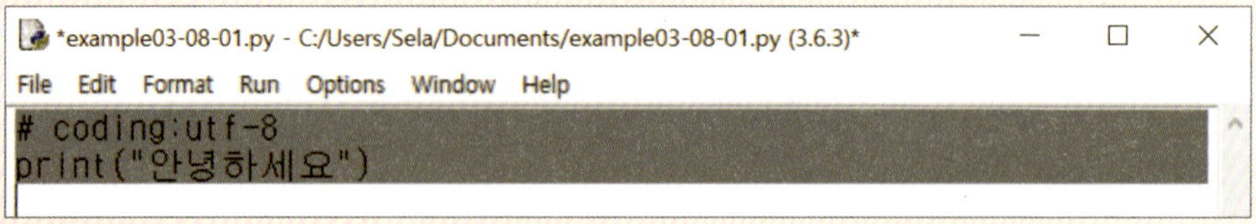

↓

example03-08-01.py - C:/Users/Sela/Documents/example03-08-01.py (3.6.3)

File Edit Format Run Options Window Help

```
# coding:utf-8
print("안녕하세요")
```

그림3-8-B 줄 맨 앞의 공백이 제거된다

Lesson 3-9

프로그램에 메모하려면?

프로그램을 보조하는 주석의 작성법

프로그램에는 메모를 할 수 있습니다. 그것을 [주석]이라고 부릅니다. 주석은 프로그램의 실행에는 관계 없습니다. Python에서는 [#]으로 시작되는 줄이 주석으로 취급됩니다.

코드를 읽기 쉽게
주석은 적극적으로 사용합시다.

[#] 뒤는 주석

프로그램을 만들면서 다른 사람에게 설명하거나 혹은 자신이 잊어버리거나 하기 때문에 약간의 메모를 해야 할 때가 있습니다.

이러한 목적으로 프로그램 처리와는 관계없이 원하는 문자를 메모해두는 기능이 있습니다. 이것이 주석입니다. **주석을 쓸 때에는 앞에 [#]을 붙입니다**. 이렇게 함으로써 #뒤의 부분이 무시됩니다.

주석의 예

주석은 예를 들어 다음과 같이 작성합니다.

List example03-09-01.py

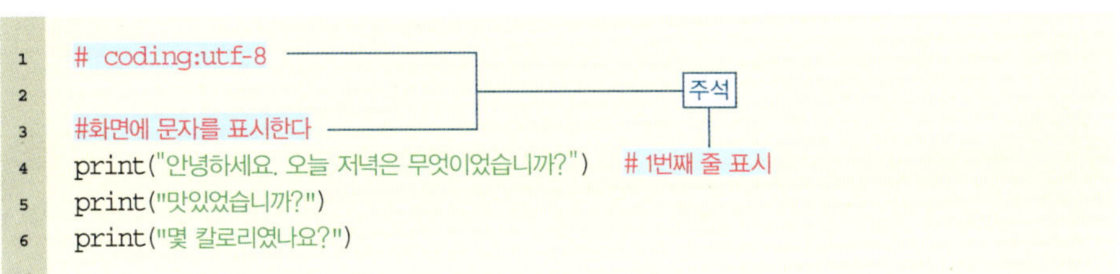
```
1 # coding:utf-8
2
3 #화면에 문자를 표시한다
4 print("안녕하세요. 오늘 저녁은 무엇이었습니까?")  # 1번째 줄 표시
5 print("맛있었습니까?")
6 print("몇 칼로리였나요?")
```


원래 코드 1번째 줄의 [#coding:utf-8] 자체도 주석입니다.

주석은 원하는 곳에 쓸 수 있습니다. 또한, 문의 1줄 전체가 아닌 줄 끝에 [#]을 붙여서 그 이후를 주석으로 할 수도 있습니다(앞 코드에서 4번째 줄의 예).

프로그램을 알기 쉽게 하기 위해 주석을 적절히 사용하면 좋겠죠. 이 책에서도 프로그램 설명을 할 때 주석을 적절히 기술해 나갑니다.

COLUMN

오류가 발생해 잘 되지 않을 때는

다음 장부터 구체적으로 여러 가지 프로그램을 만듭니다. 프로그램 마다 실제로 입력해 시험해보세요. 혹시 제대로 되지 않을 때는 여기에 표시된 사항을 확인해보세요.

[제대로 되지 않을 때의 확인 사항]

다음 사항을 확인합시다.

- 대문자와 소문자 구별은 올바른지
- 줄 맨 앞의 공백 수는 올바른지(지정되지 않은 한, 맨 앞에는 공백을 넣지 않는다)
- 괄호의 짝이 잘 맞는지(괄호의 대응에 실수가 없는지)
- 작은 따옴표(')나 큰 따옴표(")가 틀리지 않았는지
- 문자 코드는 올바른지
- 한국어를 사용할 때 1번째 줄이나 2번째 줄에 [coding=utf-8] 혹은 [coding:utf-8]를 사용했는지
- 파일 이름에 한국어를 사용하지 않았는지

1개라도 틀리면 오류가 발생하는 것이 프로그래밍이네요.

그래도 익숙해지면 어떻게든 될 것 같아!
많은 코드를 작성해보면 괜찮을꺼야.

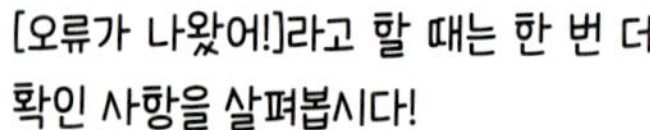

[오류가 나왔어!]라고 할 때는 한 번 더
확인 사항을 살펴봅시다!

Chapter 4

프로그램을 구성하는 기본적인 기능

프로그램 언어에는 값을 일시적으로 저장, 계산, 처리 반복, 조건에 따라 처리를 분기하는 기본적인 기능들을 조합해서 프로그램을 만들어 나갑니다.

이러한 기본적인 기능을 배우려면 조금 지루합니다. 그러나 프로그램을 만들려면 빼놓을 수 없는 지식입니다. 가능한 간단하게 최소한의 것만을 정리해 설명합니다.

Lesson 4-1

기본 문법을 제대로 익히자

프로그램을 구성하는 6대 요소

Chapter 3에서는 명령을 쓰면 그것을 쓴 순서대로 위에서부터 실행된다고 설명했습니다. 그러나 그것만으로는 단지 순서를 기록한 [리코더]와 같이 나열된 것을 순서대로 실행하는 것밖에 할 수 없습니다.

그래서 추가로 이용해야 할 것은 프로그램을 제어하기 위한 기본 기능입니다. Python에 국한되지 않고 거의 모든 프로그래밍 언어에는 명령을 반복하거나 계산 결과 등에 따라 처리를 분기하거나 하는 기능이 있습니다.

이제부터 기본 문법을 배워 나가네요.

명령, 문법도 그렇지만 제어구조 등의 작성 방법을 익히는 것도 필요합니다.

균형 잡히게 학습해야 하네요!

프로그램을 제어하기 위한 기본 기능

무엇을 기본 기능으로 할지는 생각하기 나름인데 대체로 다음의 6가지 기능을 기본 기능이라고 합니다.

❶ 계산 기능

여러 가지 계산 기능입니다. [+], [-], [*], [/] 등의 기호를 사용한 사칙연산과 [+]를 사용한 문자열 연결 등을 들 수 있습니다.

이 기능에 대해서는 이미 Lesson 2-5 인터랙티브 모드로 놀아보자. ➜P.44과 Lesson 3-5 문자열을 연결해보자 ➜P.67 등에서 설명했습니다.

❷ 변수

계산 결과를 비롯해 사용자가 입력한 값이나 파일로부터 읽고, 네트워크 통신으로 취득한 데이터 등, 모든 데이터를 임시 저장히는 구조입니다.

이 장의 Lesson 4-2 변수를 사용해보자 ➜P.88에서 설명하겠습니다.

❸ 반복

명령을 몇 번(혹은 수십번 몇백 번, 수천 번, 혹은 끝날 때까지 영원히) 반복해 실행하는 기능입니다. 명령을 1개만 써도 지정한 횟수만큼 반복할 수 있습니다. 이 장의 Lesson 4-3 반복 실행해보자 ① for 구문 ➜P.92, Lesson 4-4 반복 실행해보자 ② while 구문 ➜P.100에서 설명합니다.

❹ 조건 분기

계산 결과나 변수에 저장된 값이 어떤 값인지에 따라 처리를 분기하는 구조입니다.

조건 분기는 다방면에 걸쳐서 사용합니다. 예를 들면 [입력한 문자나 숫자가 범위 내에 있는지 여부를 조사하고 오류 메시지를 표시]하거나 [오늘이 일요일일 때는 다른 처리를 한다] 등입니다. 자세한 것은 이 장의 Lesson 4-5 조건 분기한다/if 구문 ➜P.105에서 설명합니다.

❺ 함수

처리를 하나로 정리할 수 있는 기능입니다. 이미 Lesson 3-5 문자열을 연결해보자 ➜P.67에서는 **str 함수**를 사용해 수치를 문자열로 변환했지만, 그 외에도 많은 함수가 있습니다. 그리고 함수는 스스로 만들 수도 있습니다. 자세한 사항은 Lesson 4-6 함수를 사용한다 ➜P.112에서 설명합니다.

❻ 모듈(외부 기능)

Python 본체에는 기본적인 기능밖에 없습니다. [윈도를 표시]하거나 [소리내기], [네트워크 통신] 등의 기능은 Python과는 별도로 추가해야 하는 형식으로 제공합니다. 이 추가 기능을 [**모듈**]이라고 합니다.

모듈을 사용하려면 처음에 모듈을 [사용하기] 위한 조작이 필요합니다. 자세한 것은 Lesson 4-7 기능을 확장하는 모듈 ➜P.122에서 설명합니다.

앞으로 이 장에서는 여기에 설명된 기초적인 기능이 어떤 것인지를 순서대로 설명합니다.

프로그램은 이 6가지의 기본 기능을 조합해 만드는 것이 일반적입니다.

Lesson 4-2

데이터를 일시적으로 저장하기 위한 그릇

변수를 사용해보자

변수는 값을 저장하기 위한 장소입니다. 계산 결과 등 여러 가지 데이터를 일시적으로 저장할 때 사용합니다.

변수란

변수는 프로그램을 작성하는 사람이 원하는 이름을 붙인 그릇입니다. 그릇에는 원하는 값을 저장할 수 있고 나중에 참조해 이용할 수 있습니다.

실제로 인터랙티브 모드에서 사용해 봅시다. IDLE 인터랙티브 모드에서 다음과 같이 입력해 보세요.

인터랙티브 모드

```
>>> a = 1 Enter
```

이것은 [변수 a에 값 1을 저장한다]라는 의미의 글입니다. 이런 변수에 값을 저장하는 조작을 **[대입한다]라고** 표현하고 **[=] 기호를 사용**합니다.

위의 명령을 실행하면 오른쪽 그림4-2-1과 같이 [a라는 이름의 상자]가 되어 그 안에 [값 1]이 저장됩니다.

변수는 몇 개라도 만들 수 있습니다. 예를 들어 다음과 같이

그림4-2-1 변수 a에 값 1을 저장한다

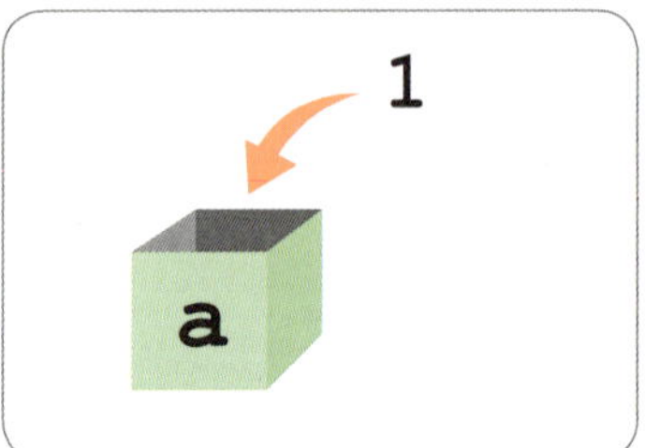

인터랙티브 모드

```
>>> b = 2 Enter
```

라고 입력하면, 변수 b에는 [값 2]가 저장됩니다.

변수는 처음에 값을 대입했을 때 만들어집니다. 맨 처음에 [변수명=값]으로 쓰고 변수를 만드는 조작을 [**변수를 정의해 초기화한다**]라고 합니다.

그림4-2-2 변수 b에 값 2를 저장한다

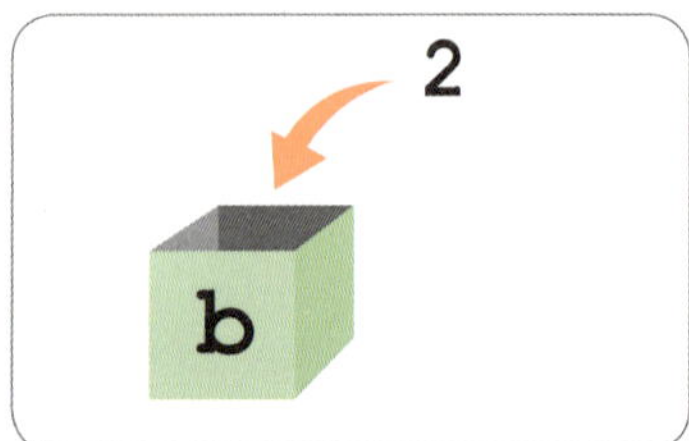

문자열을 저장한다

문자열도 저장할 수 있습니다. 예를 들어

인터랙티브 모드

```
>>> c = "abc" Enter
```

라고 하면 변수 c에 [값 "abc"]가 저장됩니다.

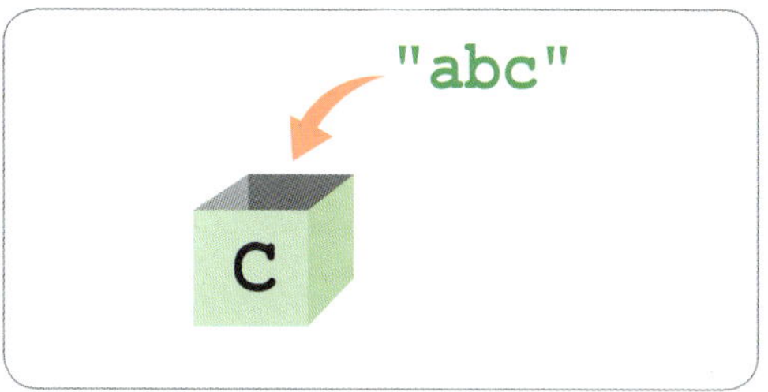

그림4-2-3 변수 c에 값 "abc"를 저장한다

변수명은 길어도 상관없다

변수명은 긴 명칭이라도 상관없습니다. 실제, 값의 의미를 알기 쉽도록 하기 위해 [name](이름을 저장), [total](합계를 저장), [tel]이나 [telephone(전화번호를 저장)]이라고 하는 변수명이 자주 사용됩니다.

인터랙티브 모드

```
>>> username = "권지용" Enter
```

위와 같이 작성하면 username이라는 이름의 변수가 생성되고 그곳에 "권지용"이라는 값이 저장됩니다(그림4-2-4).

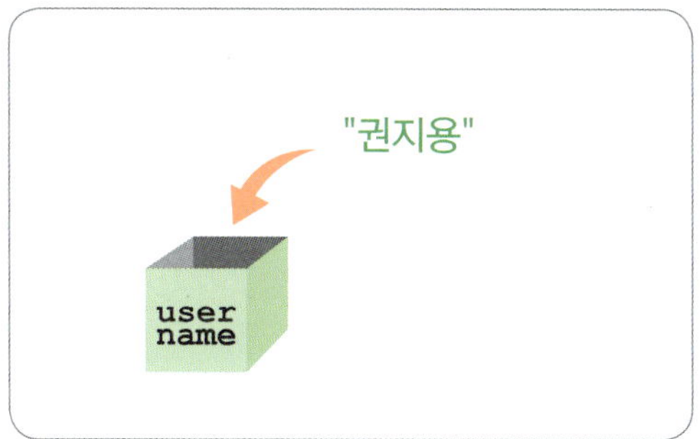

그림4-2-4 변수 username에 값 "권지용"을 저장한다

이처럼 [내가 원하는 이름을 붙인 상자에 값을 저장해 둔다]는 것이 변수입니다.

변수의 참조

변수에 저장한 값은 그 [변수명]을 지정하면 값을 꺼낼 수 있습니다.

인터랙티브 모드

```
>>> a Enter
```

이처럼 [a]라고 입력하는 것만으로 변수 a의 값이 표시됩니다. 지금까지의 조작을 실제로 시험해본 사람이라면 변수 a는 이미 1이라는 값이 설정되어 있으므로 화면에는 [1]로 표시될 것입니다.

마찬가지로 [username]이라고 입력하면 [권지용]이라고 표시됩니다. 이처럼 변수의 값을 꺼내는 행위를 [**참조**]라고 합니다.

변수의 계산도 할 수 있습니다. 예를 들면 다음과 같이 입력하면

인터랙티브 모드

```
>>> a + b Enter
```

a의 값인 [1]과 b의 값인 [2]가 더해진 결과로 [3]이 표시됩니다(그림4-2-5).

그림4-2-5 설정한 변수를 참조한다

```
>>> a = 1
>>> b = 2
>>> c = "abc"
>>>
>>> username = "권지용"
>>> a
1
>>> username
'권지용'
>>> a + b
3
>>> |
```

변수를 정의해 초기화
a를 참조한다
username을 참조한다
a+b를 계산한다

값을 저장하지 않으면 참조할 수 없다

그럼 아직 값을 설정하지 않은 변수를 참조했을 때는 어떻게 될까요? 예를 들어 지금까지의 조작은 [d]라는 이름의 변수는 정의하지 않습니다. 이 값을 참조해 봅시다.

인터랙티브 모드

```
>>> d Enter
```

그러면 [name 'd' is not defined]라는 오류가 발생합니다(그림4-2-6).

그림4-2-6 변수를 정의하지 않았는데 참조했을 때

```
Type "copyright", "credits" or "license()" for more information.
>>> a = 1
>>> b = 2
>>> c = "abc"
>>>
>>> username = "권지용"
>>> a
1
>>> username
'권지용'
>>> a + b
3
>>> d
Traceback (most recent call last):
  File "<pyshell#8>", line 1, in <module>
    d
NameError: name 'd' is not defined
>>>
```

정의하지 않은 d를 참조하면 오류가 표시된다

Python 프로그램 파일로부터 조작한다

지금까지 인터랙티브 모드에서 조작해왔는데 Python 프로그램 파일로부터 조작할 때도 같습니다. 예를 들어 example04-02-01.py 프로그램을 실행하면 화면에는 [3]이라고 표시됩니다.

이미 Lesson 3-1 하나의 파일에 명령을 정리하자 ➜p.52에서 설명한 것처럼 프로그램 파일로서 실행하는 경우는 값을 표시하기 위해 print 명령이 필요하므로

```
print(a + b)
```

라고 작성합니다.

List example04-02-01.py

```
# coding:utf-8

a = 1              # a에 1을 대입
b = 2              # b에 2를 대입
print(a + b)       # a + b의 결과를 표시
```

Lesson 4-3

같은 명령을 지정한 횟수만을 반복하려면

반복 실행해보자 ①for 구문

프로그램에서는 같은 처리를 원하는 만큼 몇 번이라도 반복 실행할 수 있고 그 특징을 사용함으로써 프로그램을 짧게 작성할 수 있습니다.

같은 명령을 10번 실행하려면 코드를 10번 복사 & 붙여넣기하면 될까요?

아닙니다. 반복 구문을 만들어서 원하는 만큼 반복해 실행할 수 있습니다.

같은 문을 많이 표시하고 싶다

프로그램을 작성하면 같은 처리를 몇 번이라도 반복 실행해야 할 때가 있습니다. 간단한 예로 1부터 5까지의 숫자를 순서대로 표시하려 합니다. 단순하게 생각하면 다음과 같이 print를 5번 나열하는 방법을 우선 들 수 있습니다.

```
print(1)
print(2)
print(3)
print(4)
print(5)
```

그럼 100까지 표시하고 싶으면 어떻게 하면 될까요?

```
print(1)
···생략(98개)···
print(100)
```

이처럼 100줄로 써야 할까요? 이것은 현실적이지 않은 것 같습니다.

그래서 대부분 프로그래밍 언어에는 **반복 실행하는 구문**이 있습니다. Python에서는 어떤 방법으로 반복하는가에 따라 다음 2가지의 구문이 있습니다.

❶ for 구문

지정한 값의 열에서 1개씩 꺼내어 그것이 끝날 때까지 반복한다.

❷ while 구문

지정한 조건을 만족하고 있는 동안 실행한다

반복 처리하는 것은 **루프 처리한다**라고도 합니다. 이 Lesson에서는 **❶의 for 구문**을 설명합니다.

for 구문으로 반복한다

지정한 횟수만큼 반복할 때 자주 사용하는 것이 for 구문입니다. 지정하는 값의 열을 1개씩 꺼내서 그것이 끝날 때까지 반복 조작을 합니다.

시퀀스를 사용해서 반복한다

for 구문에 지정하는 값의 열은 1개씩 꺼내지는 것이라면 무엇이든 좋고, 이것을 **시퀀스(Sequence. 순서가 있는 것이라는 뜻)**라고 합니다. 시퀀스에는 몇 가지 종류가 있지만 대표적인 것은 **리스트(List)**라는 값입니다. 리스트는 값을 쉼표로 구분해 열거하고 전체를 [ ]로 감싼 것입니다.

실제로 리스트와 for 구문을 사용해 5번 반복하는 예를 example04-03-01.py에 나타냅니다.

List example04-03-01.py

```
# coding:utf-8
for a in [1,2,3,4,5]:
    print(a)
```

여기는 공백을 비워 입력(뒤에서 설명)

여기서는 [1,2,3,4,5]라는 리스트를 만들고 있습니다. 이 리스트에 대해서

서식 for 구문과 리스트의 사용 예

```
for a in [1, 2, 3, 4, 5]:
```

라고 기술하면 1, 2, 3, 4, 5를 하나씩 꺼내 변수 a에 입력하면서 그 값이 끝날 때까지 반복합니다. 즉, a 값이 1, 2, 3, 4, 5로 변화하면서 반복합니다.

반복하는 부분은 그 밑의

```
print(a)
```

부분입니다. 즉, 변수 a 값을 표시하는 처리가 반복해 실행되므로

```
1
2
3
4
5
```

결과는 이처럼 표시됩니다. 이 처리의 흐름을 그림으로 하면 그림4-3-1과 같습니다.

그림4-3-1 for 반복의 흐름

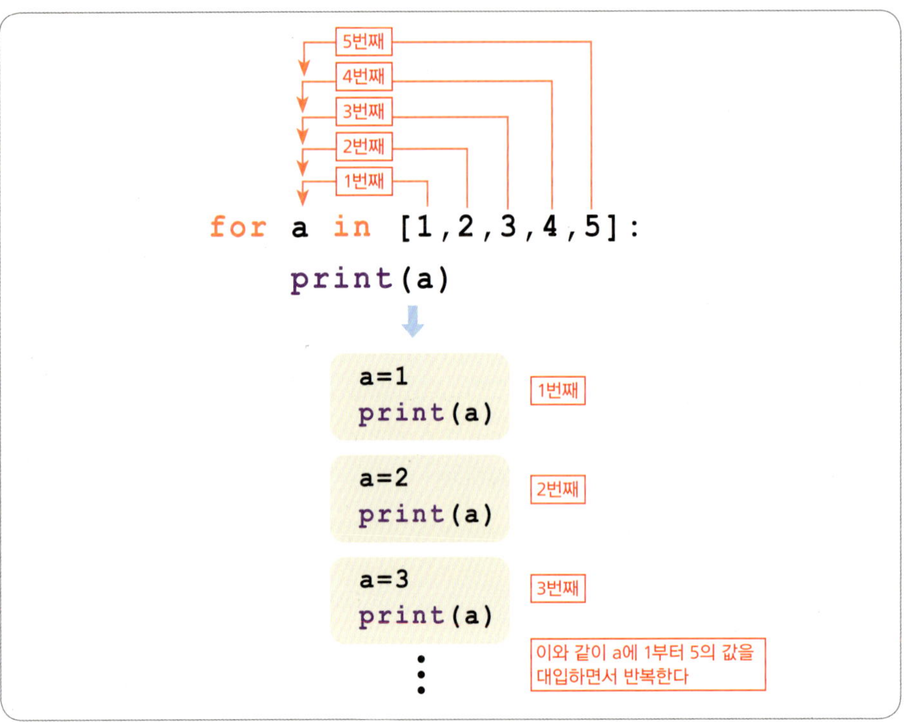

변수명은 임의의 것으로 상관없다

또한, 여기에서 지정하는 a란 단순한 변수명입니다. 변수명은 어떤 명칭도 상관없습니다. 예를 들어

```
for b in [1,2,3,4,5]:
    print(b)
```

처럼 b로 해도 같습니다.

또한, 이렇게 반복할 때는 **관례적으로 i나 j 변수명이 사용됩니다**. 즉, 다음과 같이 변수 i를 이용합니다.

```
for i in [1,2,3,4,5]:
    print(i)
```

i가 사용되는 것은 역사적인 이유로 Integer(정수)의 약자에서 유래합니다(j는 단순하게 i 다음 문자이기 때문에 사용합니다. 그 외에도 Number(수치)의 앞 문자 n 등도 이러한 반복 처리에서 자주 사용합니다).

관례가 절대적인 것은 아니지만 관례에 익숙해지는 것이 다른 사람이 만든 프로그램을 읽을 때 이해가 빨라지기 때문에 이 책에서도 다음부터 가능한 한 관례에 따라 작성합니다.

반복하는 범위는 인덴트로 지정한다

자, example04-03-01.py의 3번째 줄에 있는 print가 조금 오른쪽으로 어긋나 있는 것에 주목해주세요. 이것을 **인덴트(들여쓰기)**라고 합니다.

Python에서는 어느 부분을 반복할지를 오른쪽으로 어긋난 블록(인덴트된 블록)으로 판단합니다(그림4-3-2).

MEMO

1번째 줄의 끝에 [:]이 있다는 점도 주목하세요. 이걸 빠트리면 오류가 발생합니다.

그림4-3-2 반복할 범위를 지정하는 인덴트

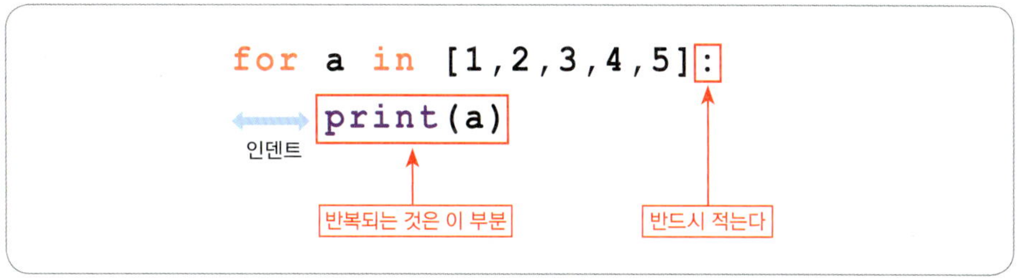

만일 인덴트하지 않는 경우는 문법 오류가 발생하므로 주의하세요.

인덴트는 Tab 키를 누르면 입력할 수 있습니다. 또한, IDLE을 사용할 때는 범위를 선택하고 Format 메뉴의 Indent Region을 선택하면 인덴트를 입력할 수 있습니다(Deindent Region을 선택하면 인덴트가 되돌아갑니다).

MEMO

Ctrl+]키를 누르고도 인덴트를 넣을 수 있습니다. 인덴트를 되돌릴 때는 Ctrl+[를 누릅니다. Mac에서는 ⌘+]키로 인덴트, ⌘+[키로 인덴트를 되돌릴 수 있습니다(그림4-3-3).

그림4-3-3 인덴트를 입력한다

```
*example04-03-01.py - C:₩Users₩Sela₩Desktop₩파이썬입문교실₩python_sample_08012...
File Edit Format Run Options Window Help
# coding:utf-8
for a in [1,2,3,4,5]:
        print(a)
```

범위 선택하고 [For mat]-[Indent Region]을 클릭한다
(또는, Ctrl+]키를 누른다/Mac에서는 ⌘+]키를 누른다)

여러 개의 문을 입력하는 경우의 인덴트 차이를 이해한다

example04-03-01.py에서는 1, 2, 3, 4, 5와 같이 반복해 표시했지만 이번은

```
1
안녕하세요
2
안녕하세요
3
안녕하세요
4
안녕하세요
5
안녕하세요
```

와 같이 각각 숫자 뒤에 안녕하세요 라고 표시하도록 수정해 봅시다. 프로그램은 다음과 같습니다.

```
for a in [1,2,3,4,5]:
    print(a)
    print("안녕하세요")
```

2줄 모두 인덴트하고 있다

여기서는 2줄이 인덴트되고 있다는 점에 주목해주세요. **for는 그 아래의 인덴트를 하나의 블럭으로써 반복해 실행**합니다.

```
for a in [1,2,3,4,5]:
    print(a)
print("안녕하세요")
```

인덴트하고 있다

인덴트하고 있지 않다

만약, 위와 같이 print("안녕하세요")를 인덴트하지 않으면 반복의 대상이 되지 않기 때문에 반복이 종료되고 나서 마지막에 1번만 안녕하세요라고 표시합니다.

```
1
2
3
4
5
안녕하세요
```

이처럼 Python에서는 인덴트가 하나의 블럭 단위로 되므로 인덴트의 범위를 실수하지 않도록 주의해주세요.

그림4-3-4 인덴트의 차이로 반복 실행 범위가 다르다

```
for a in [1,2,3,4,5]:
    print(a)
    print("안녕하세요")
```

인덴트 / 반복되는 범위

```
for a in [1,2,3,4,5]:
    print(a)
print("안녕하세요")
```

인덴트 / 반복되는 범위

조금 더 많이 반복한다

자, 지금까지는 5번을 반복하기 위해

```
for a in [1,2,3,4,5]:
```

라고 썼지만 100번 반복하려면 어떻게 하면 될까요? 역시

```
for a in [1,2,3,4,5, ......, 100]:
```

이라고 나열해서는 안 되므로 Python에는 이런 목적을 위해 **range 함수**라는 것이 준비되어 있습니다(함수의 자세한 내용은 Lesson 4-6 함수를 사용한다 ➜P.112에서 설명합니다).

서식 range 함수

```
range(시작하는 값, 종료하는 값)
```

위와 같이 작성하면 종료하는 값 미만의 연속된 시퀀스를 만들어 줍니다. 여기에서 미만인 점에 주의해주세요.

1,2,3,4,5와 같이 5번 반복하고 싶을 때는

```
range(1, 5 + 1)
```

과 같이 종료는 1을 더한 것을 지정해야 합니다.

MEMO

range(1, 6)으로 써도 상관없습니다.

range를 사용하면 지금까지 만들어온 프로그램은

```
for a in range(1, 5 + 1):
    print(a)
    print("안녕하세요")
```

로 써도 같습니다. 즉, 100번 반복하려면 range(1, 5+1) 부분을 range(1, 100+1)로 변경하면 되고 다음과 같이 작성하면 완료입니다.

```
for a in range(1, 100 + 1):
    print(a)
    print("안녕하세요")
```

이 방법을 이용하면 몇천 번, 몇만 번이라도 같은 명령을 반복할 수 있습니다.

[0]부터 세서 깔끔하게 쓴다

그런데 100번 반복할 때 range(1, 100+1)처럼 마지막에 1을 더하는 것은 조금 이해하기 어렵게 느껴질 것입니다. 이렇게 이해하기 어려운 이유는 본래 range 함수는 1부터 센다는 것이 아니라 0부터 센다는 것을 목적으로 고안됐기 때문입니다.

만약 0부터 세기 시작하려면 100번 반복하는 처리는

```
for a in range(0, 100):
  print(a + 1)
  print("안녕하세요")
```

처럼 range는 0부터 100까지로 깔끔합니다(이러면 0, 1…99까지 총 100개의 정수를 꺼낼 수 있습니다). 게다가 range 함수는 0부터 시작할 때는 그것을 생략하고

```
for a in range(100):
  print(a + 1)
  print("안녕하세요")
```

처럼 기술할 수 있어 보다 깔끔합니다.

즉, 지정한 횟수만 반복하고 싶다면

```
for 변수명 in range(반복 횟수):
  반복하고 싶은 처리
```

이렇게 쓰면 됩니다. 이것은 Python 프로그램에서 자주 나오는 정형문입니다.

MEMO

Python 2계열에서는 range 대신 xrange를 사용하세요. range 함수로도 동작하지만 많은 메모리를 소비하기 때문입니다.

문자열을 문자 하나씩 꺼낸다

여기까지 [1, 2, 3, 4, 5]나 range(1, 5+1)처럼 열거되는 수치에 대한 루프를 해봤는데, 사실 **문자열에 대해서 반복**할 수도 있습니다. 그때는 문자열의 문자를 앞에서부터 문자 하나씩 꺼내 반복합니다.

예를 들어 example04-03-02.py 같은 프로그램을 작성하면 Hello의 문자를 하나씩 꺼내서 그것을 변수 a에 대입하면서 처리하기 때문에

```
H
e
l
l
o
```

이처럼 문자 하나씩 화면에 표시됩니다.

List example04-03-02.py

```
# coding:utf-8
for a in "Hello":
    print(a)
```

for 구문은 값을 1개씩 꺼내서 반복실행 할 수 있는 편리한 명령입니다.

Lesson 4-4

조건이 성립할 때만 반복한다

반복 실행해보자 ②while 구문

앞 Lesson에서는 지정한 횟수만큼 반복하기 위한 구문으로 for 구문을 소개했습니다. 그러나 때로는 지정한 횟수만큼 반복하지 않고 특정 조건이 성립되는 동안만 계속 반복하고 싶을 때도 있습니다. 그럴 때에는 while 구문을 사용합니다.

while 구문은 횟수를 정하지 않고
반복 실행을 할 수 있습니다.

while 구문으로 반복한다

while 구문은 지정한 조건이 성립하는 동안, 반복 실행하는 구문입니다.

예를 들어 [1+2+3+…]과 같은 계산을 해 나가다가 [50을 넘으면 그때 답을 표시한다]라는 프로그램을 생각한다면 exmple04-04-01.py처럼 작성할 수 있습니다.

List example04-04-01.py

```
# coding:utf-8

total = 0
a = 1
while total <= 50:
    total = total + a
    a = a + 1
print(total)
```

- total = 0 : total을 0으로 한다. 여기에 더해 나간다
- a = 1 : a는 1, 2, 3…로 증가해 가는 변수로 사용한다
- while total <= 50: : total이 50 이하인 동안 반복한다
- total = total + a / a = a + 1 : 반복 블럭은 인덴트해서 기술한다

여기서는 총합을 계산하는 변수로 total을 준비하여 처음에는 0을 설정합니다.

```
total = 0
```

그리고 덧셈하는 값, 즉, 1, 2, …처럼 더해가는 값은 변수 a로 처음에는 [1]로 설정합니다.

```
a = 1
```

그리고 다음에 나오는 것이 while 구문입니다.

서식 while 구문

```
while 조건식:
        조건식이 성립하고 있는 경우에 실행하고 싶은 문
```

이렇게 기술함으로써 조건식이 성립되고 있는 동안에는 계속 처리를 합니다. 조건이 성립되고 있는 것을 [**참**] 또는 [**True**], 성립되지 않은 것을 [**거짓**]이나 [**False**]라고 합니다.

example04-04-01.py에서는 다음과 같이 작성했습니다.

```
while total <= 50:
```

이 [total <= 50]이 조건식입니다. 조건식에 사용한 [<=]는 [이하]라는 의미입니다. 즉, total(합계)이 50 이하이면 계속 되풀이한다는 의미입니다.

여기서는 [<=]라는 기호를 이용했는데 그 이외에도 [<(작다)], [==(같다)], [>=(이상)], [>(크다)]의 기호가 있으며 이것을 [**비교연산자**]라고 합니다(표4-4-1).

또한, 동일 여부를 판별하는 것은 [==]처럼 [=]를 2개 나란히 사용하므로 주의하세요. 이것은 변수에 대입할 때의 [=](여기는 =이 1개)와는 구별되기 때문입니다.

MEMO

조건식은 [or(또는)], [and(그리고)], [not(부정)]으로 연결시킬 수 있습니다. 자세한 내용은 Lesson 4-5 조건 분기한다/if 구문 ➜P.105를 참조하세요.

표4-4-1 비교연산자

연산자	예	의미
<	a<b	a는 b보다 작다
<=	a<=b	a는 b 이하
==	a==b	a와 b는 같다
>	a>b	a는 b보다 크다
>=	a>=b	a는 b 이상
!=	a!=b	a와 b는 같지 않다

그리고 반복하는 루프에서는

```
total = total + a
```

와 같이 먼저 변수 total에 변수 a를 더합니다. total은 현재까지 0, 그리고 a는 1입니다. 즉, 이 계산 결과로서 total 값이 [1]이 됩니다. 다음 부분은

```
a = a + 1
```

이라고 되어 있으나 이것은 a에 1을 더하고 그것을 다시 한 번 a에 대입하는 행위입니다. 말로 하니 어려운 것 같지만 그림4-4-1처럼 단순히 [1을 더한다]라는 조작을 하는데 지나지 않습니다. 즉, 이제까지 변수 a에는 1이 들어 있으므로 그것에 1을 더해 [2]가 됩니다.

그림4-4-1 a = a + 1의 의미

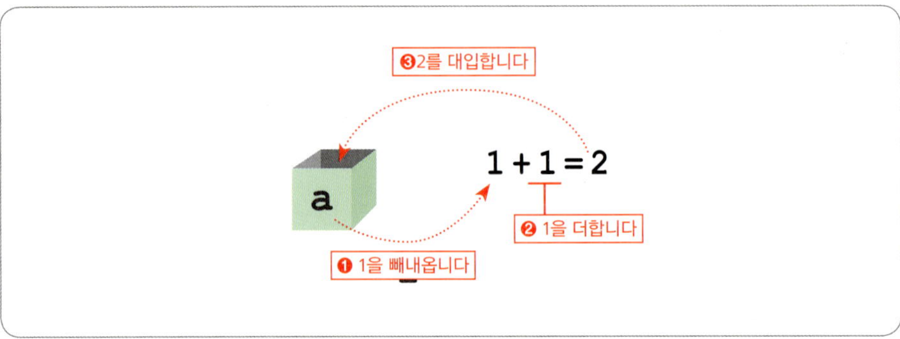

그리고 다시 한 번 반복 처리를 실행합니다. 지금 단계에서 total은 [1]이므로 [while total <= 50:]에서 지정한 [total <= 50]이라는 조건을 충족시킵니다. 따라서 그대로 다음 줄이 다시 한번 실행됩니다.

```
total = total + a
```

이때 a에는 1이 더해져 [2]가 설정되어 있습니다. 즉, 이 단계에서는 [total의 1에 a의 2를 더한 행위] —1+2—까지 실행한 것입니다. 그리고 다음 줄에서도 마찬가지로

```
a = a + 1
```

변수 a의 값을 증가해 반복합니다. 즉, —1+1, 2+1—이 실행되는 것입니다. 이것이 차례로 반복되면 total이 커져가므로 언젠가는 50을 넘습니다. 그러면 아래 조건이 성립되지 않게 됩니다.

```
while total <= 50:
```

이때 인덴트된 부분의 밖으로 나옵니다. 그러고 난 다음

```
print(total)
```

이 실행됨으로써 여기까지 [1+2…]로 계산하였고, 최종적으로 [50을 넘었을 때 값]을 표시할 수 있습니다.

그림4-4-2 while 루프의 구조

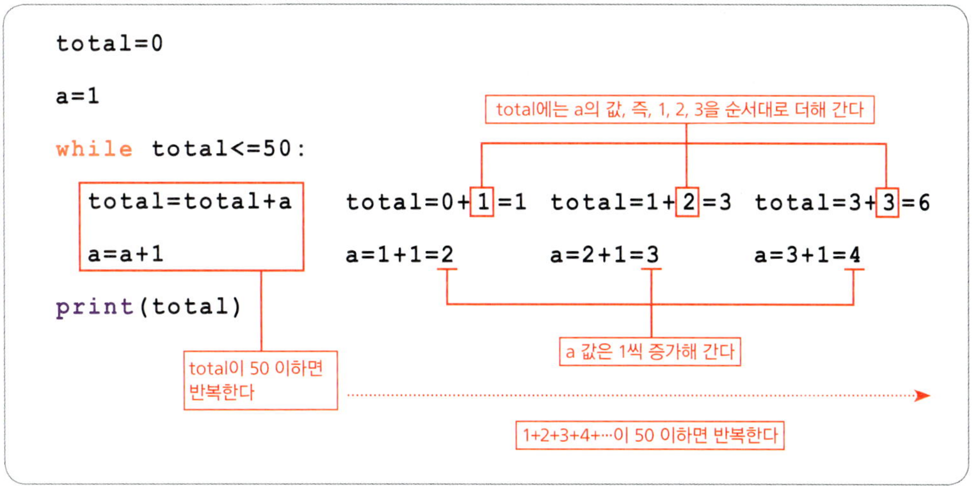

```
total=0
a=1
while total<=50:
    total=total+a
    a=a+1
print(total)
```

total에는 a의 값, 즉, 1, 2, 3을 순서대로 더해 간다
total=0+1=1
a=1+1=2
total=1+2=3
a=2+1=3
total=3+3=6
a=3+1=4
a 값은 1씩 증가해 간다
total이 50 이하면 반복한다
1+2+3+4+…이 50 이하면 반복한다

COLUMN

for 구문과 같은 처리를 while로 기술한다

지정된 횟수를 반복하려면 앞 Lesson에서 설명한 for 구문을 사용하는 것이 간단합니다. 그러나 같은 동작을 while 구문으로도 구현할 수 있습니다. 예를 들어 1부터 5까지 5회 반복하려면,

```
for a in range(1, 5 + 1):
    print(a)
```

라고 기술하지만 이것과 같은 내용을 while로 기술하면

```
a = 1 ──────── a를 1로 시작한다
while a <= 5: ──── 5 이하일 때는 반복한다
   print(a)
   a = a + 1 ──── a에 1을 더한다
```

라고도 작성할 수 있습니다. 즉, 처음 a를 1로 시작하고 [a에 1을 더해 나가서 그것이 5 이하일 때까지 반복한다]와 같이 하면 됩니다.

무한 반복하는 특수한 작성법

while 구문은 그 조건이 성립하는 동안 실행된다고 설명했습니다. 그러나 때로는 [영원히 반복하고 싶다]와 같은 것이 필요할 때가 있습니다. 그럴 때는 다음과 같이 [True]를 조건식으로 지정해 기술합니다.

서식 while 구문의 무한 루프

```
while True:
    실행하고 싶은 문
```

[True]는 [성립하고 있다]라는 것을 나타내는 특수한 값으로 [참]이라고도 합니다.

MEMO

[True]는 대문자와 소문자로 구별하기 때문에 [true]라고 소문자로 쓰지 않도록 합니다. 또한, [성립하지 않는다]것을 나타내는 특수한 값은 [False]입니다(이것도 소문자로 쓰지 않도록 합니다). False는 [거짓]이라고 합니다.

while 조건식에 True를 지정해 놓으면 항상 조건이 성립하게 됩니다. 따라서 종료되지 않고 무한 반복합니다.

[계속 동작하고 있는 상태를 멈추고 싶을 때]는 Ctrl+C키(Mac은 Ctrl+C키)를 눌러 처리를 강제로 종료하세요.

무한 반복하는 처리는 별로 쓸모가 없다고 생각할지도 모르지만 다음 Lesson에서 설명하는 것처럼 사실은 [조건이 성립할 때 반복 처리를 그만둔다]는 것을 할 수 있어 예를 들어 [계속 키 입력을 기다리다가 키 입력되었을 때는 기다리기를 그만두고 입력된 키를 처리한다]거나 [계속 네트워크 통신을 기다리고 있다가 데이터가 왔을 때는 그 데이터를 처리한다]와 같이 [무슨 일이 일어날 때까지 기다린다]고 할 때 자주 쓰입니다.

COLUMN

반복이 끝났을 때에 실행하는 else

for나 while에는 반복처리가 끝났을 때에 반드시 실행되는 else라는 부분을 기술할 수 있습니다.

```
while 조건식:
    반목문
else:
    반복이 끝났을 때 실행하는 문
```

```
for 변수명 in 시퀀스:
    반복문
else:
    반복이 끝났을 때 실행하는 문
```

else는 [마지막으로 1번만 실행하고 싶을 때 실행하는 처리]를 작성하고 싶을 때 사용합니다.

Lesson 4-5

만약~라면, 그렇지 않으면

조건 분기한다 /if 구문

프로그램에서 복잡한 동작을 구현하려면 [만약, 이럴 때는 이렇게 한다, 그렇지 않으면 이렇게 한다]와 같은 조건 분기는 빼놓을 수 없습니다.

반복 실행할 수 있으면 긴 프로그램도 짧게 작성할 수 있겠네요.

네. 다음은 조건 분기를 이해하면 조금 더 복잡한 프로그램도 작성할 수 있게 됩니다.

조건 분기한다

Python에서는 다음의 서식 if 구문을 사용하면 조건 분기를 할 수 있습니다.

서식 if 구문의 조건 분기

```
if 조건문:
    조건이 성립하고 있을 때 실행하는 문
else:
    조건이 성립하지 않을 때 실행하는 문
```

조건 분기도 for 구문이나 while 구문과 마찬가지로 **인덴트해서** 기술합니다. 인덴트하지 않으면 오류가 발생하므로 주의하세요(예 →P.96 참조)

[조건이 성립하지 않을 때 실행하는 문]이 필요할 때는 else: 다음을 생략하고

```
if 조건문:
    조건이 성립하는 동안에 실행하는 문
```

처럼 기술할 수도 있습니다.

간단한 구체적인 예를 봅시다. 예를 들어 example04-05-01.py와 같이 프로그램을 만들면 전체에서 10회 반복, [a가 5 이하]일 때는 [작습니다], 그렇지 않으면 [큽니다]라고 화면에 표시합니다(그림4-5-1).

List example04-05-01.py

```
# coding:utf-8

for a in range(1, 10+1):
    if a <= 5:
      print("작습니다")
    else:
      print("큽니다")
```

a가 5 이하일 때 실행된다

그렇지 않을 때 실행된다

그림4-5-1 실행 결과

```
작습니다
작습니다
작습니다
작습니다
작습니다
큽니다
큽니다
큽니다
큽니다
큽니다
>>> |
```

a가 5 이하일 때

그렇지 않을 때

그림4-5-2 if 구문에 의한 조건 분기

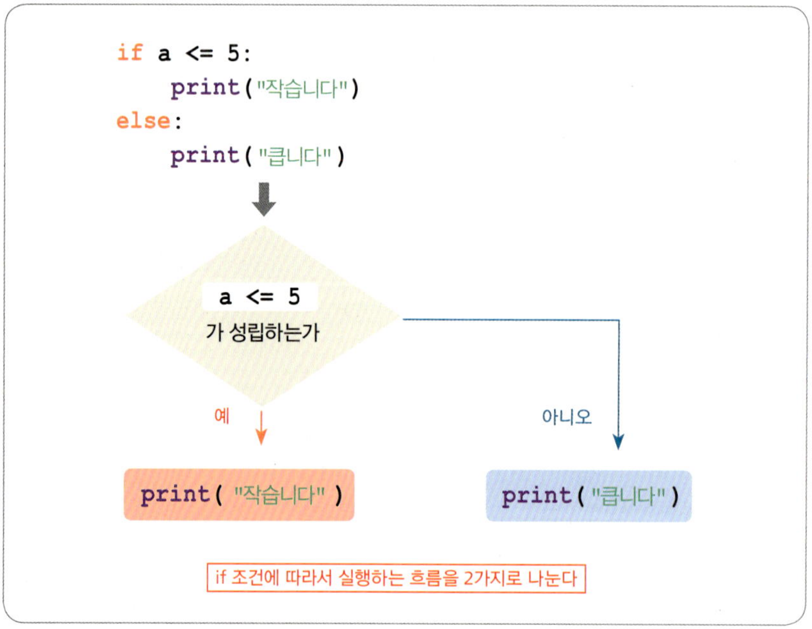

```
if a <= 5:
    print("작습니다")
else:
    print("큽니다")
```

a <= 5
가 성립하는가

예

아니오

print("작습니다")

print("큽니다")

if 조건에 따라서 실행하는 흐름을 2가지로 나눈다

조건을 조합한다

지정할 수 있는 조건은 1개가 아닌 여러 개를 사용할 수도 있습니다. 조건을 여러 개 사용할 때는 [and], [or] 그리고 [not]을 사용합니다. 이러한 조합을 위한 구문을 [논리연산자]라고 합니다.

표4-5-1 논리연산자

논리연산자	의미	예	예의 의미
and	2가지 조건 모두가 성립할 때	(a == 1) and (b == 2)	a가 1 그리고 b가 2일 때
or	2가지 조건 중 하나가 성립할 때	(a == 1) or (b == 2)	a가 1 또는 b가 2일 때
not	조건의 부정	not (a == 2)	a가 2와 같지 않을 때(a != 2로 쓰는 것과 같음)

COLUMN

[and]를 생략한다

여러 개의 조건을 [그리고]로 연결하려면 [and]로 연결하지만, 사실은 Python에서는 and를 생략할 수도 있습니다. 예를 들어 변수 a가 [1 이상, 5 이하인지]를 알아보려면 보통은

```
if (a >= 1) and (a <= 5):
```

와 같이 기술합니다. 그러나 이것을 Python에서는

```
if 1 <= a <= 5:
```

와 같이 기술할 수 있습니다. 이처럼 3개를 연속해 사용한 경우에는 전반, 후반으로 나눠 [1 <= a]와 [a <= 5]를 and로 연결한 것과 같이 해석합니다. 즉,

```
if (1 <= a) and (a <= 5):
```

와 같습니다. 단지 이 작성법은 Python 고유의 것으로 다른 많은 언어의 프로그램 언어에서는 허용되지 않으므로 주의해야 합니다.

실제로 조건을 연결한 프로그램을 만들어 봅시다. 여기서는 1부터 10까지 반복해 실행하면서

- 2의 배수일 때는 [O]
- 3의 배수일 때는 [X]
- 2의 배수이고 3의 배수일 때는 [△]

로 표시하는 프로그램을 만듭니다(의미가 있는 프로그램은 아니지만 이해하기 쉬운 간단한 것으로 했습니다). 다음과 같은 표시 결과가 되도록 만듭니다.

1	아무 것도 표시하지 않는다
2	○
3	×
4	○
5	아무 것도 표시하지 않는다
6	○×△
7	아무 것도 표시하지 않는다
8	○
9	×
10	○

프로그램은 example04-05-02.py와 같이 작성합니다. 실제로 실행하면 그림4-5-2와 같습니다.

List example04-05-02.py

```python
# coding:utf-8

for a in range(1, 10 + 1):
    print(a)
    if a % 2 == 0:
        print("○")
    if a % 3 == 0:
        print("×")
    if (a % 2 == 0) and (a % 3 == 0):
        print("△")
```

- print("○") — 2의 배수일 때
- print("×") — 3의 배수일 때
- print("△") — 2의 배수이고 3의 배수일 때

그림4-5-2 example04-05-02.py의 실행 결과

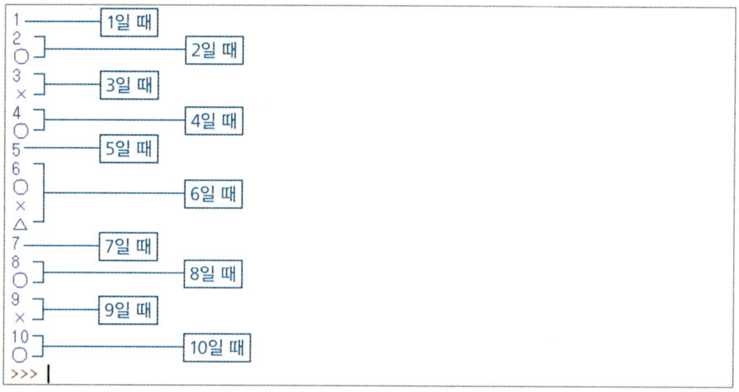

```
1        ← 1일 때
2
○        ← 2일 때
3
×        ← 3일 때
4
○        ← 4일 때
5        ← 5일 때
6
○
×
△        ← 6일 때
7        ← 7일 때
8
○        ← 8일 때
9
×        ← 9일 때
10
○        ← 10일 때
>>> |
```

[배수일 때는]라는 조건은 조금 어려워 보이지만 다음과 같이 사용합니다.

```python
if a % 2 == 0:
```

[%]는 나머지를 계산하는 연산자입니다(Lesson 2-5의 표2-5-1 ➜P.44을 참조). [나머지가 0]이면 [그 수의 배수이다]로 판단하는 것입니다.

Python에는 [배수인지 아닌지]를 확인하는 명령은 없습니다. 그러나 같은 의미로 [나눴을 때 나머지가 0인지 아닌지]로 배수를 판단하는 작성 방법으로 프로그래밍을 할 수 있습니다.

프로그래밍 할 때는 [**프로그램으로써 표현할 수 있다와 같은 의미로 사고방식으로 바꿔 작성**]하는 일은 다반사로 이른바 [머리를 조금 짜내는] 것이 항상 필요합니다.

[2의 배수]이고 [3의 배수]라면 and를 사용해 다음과 같이 표현합니다.

```
if (a % 2 == 0) and (a % 3 == 0):
```

elif를 사용해 [아닐 때의 조건]을 늘어 놓는다

때로는 [아니다]일 때 다른 조건을 지정해야 할 때가 있습니다. 예를 들어,

❶ 12의 배수일 때는 [○]로 표시한다

❷ ❶이 아니라 4의 배수일 때는 [△] 로 표시한다

❸ ❶도 ❷도 아닌 2의 배수일 때는 [×]로 표시한다

❹ 위의 어느 것도 아닐 때는 [☆]으로 표시한다

이 처리는 다음과 같이 기술할 수 있습니다.

```
if (a % 12 == 0):
  # ① 12의 배수일 때
  print("○")
else:
  # ② 12의 배수가 아닐 때
  if (a % 4 == 0):
    # ② 4의 배수일 때
    print("△")
  else:
    if (a % 2 == 0):
      # ③ 2의 배수일 때
      print("×")
    else:
      # ④ 어느 것도 아닐 때
      print("☆")
```

print("△"): 여기가 실행되는 것은 [12의 배수가 아닐 때] 그리고 [4의 배수]일 때

print("×"): 여기가 실행되는 것은 [12의 배수가 아니다] 그리고 [4의 배수]가 아닌 [2의 배수]일 때

이 프로그램은 if와 else가 매우 많고 한번 봐서는 어떤 처리를 하고 있는지 모릅니다.

사실 Python에서는 [else]와 [if]를 합체한 [elif]라는 키워드가 있으며 이것을 사용하면 이해하기 쉽게 짧게 쓸 수 있습니다.

```
if (a % 12 == 0):
  # ① 12의 배수일 때
  print("○")
elif (a % 4 == 0):
  # ② 4의 배수일 때
  print("△")
elif if (a % 2 == 0):
  # ③ 2의 배수일 때
  print("×")
else:
  # ④ 어느 것도 아닐 때
  print("☆")
```

elif는 [그렇지 않을 때는]을 열거하고 싶을 때 흔히 사용하는 표기 방법입니다. 사용하지 않아도 상관 없지만 사용하면 줄 수를 줄여 깔끔하게 프로그래밍을 할 수 있습니다.

조건이 성립할 때 반복을 종료한다

if 문을 사용한 조건 판정은 for 나 while 등의 반복구문과 자주 조합해 사용합니다. 즉, [무한 반복하지만 특정 조건이 성립할 때는 반복을 종료]하고자 할 때 사용합니다.

for 구문과 while 구문으로는 구문의 내부에서 [break]라는 특별한 명령을 실행하면 그 시점에서 반복을 멈추고, 반복의 다음 줄로 이동합니다.

예를 들어 Lesson 4-4 반복 실행해 보자 ②while 구문 ➜P.100에서는 [1+2+3+…]과 같은 계산을 하다가 50을 넘으면 그때의 답을 표시하는 프로그램을 만들었습니다.

```
total = 0
a = 1
while total <= 50:        # 50 이하일 때 반복한다
    total = total + a
    a = a + 1
print(total)
```

이 프로그램에는 break를 사용해 다음과 같이 기술할 수도 있습니다.

```
total = 0
a = 1
while True:               # 무한 반복한다
    total = total + a
    a = a + 1
    if total > 50:        # 50을 넘으면 반복을 종료한다
        break
print(total)
```

여기서는 [while True]라고 기술해 무한 반복하도록 하였습니다. 그 안에서 변수 a 값을

1, 2, …로 증가하면서 변수 total에 더해 나갑니다. 그리고

```
if total > 50:
    break
```

의 조건에 따라 total 변수의 내용이 50을 넘어섰을 때는 break를 실행합니다. 이 결과 while 루프에서 벗어나고 [print(total)]이 실행된 후, 프로그램이 종료되는 흐름을 만들 수 있습니다.

그림4-5-3 break를 사용했을 때의 처리 흐름

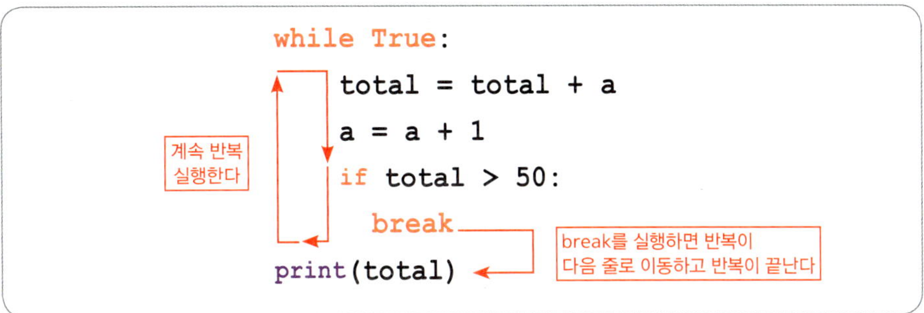

break를 사용해 처리를 종료하는 예는 앞으로 설명하는 이 책의 예제 코드에서도 몇 가지 등장합니다. 대표적인 예를 들면 사용자가 어떤 문자를 입력할 때 조건에 맞는 문자(예를 들어 [숫자만]과 같은 제약)가 아닐 때는 계속 [조건에 맞는 문자의 나열을 입력할 때까지 반복 입력 시킨다]와 같을 때입니다.

COLUMN

아무 것도 하지 않음을 나타내는 pass

if 문에서는 가끔 [조건이 성립되었을 때 아무 것도 실행해야 할 것이 없을 때]가 있습니다. 그럴 때 [조건이 성립될 때 실행하고자 하는 문]을 생략해

```
if 조건식:
else:
        조건이 성립하지 않았을 때
```

라고 기술하면 문법 오류가 발생합니다. 이런 경우에 대비해 Python에는 [아무 것도 하지 않는 문]이 준비돼 있습니다. 그것이 [pass]입니다. 다음과 같이 기술하면 오류는 발생하지 않습니다.

서식 pass

```
if 조건식:
        pass ──── 아무 것도 하지 않는 문
else:
        조건이 성립되지 않았을 때
```

Lesson 4-6

처리를 하나로 합해 한번에 실행

함수를 사용한다

함수는 여러 가지 처리를 하나로 합해 한 번에 실행할 수 있게 하는 것입니다. 일련의 처리를 자주 실행할 때는 그 처리를 함수로 만들어 둠으로써 그때마다 기술하지 않아도 됩니다.

함수는 직접 만들 수 있다

이 Lesson은 [함수를 사용한다]이지만 사실 이미 우리들은 함수를 사용해 왔습니다. 예를 들어 Lesson 3-5 문자열을 연결해보자 ➜P.67에서는 수치를 문자열로 변환하는데 [str 함수]를 사용했습니다.

함수는 Python에서 준비되어 있는 것 외에 필요한 것은 직접 만들 수도 있습니다. **함수란 [어떤 값을 받아 그 값을 가공하고 내부에서 처리를 해서, 결과를 반환하는 것]**입니다.

그 처리의 흐름을 생각하며 실제로 만들어 봅시다.

여기서는 2개의 수치 [a]와 [b]를 주면 [a부터 b까지 더한 결과를 반환한다]는 함수를 작성합니다. 예를 들면 [1]과 [5]를 전달하면 내부에서 [1 + 2 + 3 + 4 + 5]를 계산하고 마지막에 [15]라는 결과가 얻어지는 함수입니다(그림4-6-1).

그림4-6-1 작성할 함수의 예

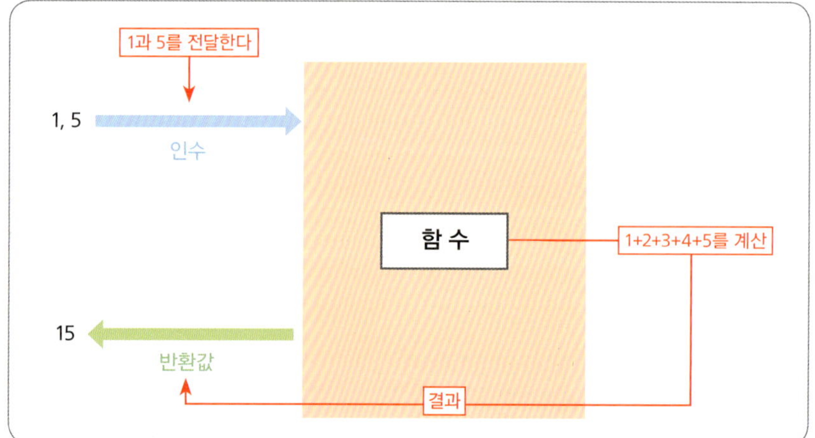

함수를 정의하려면

함수를 직접 만들고 기술하는 것을 함수를 [정의한다]라고 합니다. Python에서는 def라는 구문을 사용해 정의합니다.

MEMO

def는 [define(정의한다)]의 생략어입니다.

함수를 정의할 때는 적당한 함수명이 필요합니다. 아무거나 해도 되지만 여기서는 [sumTotal]이라는 함수명으로 했습니다. 이것은 다음과 같이 정의할 수 있습니다.

```
def sumTotal(a, b):
    이 함수 안에서 실행할 처리를 기술
```

정의 방법의 서식을 보면 다음과 같습니다.

서식 함수의 정의

```
def 함수명(전달할 값을 콤마로 구분한 것):
    실행할 문장이 계속된다.
```

[실행할 문]은 for 나 while, if 등의 구문과 마찬가지로 인덴트해서 작성합니다. 또한, [전달할 값을 콤마로 구분한 것]은 함수에서 처리하려는 값으로 이것은 [인수]라고 합니다.

MEMO

인수는 필요한 만큼 콤마로 구분해 연결할 수 있습니다. 인수가 필요하지 않을 때는 [def 함수명():]과 같이 괄호 안에 아무 것도 쓰지 않고 정의합니다.

그럼 [실행할 문]의 부분에는 무엇을 쓰면 될까요?

여기에서 만들고자 하는 것은 [전달받은 a부터 b까지의 합계를 구하는 함수]입니다. 그러기 위해서는 이미 설명한 for 구문을 사용하면 되며 다음과 같이 기술할 수 있습니다.

```
def sumTotal(a, b):
    total = 0
    for i in range(a, b + 1):    ─┐
        total = total + i         ─┘── a부터 b까지 반복
    return total ──────────────────── 결과를 반환한다
```

여기서는 변수 total에 계산 결과를 구합니다. 함수의 결과가 되는 값을 설정하려면

```
return total
```

과 같이 [return]이라는 구문을 사용합니다.

return을 사용해 결과가 되는 값을 설정하는 것을 [**값을 반환한다**(=return)]이나 [**값을 되돌린다**(=return)] 등으로 표현하고 그 값을 [**반환값**]이라고 합니다.

MEMO

결과를 반환할 필요가 없을 때는 반환값을 반환하지 않을 수도 있습니다. 반환하지 않을 때는 [return]이라고 기술하던가 return 줄 자체를 생략합니다.

COLUMN

인수과 변수와의 관계

인수의 실체는 [변수]이며 실행될 때 실행한 쪽으로부터 미리 어떤 값이 설정되어 온다는 점만이 다릅니다. 앞에서의 예에서는

```
def sumTotal(a, b):
```

와 같이 인수의 이름을 [a]와 [b]로 했지만 어떤 이름이라도 상관없습니다. 가령,

```
def sumTotal(x, y):
```

와 같이 [x]와 [y]로 받을 수도 있습니다. 이때 프로그램에서도

```
for i in range(x, y + 1):
    total = total + i
```

와 같이 [x]와 [y]로 변경합니다.

함수를 이용한다

정의한 함수는 예를 들어 다음과 같이 사용합니다.

```
c = sumTotal(1, 5)
```

이처럼 기술해 함수를 실행하는 것을 [**함수를 호출한다(콜한다)**]라고 합니다. 함수를 호출함으로써 변수 c에는 [1부터 5까지 더한 결과]가 저장됩니다.

여기에서 설명한 코드 전체는 example04-06-01.py와 같습니다.

결국 [sumTotal(1, 5)]라고 썼을 때는 sumTotal 함수가 실행되는데, 이때 함수 정의에서는 [def sumTotal(a, b):]로 쓰고 있으므로 [a에는 1], [b에는 5]가 설정되어 실행합니다. 그러고 나서 다음 부분이 실행됩니다.

```
total = 0
for i in range(a, b + 1):
    total = total + i
```

이때 a는 1, b는 5이므로 이것은

```
for i in range(1, 5 + 1):
```

a의 값 b의 값

과 같습니다. 즉, 1부터 5까지 반복 실행하기 때문에 total 변수는 [1+2+3+4+5]의 결과인 [15]가 됩니다. 마지막으로

```
return total
```

을 사용해 이것을 반환값으로 리턴하므로 그 결과가 변수 c에 대입됩니다. 이 흐름을 그림으로 하면 그림4-6-2와 같습니다.

List example04-06-01.py

```
# coding:utf-8

def sumTotal(a, b):
    total = 0
    for i in range(a, b + 1):
        total = total + i
    return total

c = sumTotal(1, 5)
print(c)
```

sumTotal 함수 정의

sumTotal 함수를 실행한다

그림4-6-2 함수를 실행할 때의 처리 흐름

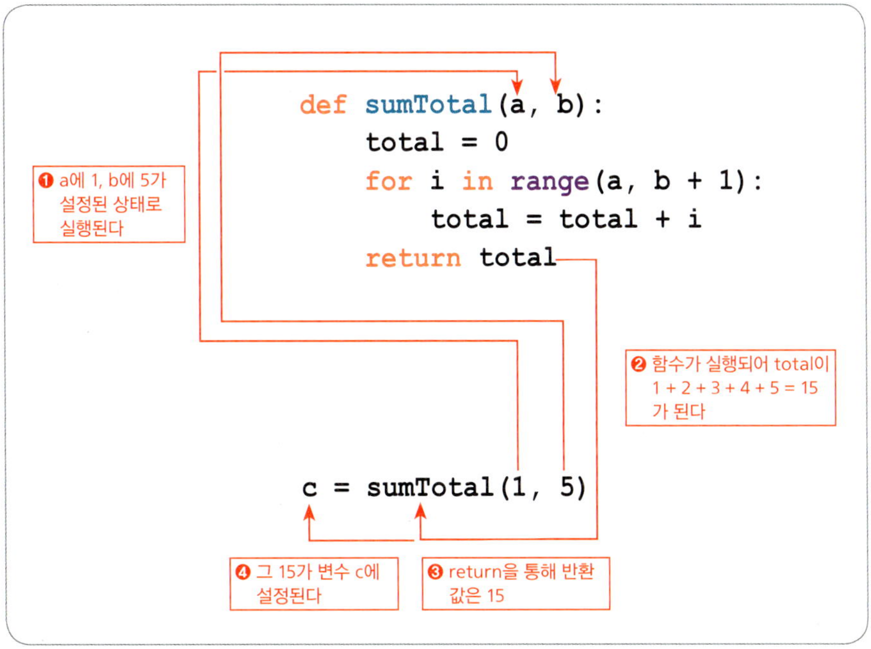

```
def sumTotal(a, b):
    total = 0
    for i in range(a, b + 1):
        total = total + i
    return total

c = sumTotal(1, 5)
```

❶ a에 1, b에 5가 설정된 상태로 실행된다
❷ 함수가 실행되어 total이 1 + 2 + 3 + 4 + 5 = 15 가 된다
❸ return을 통해 반환 값은 15
❹ 그 15가 변수 c에 설정된다

범위를 이해한다

함수를 사용할 때는 주의해야 할 점이 있습니다. 그것은 **함수 내 변수와 함수 밖 변수의 저장 장소가 다르다는 점**입니다.

조금 이해하기 어려우므로 간단한 예제를 만들어 그 동작으로부터 설명합니다.

example04-06-02.py를 봐주세요.

List example04-06-02.py

```
# coding:utf-8

a = "abc" ——❶

def test():
    print(a) ——❸
    return

test() ——❷
print(a) ——❹
```

여기서는 [test]라는 이름의 함수를 만들었습니다. 설명을 쉽게 하기 위해 인수는 아무 것도 전달하지 않았습니다. 즉, 괄호 안은 [def test():]처럼 공란으로 정의합니다. 또한, 반환값도 [return]이라고만 쓰고 [없음]으로 하였습니다.

반환값이 없는 함수를 실행할 때는 결과를 변수 등에 대입할 필요가 없으므로 지금처럼 [변수명=함수()]와 같이 [=]나 [좌변에 변수]를 두지 않고 [test()]와 같이 기술합니다(❷부분).

그럼, 이 프로그램에서는 먼저 ❶처럼 [a="abc"]로 기술하고 변수 a에 ["abc"]를 대입합니다.

그리고 ❷의 [test()]로 test 함수를 실행합니다. test 함수 안에서는 ❸에 작성한 [print(a)]로 a 값을 표시합니다.

이때 변수 a의 값은 ["abc"]이므로 화면에는 [abc]로 표시합니다.

그리고 함수 처리가 끝나면 ❹로 돌아옵니다. 여기에서도 [print(a)]를 실행하므로 [abc]로 표시합니다.

즉, 이 프로그램은 변수 a의 값인 ["abc"]를 2번 표시합니다. 지금까지의 처리는 특별히 문제는 없다고 생각합니다. 그림4-6-3으로 확인합시다.

그림4-6-3 example04-06-02.py의 흐름

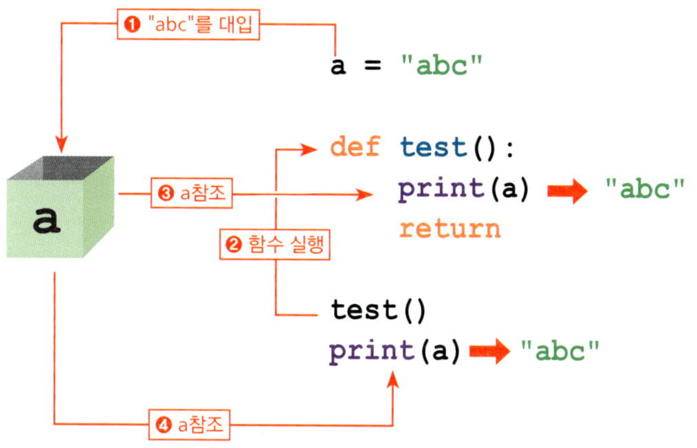

전역 범위와 지역 범위

문제는 다음 부분입니다. test 함수를 다음과 같이 수정합니다.

```
def test():
    a = "def"
    print(a)
    return
```

수정한 것은 노란색 마커 부분으로 [a = "def"]와 같이 변수 a에 [def]를 대입하였습니다. 따라서 이처럼 수정하면

```
def
def
```

라고 2번 표시할 것 같지만 실제로는

```
def
abc
```

라고 표시합니다. 이런 결과가 나오는 이유는 사실은 [함수 외부]와 [함수 내부]에서는 변수가 만들어지는 장소가 다르기 때문입니다. 이처럼 변수 a의 값을 수정했을 때는 그림4-6-4와 같이 변수 a가 2개 만들어집니다.

이러한 변수의 유효범위를 [**범위(scope)**]라고 하며 함수의 외부 범위를 [**전역 범위**], 함수 내부의 범위를 [**지역 범위**]라고 말합니다. 그리고 전역 범위에 쓴 변수는 [**전역 변수**], 지역 범위에 쓴 변수는 [**지역 변수**]라고 합니다.

그림4-6-4 각각의 범위에 변수가 만들어진다

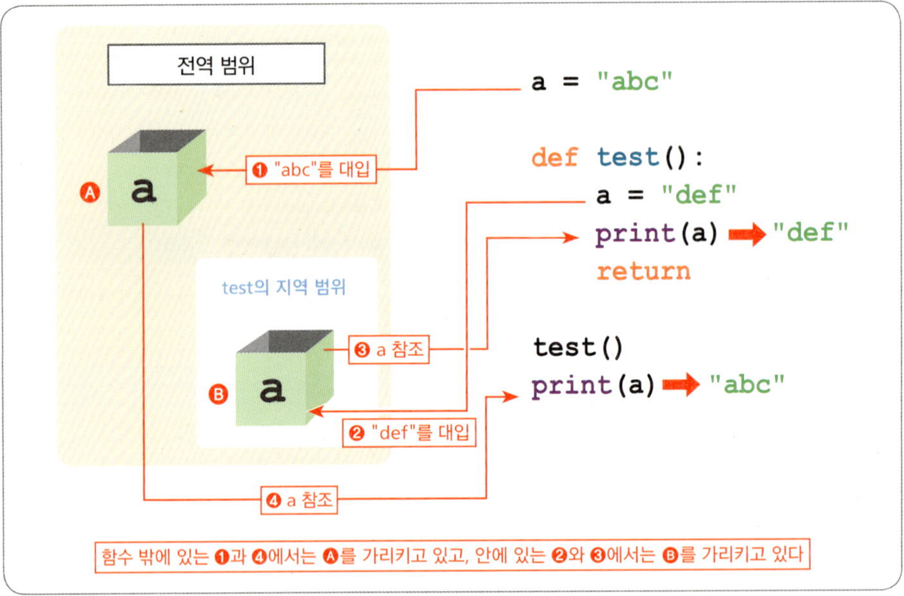

이 결과로부터 다음을 알 수 있습니다.

❶ 함수 내부(지역 범위)로부터 함수 외부(전역 범위) 변수를 참조할 수 있습니다.

❷ 다만 함수 내부(지역 범위)에서 함수 외부(전역 범위) 변수에 대입할 수 없습니다. 그때는 지역 범위에 다른 변수가 만들어집니다

지역 범위는 함수끼리 서로 영향을 주지 않기 위해 중요한 개념입니다. 예를 들어 내가 만든 함수가 그 내부에서 변수 [a]를 사용하고 있을 때 다른 사람이 만든 함수가 그 변수 [a]를 바꾸거나 하면 곤란하겠죠.

그런 문제가 발생하지 않도록 함수의 각각의 변수는 지역 범위로 구분되어 있어 참견할 수 없게 되어 있습니다(그림4-6-5).

함수에서 전역 범위로 접근한다

하지만 함수에서 전역 범위의 변수를 바꾸고자 할 때도 있습니다.

그럴 때는 함수 내에서 [전역 범위에 있는 이 변수를 사용하고 싶다]로 쓰면 그 변수만은 전역 범위의 것을 이용할 수 있게 됩니다.

그림4-6-5 함수마다 지역 범위가 만들어진다

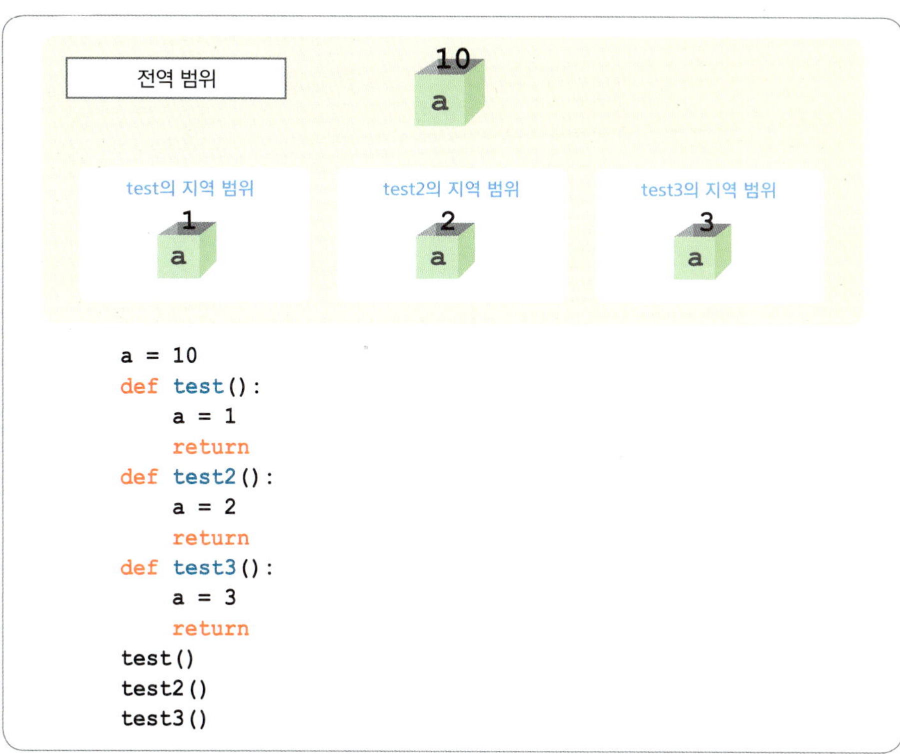

구체적으로는 다음과 같이 기술합니다.

```
# coding:utf-8

a = "abc"

def test():
    global a
    a = "def"
    print(a)
    return

test()
print(a)
```

global로 쓰면 전역 변수를 사용할 수 있다

추가한 것은 노란색 마커 [global a] 부분입니다. 이처럼 기술하면 변수 a는(지역 범위가 아닌) 전역 범위를 가리키게 됩니다.

이처럼 전역 범위에 있는 변수를 이용하기 위한 기술(global이라고 쓴 줄)을 [**전역 선언**]이라고 합니다.

전역으로 선언함으로써 변수 a는 전역 범위의 변수 a를 가리키므로 그림4-6-6에 나타낸 것처럼 함수 내의 [a="def"]는 전역 범위의 변수 a를 변경하므로 결과는 다음과 같습니다.

```
def
def
```

그림4-6-6 전역으로 선언했을 때의 동작

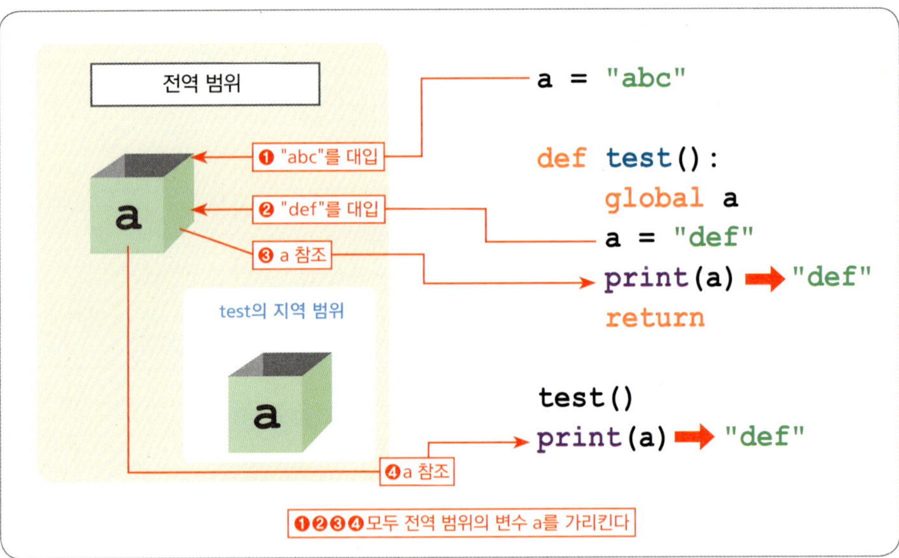

가변 길이와 옵션의 인수

프로그래밍에서 함수는 조금 어렵고 난이도가 있습니다. 그래서 자유자재로 사용할 수 있게 되려면 숙련이 필요합니다. 함수를 직접 만드는 것은 필수는 아니므로 그때가 올 때까지 [어려운 것은 하지 않는다]라고 하는 것도 또한 선택사항의 한 방법입니다.

그런 이유로 함수에 대해서는 다음 장부터 실제로 필요할 때 필요에 맞게 계속 설명을 합니다. 다만, 추가로 더 설명해 두고 싶은 것이 있습니다.

그것은 [**함수의 인수는 일부를 생략하거나 이름을 붙여 지정할 수 있다**]는 점입니다.

❶ 인수 생략

지금까지의 샘플에서는 [def sumTotal(a, b):]와 같이 인수 a와 인수 b라고 하는 2개의 인수를 사용하는 sumTotal 함수를 선언했습니다. 이렇게 선언해 두면 실행할 때는 [sumTotal(1, 5)]와 같이 반드시 2개의 인수를 지정해야 하며 어느 한쪽이라도 비어 있으면 오류가 발생합니다.

즉, [sumTotal(1)]이나 [sumTotal(,5)]와 같이 작성하면 오류가 발생합니다.

그러나 이러한 오류가 발생하지 않게 일부 인수를 생략하는 방법이 있습니다. 그것은 [**디폴트 인수**]라는 특수한 기술 방법을 사용하는 것입니다.

디폴트 인수는 함수 정의에서 인수를 선언할 때 [인수명 = 생략되었을 때의 값]이라고 정의해 만들 수 있습니다. 예를 들어,

```
def sumTotal(a, b = 100):
```

과 같이 정의해 둡니다. 이 경우 2번째 인수를 생략해

```
sumTotal(1)
```

과 같이 사용해 실행할 수 있습니다. 생략했을 때는 정의했을 때의 값 즉, 이 경우는 [b=100]으로 정의하였으므로 [100]이 지정된 것으로 간주합니다.

즉, b 부분에 [100]을 지정한 sumTotal(1, 100)이라고 기술하는 것과 같습니다.

❷ 항목명을 붙여 지정한다

나머지 하나는 인수에 [항목명을 붙여 지정한다]는 방법입니다.

그러기 위한 함수를 정의하는 방법은 조금 복잡해서 이 책에서는 언급하지 않지만 예를 들어 Chapter 7에서는 윈도에 관한 함수를 사용해 [원을 그린다]라는 프로그램을 만듭니다. 그 함수의 기본형은

```
create_oval(X좌표①, Y좌표①, X좌표②, Y좌표②)
```

와 같이 [2개 점의 좌표를 지정하면 그것에 내접하는 원(또는 타원)이 검정색으로 그려진다]는 것이 기본 동작입니다. 그러나 이 함수는 사실은

```
create_oval(X좌표①, Y좌표①, X좌표②, Y좌표②, fill="red")
```

처럼 [fill="red"]를 지정함으로써 [빨갛게 칠한다]든가

```
create_oval(X좌표①, Y좌표①, X좌표②, Y좌표②, fill="red", width=2)
```

처럼 [width=2]를 지정함으로써 [선 폭을 2로 한다]와 같이 옵션 값을 지정할 수 있습니다.

이러한 [항목명=값]이라는 작성 방법은 함수에 대해서 [추가 정보를 주고 싶을 때]에 자주 사용합니다.

Lesson 4-7

Python에 새로운 기능을 추가하려면

기능을 확장하는 모듈

Python의 기능을 확장하는 것이 [모듈]입니다. 모듈을 포함시켜서 Python에 새로운 기능을 추가할 수 있습니다.

모듈로는 어떤 것들을 할 수 있나요?

윈도를 표시하거나 PDF를 작성하거나 여러 가지 기능을 간단하게 이용할 수 있습니다.

모듈이란

Python은 [기본 기능은 간단하고, 응용적인 기능은 **모듈**이 갖고 있다]라는 설계 철학을 갖고 있습니다. 모듈이란 간단하게 말하면 **기능을 많이 채운 [함수집] 같은 것**입니다.

모듈은 Python에 부속되어 있는 것도 있고 다른 제작자가 만들어 그것을 다운받아 별도로 설치하지 않으면 사용할 수 없는 것도 있습니다.

모든 경우에 이용하려면 [모듈을 읽는다]라고 하는 조작이 필요합니다. 모듈을 읽는 조작을 [**임포트(import)**한다]라고 합니다.

그림4-7-1 모듈은 임포트해서 사용한다

모듈을 임포트한다

모듈을 임포트하려면 [import]라는 구문을 이용합니다.

서식 import로 모듈을 읽는다

```
import 모듈명
```

예를 살펴봅시다. 이미 Chapter 2에서는 달력 모듈을 사용해 달력을 표시했습니다(→P.48 참조). 이때는

```
import calendar
print(calendar.month(2017,12))
```

라고 기술해 달력 모듈을 임포트하고 나서 2017년 12월의 달력을 표시했습니다.

```
>>> import calendar
>>> print(calendar.month(2017,12))
   December 2017
Mo Tu We Th Fr Sa Su
             1  2  3
 4  5  6  7  8  9 10
11 12 13 14 15 16 17
18 19 20 21 22 23 24
```

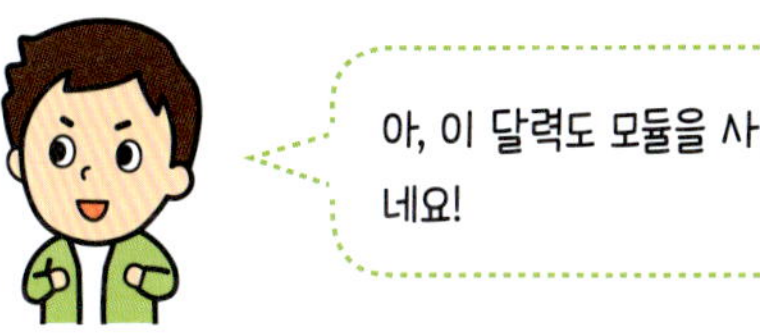

이처럼 모듈은 import로 읽을 수 있습니다. 또한, 1번 읽으면 [calendar.~]라고 모듈명에 점을 붙인 형태로 기술하고 [~] 다음에 함수 등을 연결해 작성함으로써 실행할 수 있습니다.

그 외 모듈을 읽는 2가지 방법이 있습니다.

❶ as로 별명을 지정한다

as를 지정하면 프로그램에서는 원하는 별명으로 사용할 수 있게 됩니다. 위의 예를 보면, [import calendar]로 읽었을 때는 [calendar.함수명]과 같이 모듈명과 명령을 점으로 연결해 기술해 실행하지만 같은 명령을 as를 사용해 작성할 수도 있습니다.

서식 as로 모듈을 읽는다

```
import calendar as c
```

[as c]라고 작성하면 이것을 [c]라는 이름으로 참조할 수 있습니다. 참고로 다음과 작성할 수 있습니다.

```
print(c.month(2017,12))
```

모듈명이 길 때 편리한 기술입니다(c는 임의의 이름으로 할 수 있습니다).

❷ from으로 모듈명을 쓰지 않도록 한다

나머지 하나는 from을 사용해 기술하는 방법입니다.

서식 from으로 모듈을 읽는다

```
from 모듈명 import 이용하고자 하는 함수명
```

예를 들어 다음 코드라면 첫 번째 줄에서 [month]라고 하는 함수를 지정하기 때문에 2번째 줄에서 [모듈명.~]라는 표시를 생략하고 사용할 수 있습니다.

```
from calendar import month
print(month(2017,12))
```

그림4-7-2 임포트 방법

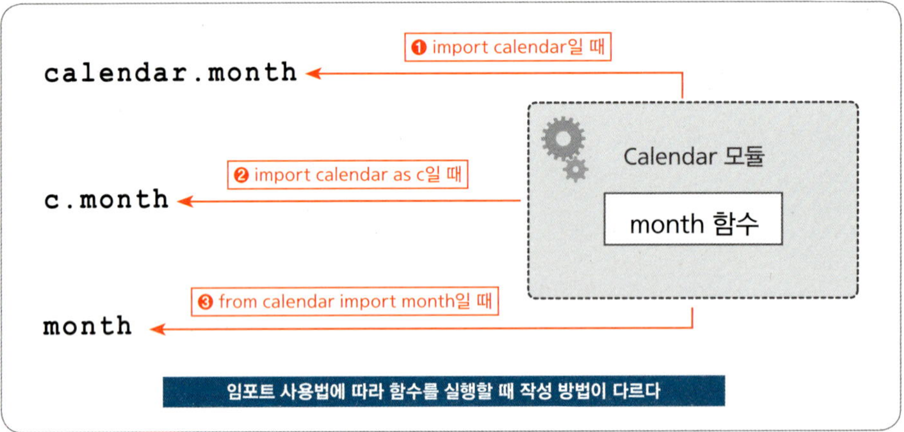

모듈을 사용해 여러 가지를 하자

Python에서 제공하는 모듈에는 다양한 것이 있습니다. 이 책에서는 뒤에서 [윈도에 표시한다]나 [PDF를 만든다]라는 프로그램의 예를 작성하지만 이런 프로그램은 모듈 없이는 이루어질 수 없는 것입니다.

반대로 [목적에 맞는 조작을 해주는 모듈]만 찾으면 매우 짧은 프로그램을 작성하는 것만으로 그 목적을 달성할 수 있습니다.

세상에는 예를 들어 [Excel 워크 시트를 조작하는 모듈]이나 [이미지 썸네일 등을 만드는 모듈] 등 편리한 모듈이 많이 있습니다.

인터넷에서 [Python 모듈 편리] 등을 키워드로 검색하면 몇 가지가 검색될 것입니다.

이 책을 다 읽고 Python 프로그래밍에 익숙해지면 꼭 원하는 모듈을 사용해 프로그래밍해 보도록 하세요.

Chapter 5

수 맞추기 게임을 만들어보자

지금까지 Python 프로그래밍의 기본적인 지식과 문법을 배웠습니다.

Chapter 5에서는 [히트 & 블로]라고 하는 수 맞추기 게임을 만들면서 이제까지의 학습 내용을 구체적인 형태로 실습합니다.

Lesson 5-1

기초만 알면 게임을 만들 수 있습니다

수 맞추기 게임을 만들자

Chapter 5에서는 [히트 & 블로]나 [마스터 마인드]라고 하는 게임을 Python으로 만듭니다. 여기서는 게임의 규칙을 확인하고, Python에서 이 게임을 만드는 것에 대한 개요를 설명합니다.

[히트 & 블로]라니 처음 들었어요.

지금까지 배운 Python의 기본 문법을 복습 & 응용하는데 딱 맞는 게임입니다.

게임이라고 하니 빨리 만들고 싶어요~

히트 & 블로란

히트 & 블로는 네 자릿수의 숫자를 맞추는 게임입니다(그림5-1-1). 2명의 플레이어가 [부모(출제자)]와 [자식(정답자)]으로 나눠 게임을 합니다.

히트 & 블로의 규칙

❶ 부모는 0~9의 숫자를 사용해 네 자릿수의 숫자를 생각합니다. 그때, 같은 숫자를 2개 이상 생각해도 됩니다.

❷ 자식은 그 숫자를 예상해 부모에게 제시합니다.

❸ 부모는 ❷에서 제시된 숫자를 판단해 히트와 블로 수를 자식에게 제시합니다.

- [숫자와 위치가 맞을 때 = 히트]
- [위치는 맞지 않지만 그 숫자를 포함하고 있을 때 = 블로]

❹ ❷~❸을 반복해 자식은 히트와 블로 결과를 참고해 부모가 생각한 네 자릿수의 숫자를 맞춥니다.

자식이 예상한 숫자에 대해서 [히트 4]가 되면 맞춘 것입니다. ❷~❸의 반복이 적은 횟수로 맞출 것을 목표로 합니다.

MEMO

히트 & 블로에는 중복된 수를 사용해도 되는 규칙과 사용해서는 안 되는 규칙 2가지가 있습니다. 이 책에서는 중복해도 되는 규칙으로 설명합니다.

그림5-1-1 히트 & 블로의 게임 흐름

부모가 생각한 수 (자식은 볼 수 없다)	4 9 4 5

턴	자식이 생각한 수	히트	블로
자식 1번째 먼저 짐작으로	1 2 3 4 →	0	1
		4 9 4 5 1 2 3 4	
자식 2번째 블로가 1개이므로 이 중에 맞은 것이 1개 있을 것이다. 순서를 바꿔 넣어 본다.	1 2 4 3 → 바꿔 넣어본다	1	0
		4 9 4 5 1 2 4 3	
자식 3번째 히트가 1이 되었으므로 [4]나 [3]이 맞을 것이다. [3]을 [5]로 바꿔 본다.	1 2 4 5 → 바꿔 본다	2	0
		4 9 4 5 1 2 4 5	
자식 4번째 히트가 2개 되었다. [4], [5]는 확정된 듯	1 2 4 5 → 다음은 여기를 바꿔보자	?	?

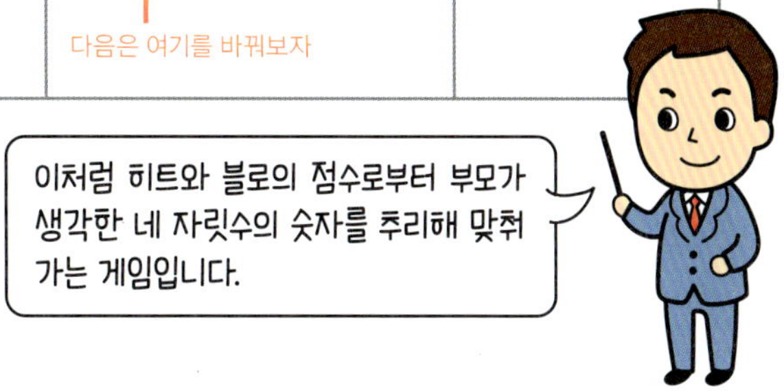

이처럼 히트와 블로의 점수로부터 부모가 생각한 네 자릿수의 숫자를 추리해 맞춰 가는 게임입니다.

히트 & 블로를 Python으로 만들려면

그럼 Python으로 [히트 & 블로]를 만들려면 어떻게 하면 될까요? 대략 그림5-1-2와 같은 흐름입니다.

Python으로 [히트 & 블로]를 만들 때, 컴퓨터 측이 부모(출제자), 사용자 측이 자식(정답자)으로 합니다.

먼저 네 자릿수의 랜덤 숫자를 Python 측에서 만듭니다. 다음으로 사용자에게 그 네 자릿수의 숫자를 예상해서 입력하게 합니다. Python 측은 입력한 숫자를 판단해 히트와 블로의 수를 표시합니다. 히트가 4가 아니면 다 맞춘 것이 아니므로 한 번 더 사용자에게 네 자릿수의 숫자를 입력하게 합니다. 맞출 때까지 이 과정을 반복합니다.

첫 번째 과정으로 Python으로 네 자릿수의 랜덤인 숫자를 만드는데 그렇게 하기 위해서는 어떻게 프로그래밍하면 될까요? 다음 Lesson에서 구체적으로 설명합니다.

그림5-1-2 히트 & 블로를 Python으로 만드는 흐름

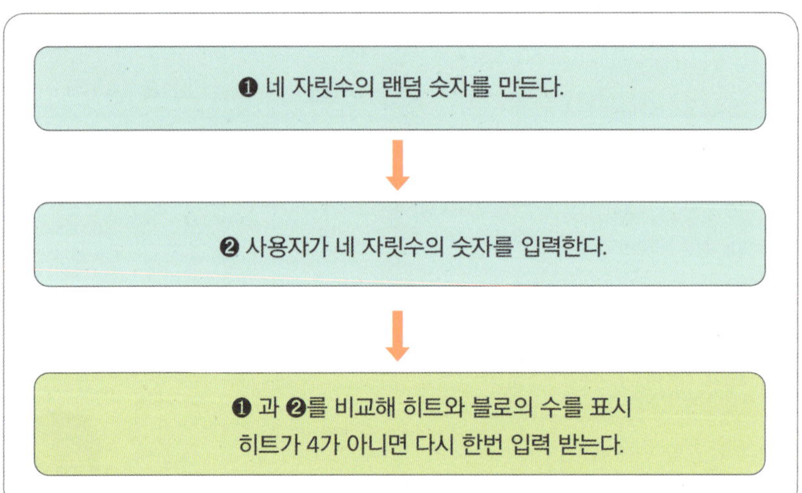

❶ 네 자릿수의 랜덤 숫자를 만든다.
❷ 사용자가 네 자릿수의 숫자를 입력한다.
❶ 과 ❷를 비교해 히트와 블로의 수를 표시
히트가 4가 아니면 다시 한번 입력 받는다.

게임을 만드는 것은 어렵지 않을까 생각했는데
이렇게 해보니 작업 과정이 매우 간단하네.

앞으로 남은 건 각각의 과정을 어떻게 프로그래밍할까 하는 거네, 좋아, 아자아자!

Lesson 5-2

간단한 것부터 한걸음 한걸음 확실하게

먼저 한 자릿수의 숫자로 시험해보자

바로 네 자릿수의 랜덤 숫자를 만들고 싶은데 갑자기 네 자릿수로 하면 어려우니 우선 한 자리부터 시험해 나갑니다. 한 자리의 랜덤 숫자를 컴퓨터가 생각하고 그것을 맞추는 형태를 생각합니다.

숫자를 맞췄는지는 Lesson 4-5에서 배운 if 구문으로 판정합니다.

랜덤값을 생성하는 random 모듈

랜덤값을 생성하려면 random 모듈을 사용합니다. 모듈의 사용방법은 Lesson 4-7 기능을 확장하는 모듈 ➜P.122에서 설명한 것처럼 서식은 import 모듈명으로 기술합니다. 여기서는 random 모듈을 사용하므로 처음에 import random으로 사용합니다. IDLE에서 파일을 신규 작성하고 작성합시다.

MEMO

랜덤값을 난수라고 합니다.

```
import random
```

random 모듈을 임포트하면 random.함수명으로 랜덤값에 관한 여러 가지 기능을 사용할 수 있습니다.

표5-1-1에 나타낸 명령 중에 randint라는 함수를 사용하면 특정 범위 정수의 랜덤값을 구할 수 있습니다. 예를 들어 random.randint(0, 9)로 쓰면 0부터 9까지의 랜덤값을 구할 수 있습니다.

실제, 다음과 같이 프로그램을 실행하면 변수 a에는 0부터 9까지의 랜덤값이 저장됩니다.

```
a = random.randint(0, 9)
```

그림5-1-1 random 모듈의 주요 함수(발췌)

함수	의미
random.seed(a, version)	랜덤값의 기본이 되는 값을 설정한다. 보통은 사용할 필요가 없지만 실행할 때 일부러 같은 계열의 값을 꺼내거나 보다 랜덤성을 늘리고 싶을 때 사용한다
random.randint(a, b)	a 이상 b 이하의 랜덤인 정수를 반환한다
random.choice(seq)	seq 안에서 랜덤으로 1개씩 꺼낸다
random.shuffle(x)	x를 랜덤인 순으로 나열한다
random.random()	0.0 이상~1.0 미만의 랜덤인 소수점을 반환한다

랜덤인 한 자릿수의 숫자를 표시한다

실제로 해봅시다. 여기서는 다음과 같이 프로그램을 구현합니다. 이것을 Python의 IDLE에 입력해서 실행하면 매번 다른 값이 표시되는 것을 알 수 있습니다(그림5-2-1).

MEMO

여려 차례 실행할 때는 IDLE 에디터에서 F5 키를 누르면 빠르게 실행됩니다.

List example05-02-01.py

```
# coding:utf-8
import random

a = random.randint(0, 9)
print(a)
```

random 모듈을 임포트

0부터 9까지의 랜덤값을 만든다

그림5-2-1 실행 결과

```
>>>
 RESTART: C:₩Users₩Sela₩Documents₩python_sample₩python_sample₩Chap
7
>>>
 RESTART: C:₩Users₩Sela₩Documents₩python_sample₩python_sample₩Chap
9
>>>
 RESTART: C:₩Users₩Sela₩Documents₩python_sample₩python_sample₩Chap
1
>>>
 RESTART: C:₩Users₩Sela₩Documents₩python_sample₩python_sample₩Chap
8
>>>
 RESTART: C:₩Users₩Sela₩Documents₩python_sample₩python_sample₩Chap
4
```

실행할 때마다 다른 값이 표시된다

문자 입력한다

다음으로 문자를 입력할 수 있게 작성합시다. 문자를 입력하는데는 몇 가지 방법이 있지만 input이라는 함수를 사용하는게 간단합니다. input 함수는 예를 들어 다음과 같이 사용합니다.

```
b = input("숫자를 입력하세요>")
```

괄호 안은 사용자에게 표시할 메시지입니다. 이 예에서 화면에는 숫자를 입력하세요라고 표시되며 문자 입력을 기다리는 상태가 됩니다. 그리고 사용자가 문자를 입력하면 그 결과가 input 함수로부터 반환되어 위의 변수 b에 저장합니다.

즉, 숫자를 입력하세요>라고 표시된 문자 입력 화면에서 임의로 5라고 입력하면 변수 b의 값이 5가 되는 것입니다.

실제로 IDLE에서 파일을 신규로 작성해 봅시다. 다음과 같은 프로그램을 작성하고 실행하면 화면에는 숫자를 입력하세요>라고 표시되므로 그곳에 5라고 입력합니다. 그것을 print로 표시하므로 화면에는 5라고 표시됩니다(그림5-2-2).

List example05-02-02.py

```
# coding:utf-8

b = input("숫자를 입력하세요>")    ── 사용자가 문자를 입력한다
print(b)                           ── 입력된 문자를 표시
```

그림5-2-2 실행 결과

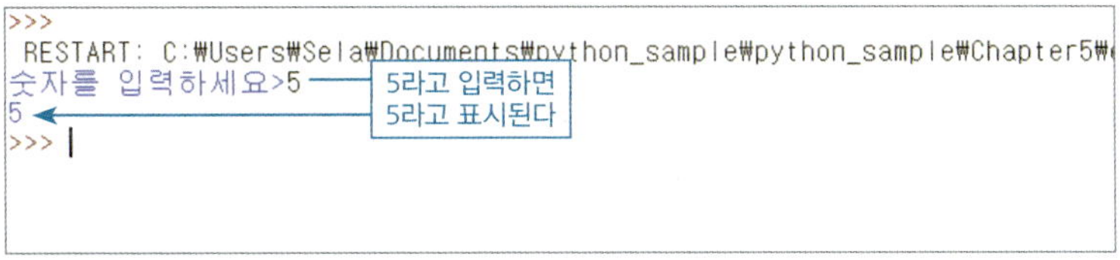

```
>>>
 RESTART: C:₩Users₩Sela₩Documents₩python_sample₩python_sample₩Chapter5₩
숫자를 입력하세요>5  ── 5라고 입력하면
5 ◀──────────────── 5라고 표시된다
>>> |
```

맞췄는지를 판정한다

랜덤으로 한 자릿수의 숫자를 만드는 프로그램 example05-02-01.py와 문자 입력을 하는 프로그램 example05-02-02.py를 합하면 부모가 랜덤으로 한 자릿수의 숫자를 만들고 자식이 예상해 그것을 맞췄는지를 판단하는 간단한 게임이 완성됩니다.

이미 첫 프로그램으로 변수 a에 랜덤값이 들어 있고 다음 프로그램에서는 변수 b에 사용자가 입력한 값이 들어 있습니다. if 문(➔P.105참조)을 사용하면 a와 b의 값이 동일한지 비교해 맞췄는지 맞지 않은지를 판정할 수 있습니다.

그래서 다음과 같이 a와 b가 같으면 print("맞췄음")이라고 출력, 같지 않으면 print("맞지 않음")으로 출력하도록 프로그램을 작성합니다(그림5-2-3).

이렇게 하면 한 자릿수의 랜덤인 숫자를 맞추는 간단한 게임이 될 겁니다.

```
if a == b:      )
    print("맞췄음")
else:
    print("맞지 않음")
```

그림5-2-3 변수 a와 변수 b가 같은지를 확인한다

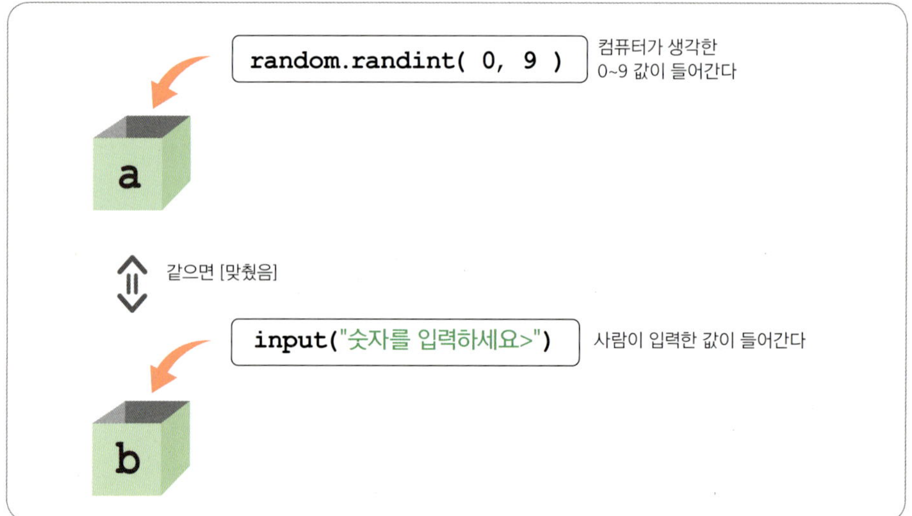
random.randint(0, 9)
컴퓨터가 생각한
0~9 값이 들어간다
a
같으면 [맞췄음]
input("숫자를 입력하세요>")
사람이 입력한 값이 들어간다
b

하나씩 실제로 시험해봅시다. example05-02-01.py와 example05-02-02.py를 합해 위의 프로그램을 작성하면 다음과 같은 example05-02-03.py와 같은 프로그램이 됩니다.

여기에서 if와 else의 다음 줄은 제대로 인덴트(들여쓰기)를 하지 않으면 제대로 동작하지 않으므로 입력할 때는 주의합니다.

List example05-02-03.py(실제로는 맞췄어도 [맞췄음]이라고 표시되지 않는다 →뒤에서 설명)

```
# coding:utf-8
import random

a = random.randint(0, 9)
print(a)

b = input("숫자를 입력하세요>")
if a == b:
    print("맞췄음")
else:
    print("맞지 않음")
```

- a = random.randint(0, 9) — 컴퓨터가 생각한 랜덤인 값
- print(a) — 테스트를 위한 대답을 보여준다
- b = input("숫자를 입력하세요>") — 사람이 입력한 값
- if a == b: — 같은지를 판정(실제로는 다르다 →뒤에서 설명)
- print("맞췄음") — 같다면 맞췄음

수치로 변환하지 않으면 제대로 되지 않는다

example05-02-03.py에서는 동작 테스트를 위해 일부러 컴퓨터가 생성한 값을 화면에 표시합니다(5번째 줄의 print(a)). 예를 들어 랜덤값이 8일 때는

```
8
숫자를 입력하세요>
```

와 같이 화면에 표시합니다. 여기에서 8이라고 입력하면 맞췄음 그렇지 않으면 맞지 않음입니다.

실제로 실행한 예는 그림5-2-4와 같습니다.

여기서는 1번째 줄에서 8이라고 먼저 답이 표시되었으므로 일부러 맞지 않음이 되는 5를 입력해봤습니다. 그러면 물론 맞지 않음이라고 표시합니다.

그리고 다시 한 번 실행합니다. 이번은 6이라고 먼저 답이 표시되었으므로 맞는 값 6을 입력합니다. 그러면 맞췄음이라고 표시될 것이지만 예상치 않게 맞지 않음이라고 표시되고 맙니다.

그림5-2-4 맞췄어도 맞지 않는다

```
3                                  컴퓨터가 생성한 랜덤값
숫자를 입력하세요>5                 다른 값을 입력
맞지 않음
>>>
 RESTART: C:\Users\Sela\Documents\python_sample\python_sample\Chapter5\example05-02-03.py
4
숫자를 입력하세요>4                 같은 값을 입력했지만 [맞지 않음]이라고 된다
맞지 않음
>>>
```

바르게 표시되지 않는 이유는 수치와 문자열을 비교하기 때문입니다.

random.randint(0, 9)로 만든 랜덤값은 0부터 9의 수치입니다. 그것에 대해서 input으로 입력한 것은 문자열로서 인식됩니다. Python의 경우, ==로 수치와 문자열을 비교하면 같다고 판정하지는 않습니다.

그럼 이것을 어떻게 해결하면 좋을까요? 그것은 **문자열로 입력한 것을 일단 수치로 변환**하면 됩니다. 실제로 변환하려면 int라는 함수를 사용합니다. 즉, 앞의 프로그램을 다음과 같이 수정합니다.

서식 int 함수의 사용 예

```
b = int(input("숫자를 입력하세요>"))
```

이처럼 int를 사용하여 프로그램을 수정하면 제대로 판정합니다(그림5-2-5).

Python에서는 수치와 문자열을 비교하면 우리의 눈에 같게 보여도 그것을 같은 것으로 인식하지 않습니다. 그러므로 수치를 다루고 있는지 문자열을 다루고 있는지는 충분히 주의해야 합니다.

List example05-02-03.py(바르게 수정한 것)

```
# coding:utf-8
import random

a = random.randint(0, 9)
print(a)

b = int(input("숫자를 입력하세요>"))        수정 위치
if a == b:
    print("맞췄음")
else:
    print("맞지 않음")
```

그림5-2-5 바르게 [맞췄음]이 되었다

```
RESTART: C:\Users\Sela\Documents\python_sample\python_sample\Chapter5\example05-02-03.py
0
숫자를 입력하세요>0
맞췄음
>>> |
```

수치와 문자열, 음……
보기에는 같지만 Python에서는
처리 방법이 다르네요

의외로 놓치는 부분이므로
Python에서는 프로그래밍을 할 때는
항상 생각해 둘 것!

Lesson 5-3

리스트를 사용해 관리하면 제대로 됩니다

네 자릿수의 랜덤인 값을 만든다

한 자릿수의 숫자 맞추는 게임을 만들었으니, 이제 네 자릿수의 [히트 & 블로]를 만들어봅시다. 한 자릿수일 때와 마찬가지로 먼저 네 자릿수의 랜덤값을 만드는 것부터 시작합니다.

한 자릿수, 네 자릿수 모두 프로그램을 만드는 방법의 기본적인 부분은 같습니다.

네 자릿수의 랜덤값을 만들려면

네 자릿수의 랜덤값을 만들려면 단순하게 **한 자릿수의 랜덤값을 4번 반복**해서 구현할 수 있습니다. 즉, 예를 들어 a1, a2, a3, a4라는 4개의 변수를 만들어 그것을 반복해 실행합니다. 구체적으로는 다음과 같은 프로그램입니다. IDLE에서 파일을 신규로 작성해 입력합니다.

List example05-03-01.py

```
1  # coding:utf-8
2  import random
3
4  a1 = random.randint(0, 9)
5  a2 = random.randint(0, 9)
6  a3 = random.randint(0, 9)
7  a4 = random.randint(0, 9)
8
9  print(str(a1) + str(a2) + str(a3) + str(a4))
```

(4~7번째 줄) 4개의 랜덤인 숫자를 만든다

(9번째 줄) 숫자를 연결해 표시한다

이 프로그램에서 주의할 것은 9번째 줄의 print(str(a1) + str(a2) + str(a3) + str(a4)) 부분입니다. a1, a2, a3, a4가 수치이므로 이대로 더해버리면 4개의 숫자의 합계를 구하게 됩니다(그림5-3-1). 여기에서 하려는 것은 연결해서 표시하는 것이므로 **str을 사용해 문자열로 변환**(P.70참조)해 실행해야 합니다. 실제로 실행하면 네 자릿수의 랜덤값을 표시합니다(그림5-3-2).

그림5-3-1 4개의 숫자를 연결해 문자로서 표시한다

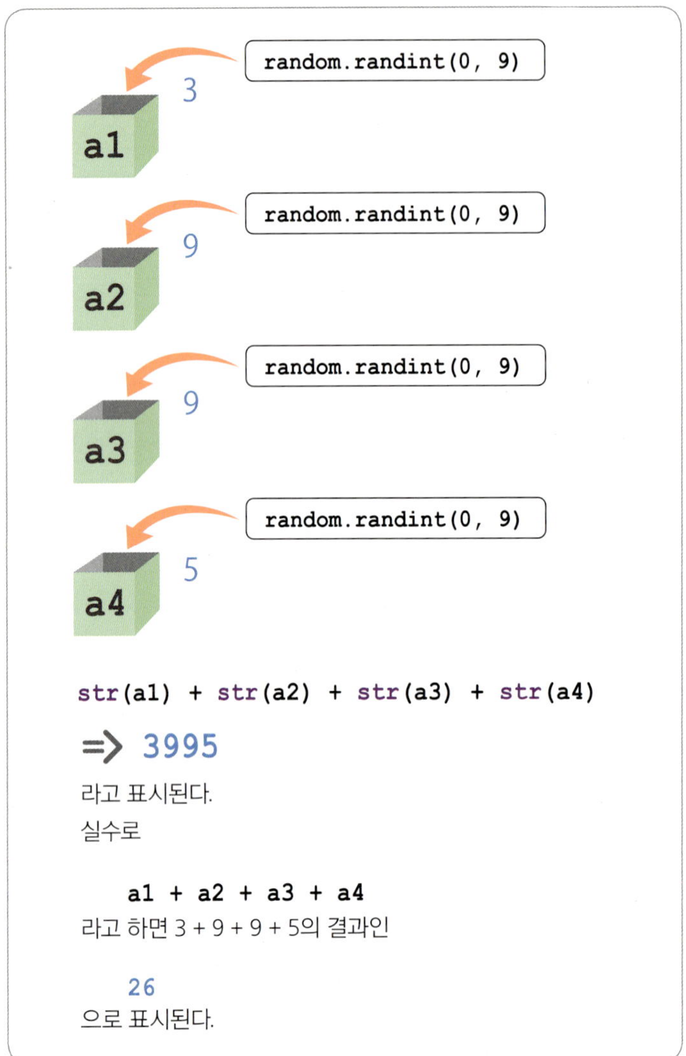

random.randint(0, 9)
3
a1
random.randint(0, 9)
9
a2
random.randint(0, 9)
9
a3
random.randint(0, 9)
5
a4
str(a1) + str(a2) + str(a3) + str(a4)
=> 3995
라고 표시된다.
실수로
a1 + a2 + a3 + a4
라고 하면 3 + 9 + 9 + 5의 결과인
26
으로 표시된다.

그림5-3-2 실행 결과(실행할 때 다른 네 자릿수 값이 표시된다)

```
6369
>>>
=============================== RESTART: Shell ====================
===========
>>> |
 RESTART: C:\Users\Sela\Documents\python_sample\python_sample\Chapt
er5\example05-03-01.py
4436
>>>
=============================== RESTART: Shell ====================
===========
>>>
 RESTART: C:\Users\Sela\Documents\python_sample\python_sample\Chapt
er5\example05-03-01.py
3214
```

랜덤인 네 자릿수 값이 표시된다

COLUMN

네 자릿수의 랜덤인 수치를 만드는 대안법

네 자릿수의 랜덤인 수치를 만들려면 다음과 같이 0부터 9999까지의 랜덤값을 만드는 방법도 있습니다.

```
a = random.randint(0, 9999)
```

이 방법도 괜찮지만 히트 & 블로에서는 네 자릿수의 각각 자릿수의 숫자 맞추기 게임이므로 이렇게 만들면 1000자릿수, 100자릿수, 10자릿수, 1자릿수를 꺼내야만 합니다.
이러한 수고를 생각하면 각각의 자릿수를 따로 관리해 표시할 때만 연결하는 편이 프로그램을 구현하는 것이 간단하므로 여기서는 4개를 따로 계산하도록 합니다.

리스트를 사용한다

이처럼 랜덤값을 a1, a2, a3, a4와 같이 따로 변수에 저장하는 방법도 있지만 나중에 값이 같은지를 조사할 때 처리가 조금 복잡해집니다.

실제로 Python에는 비슷한 값을 합하는 **리스트(list)**라는 것이 있으므로 그것을 사용하면 4개의 수치를 하나로 합할 수 있습니다. 하나로 합하면 그곳에서 값을 찾는 것이 간단합니다. 그래서 a1, a2, a3, a4라는 독립된 변수가 아닌 리스트를 사용해 관리합니다.

리스트란 여러 개의 값을 하나로 합할 수 있는 기능입니다. Lesson 4-3 반복 실행해보자 ① for 구문 ➜P.92에서 설명한 for 반복문에서도 사용했습니다. 열거한 데이터는 [ ]로 감싸고 ,(콤마)로 구분합니다. 예를 들어,

```
a = [6, 8, 0, 2]
```

라고 기술하면 a에는 4개의 상자가 만들어져 각각에 6, 8, 0, 2 값이 저장됩니다. 이러한 상자 각각을 **요소(element)**라고 합니다. 요소에는 0부터 시작하는 번호를 붙입니다. 이 번호를 **인덱스** 또는 **첨자**라고 합니다(그림5-3-3).

for 구문에서는 [1, 2, 3, 4]와 같이 연결한 값을 넣은 것을 사용할 수 있었지만 사실은 리스트로는 이처럼 원하는 값을 원하는 순서대로 저장할 수 있습니다.

그림5-3-3 리스트의 기본

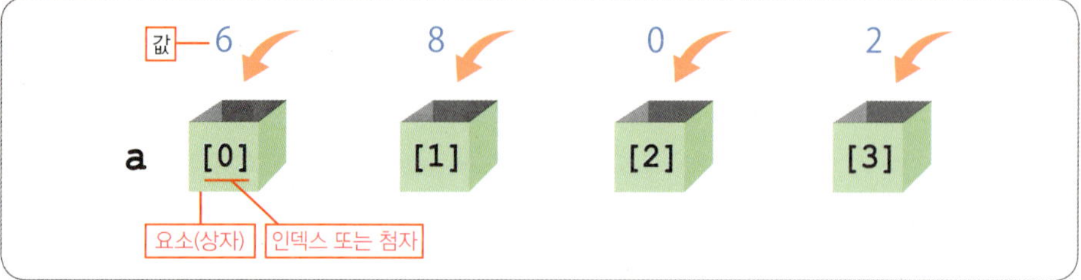

요소의 값은 인덱스를 지정해서 참조할 수 있습니다. 예를 들어 그림5-3-3의 경우, a[0]은 6, a[1]은 8, a[2]는 0, a[3]은 2가 됩니다. 리스트를 이해하기 위해 인터랙티브 모드에서 시험해봅시다.

먼저 다음과 같이 입력하세요.

인터랙티브 모드

```
a = [6, 8, 0, 2] Enter
```

이것으로 변수 a가 그림5-3-3과 같이 설정됩니다. 여기서,

인터랙티브 모드

```
a[0] Enter
```

로 하면 a[0]에 저장되어 있는 값인 6이 표시됩니다. 마찬가지로 a[2], a[3], a[4]에 대해서도 확인해봅시다(그림5-3-4).

그림5-3-4 인터랙티브 모드에서 시험해본다

```
>>> a = [6 ,8, 0, 2]
>>> a[0]
6
>>> a[1]
8
>>> a[2]
0
>>> a[3]
2
>>>
```

리스트에 값을 설정한다

각각 요소의 값을 참조한다

이거 이해하기 쉽다! 하나씩 입력하니까 리스트의 구조를 잘 이해할 수 있네.

리스트를 사용해 네 자릿수의 랜덤값을 만든다

그럼 앞에서 작성한 변수 a1, a2, a3, a4로 만든 프로그램 example05_03_01.py를 리스트를 사용한 걸로 바꿉니다. 프로그램은 example05_03_02.py와 같습니다.

여기서는 리스트를 사용해 랜덤값을 다음과 같이 바꿉니다. 이것으로 a[0]~a[3]의 요소 4개를 랜덤값으로 채웁니다.

```
a = [random.randint(0, 9),
     random.randint(0, 9),
     random.randint(0, 9),
     random.randint(0, 9)]
```

그림5-3-5 요소를 0~9의 랜덤값으로 채운다

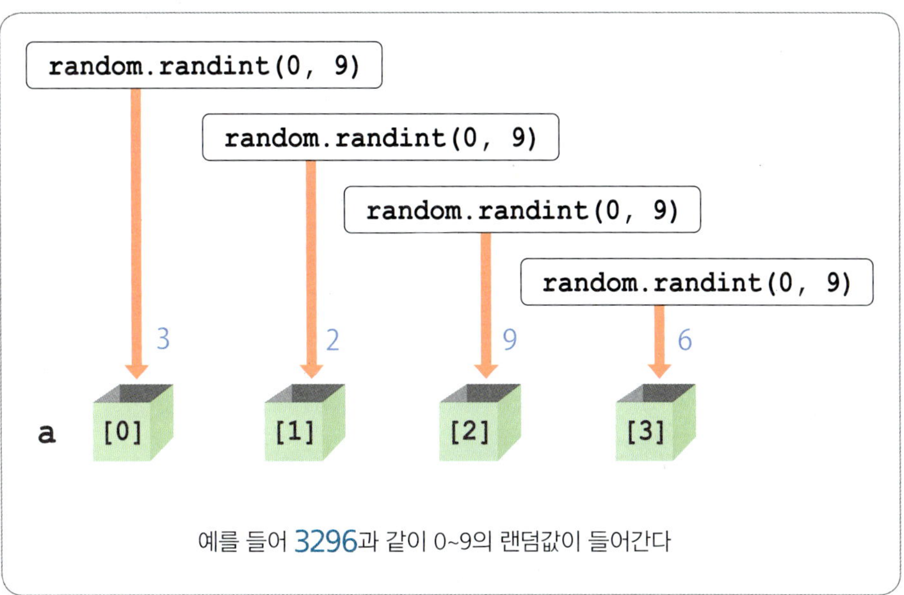

List example05-03-02.py

```
# coding:utf-8
import random

a = [random.randint(0, 9),     a[0]의 값
     random.randint(0, 9),     a[1]의 값
     random.randint(0, 9),     a[2]의 값
     random.randint(0, 9)]     a[3]의 값
print(str(a[0]) + str(a[1]) + str(a[2]) + str(a[3]))
```

(a[0]~a[3]의 값: 수정 위치)

Lesson 5-4

입력을 잘못했을 때 오류라고 판정하려면

네 자릿수의 숫자를 바르게 입력받자

다음에 네 자릿수의 숫자를 입력받는 방법을 생각합니다. 여기서는 네 자릿수 이상의 숫자가 입력되거나 원래 숫자가 아닌 것이 입력되었을 때 오류를 표시해 재입력시키는 부분까지 고려합니다.

수치 이외의 값이 입력되면 안되잖아요…

괜찮습니다. 플래그를 이용하면 판정할 수 있습니다.

문자는 요소를 지정해 하나씩 취득할 수 있다

입력된 숫자를 다음에 히트일지 블로인지를 판정해 나가려면, Lesson 5-3 네 자릿수의 랜덤 값을 만든다 ➜P.135에서 대답으로 사용할 랜덤 숫자를 리스트로서 4개로 나눈 것처럼 **입력된 네 자릿수의 문자도 각각의 문자를 4개로 나눠서 관리하면 처리가 편리**해집니다.

사실은 Python에서는 문자열은 리스트와 같이 [] 첨자를 사용해 맨 앞에서부터 순서대로 문자 하나씩 꺼낼 수 있습니다.

예를 들어 사용자가 5329라고 입력했을 때 b[0]을 참조하면 5라는 문자, b[1]을 참조하면 3이라는 문자를 구할 수 있습니다(그림5-4-1).

그림5-4-1 문자열은 첨자로 문자 하나씩 꺼낼 수 있다

실제로 해봅시다. IDLE에서 파일을 신규작성하고 다음과 같이 프로그램을 실행하면 네 자릿수의 숫자를 입력했을 때 각각 1줄씩 표시할 수 있습니다.

List example05-04-01.py

```
# coding:utf-8
import random

b = input("숫자를 입력하세요>")
print(b[0])
print(b[1])
print(b[2])
print(b[3])
```

사용자에게 네 자릿수의 숫자를 입력받는다

왼쪽부터 1번째 문자, 2번째 문자, 3번째 문자, 4번째 문자를 순서대로 표시

그림5-4-2 실행 결과

```
=============================== RESTART: Shell ====================
===========
>>>
 RESTART: C:\Users\Sela\Documents\python_sample\python_sample\Chapter5\example05-04-01.py
숫자를 입력하세요>5329
5
3
2
9
>>>
```

❶ 사용자가 네 자릿수의 숫자를 입력

❷ 각각의 자릿수가 표시되었다

입력 오류로 처리

네 자릿수 맞추기 게임이므로 숫자를 입력하세요라고 하는 곳에는 원래는 네 자릿수의 숫자를 입력해야 하지만 실수로 자릿수가 세 자릿수나 다섯 자릿수, 네 자릿수가 아닌 수가 입력될 수도 있습니다. 또한, 원래 숫자가 아닌 a나 b 등의 문자가 입력될 수도 있습니다. 그런 것은 게임을 하는데 문제가 되므로 오류로 처리합니다.

❶ 네 자릿수인 것을 확인한다

먼저 네 자릿수로 입력되었다는 사실을 확인해봅시다. Python에서는 **len 함수**를 사용해서 그 문자열의 길이를 구할 수 있습니다.

다음과 같이 len(b)가 4가 아닌, 즉 if len(b) != 4:라는 조건을 지정하면 네 자릿수의 입력되었는지를 확인할 수 있습니다.

```
b = input("숫자를 입력하세요>.")
if len(b)  != 4:
    print("네 자릿수의 숫자를 입력하세요. ")
```

만약 변수 b의 문자열이 네 자릿수가 아니면

그러나 실제로는 네 자릿수인 것만을 확인하는 것이 아니라 네 자릿수가 아니면 네 자릿수가 제대로 입력될 때까지 반복해 입력하게 하는 것이 대부분입니다. 그래서 while을 사용해 루프 처리하려면 example05_04_01.py를 다음과 같이 변경합니다.

List example05-04-02.py

```
# coding:utf-8
import random

isok = False
while isok == False:
    b = input("숫자를 입력하세요>")
    if len(b)  != 4:
        print("네 자릿수의 숫자를 입력하세요")
    else:
        isok = True

print(b[0])
print(b[1])
print(b[2])
print(b[3])
```

플래그. 처음은 False로 한다

플래그가 False인 동안 반복한다

제대로 입력되면 플래그를 True로 한다 (이것으로 반복을 끝낼 수 있다)

이 프로그램에서는 while을 사용해 조건을 만족할 때까지 반복하는 처리를 합니다. while은 이미 Lesson 4-4 반복 실행해보자 ②while 구문 ➜P.100에서 설명한 것처럼

```
while 조건:
    반복 실행할 문
```

으로 쓰면 그것이 반복 실행되는 구조입니다.

여기서는 값이 바르게 입력되었는지를 판별하기 위해 isok라는 변수를 준비했습니다. isok 변수는 처음에 False를 설정합니다.

```
isok = False
```

로 하면 이때

```
while isok == False:
```

의 조건은 isok가 False이므로 참으로 성립됩니다. 이 때문에 while 내용이 실행됩니다.

이어서 다음과 같이 숫자를 입력하세요>라고 표시하고 사용자가 입력한 결과를 변수 b에 저장합니다.

```
b = input("숫자를 입력하세요>")
```

그리고 다음에 if 문으로 네 자릿수인지를 판별합니다.

```
if len(b)  != 4:
    print("네 자릿수의 숫자를 입력하세요")
else:
    isok = True
```

네 자릿수가 아닐 때는 네 자릿수 숫자를 입력하세요라고 표시합니다.

그렇지 않고 즉, 네 자릿수라면 isok를 True로 합니다. 그러면 반복 처리

```
while isok == False:
```

가 조건을 만족하지 않게 되므로 루프가 종료되는 것입니다.

실제로 실행하면 네 자릿수의 숫자를 입력할 때까지 반복 입력하게 합니다(그림5-4-3).

여기서는 isok라는 변수에 제대로 입력되었는가?라는 상태를 판단하지만 이러한 준비가 되었는지를 저장해 두고, 준비가 다 될 때까지 반복하는 판정은 프로그래밍에서 자주 이용합니다(그림5-4-4).

준비가 되었는지 부정인지를 판정하기 위해서 사용되는 True나 False를 저장하는 변수는 **플래그(Flag)**라고도 합니다. 이것은 준비가 되면 깃발을 올려라(True), 준비가 되지 않으면 깃발을 내려라(False)와 같이 묘사한 것입니다(그림5-4-5).

그림5-4-3 실행 결과

```
 RESTART: C:\Users\Sela\Documents\python_sample\python_sample\Chapter5\example05-04-02.py
숫자를 입력하세요>13
4자릿수의 숫자를 입력하세요
숫자를 입력하세요>14567
4자릿수의 숫자를 입력하세요
숫자를 입력하세요>1234
1
2
3
4
>>> |
```

네 자릿수를 입력할 때까지 반복한다

그림5-4-4 반복 입력을 더하는 구조

```
isok = False
while isok == False:
    b = input("숫자를 입력하세요>")
    if len(b) != 4:
        print("네 자릿수의 숫자를 입력하세요")
    else:
        isok = True
print(b[0])
print(b[1])
print(b[2])
print(b[3])
```

❶ 시작 isok는 False

❷ 처음은 isok는 False이므로 반복 부분의 실행에 들어간다

❸ 입력된 문자열을 b에 넣는다

❹ (1) b가 네 자릿수가 아니면 메시지를 표시 이때 isok는 False 그대로

❹ (2)네 자릿수라면 isok를 True로 한다

❺ 만약 아래에 쓴 ❹(2)에서 isok가 True로 설정되면 여기에서 반복을 끝낸다

❻ ❺가 아니면 한번 더 실행

그림5-4-5 플래그(Flag) : 깃발이 서 있으면 True, 깃발이 내려가 있으면 False

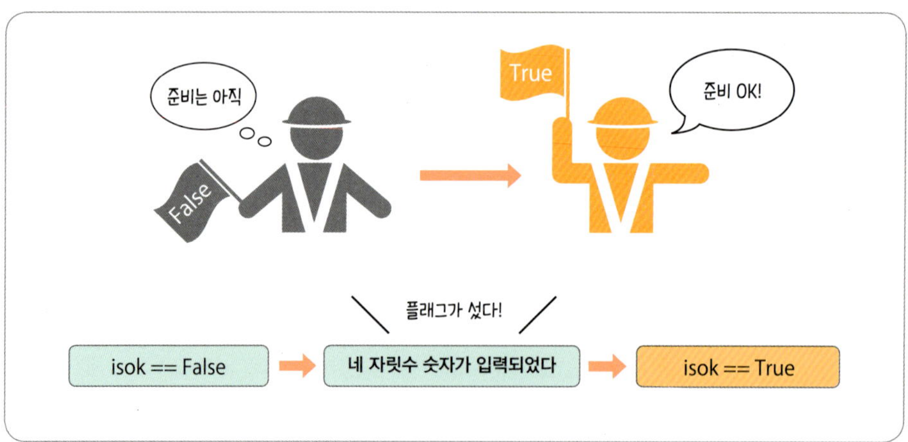

❷ 명칭이 숫자일 때

다음에 마찬가지로 명칭이 숫자일 때를 판단하고자 합니다.

명칭이 숫자라는 것은 각각의 자릿수가 0부터 9 이하인 것입니다. 따라서 다음과 같이 판정할 수 있습니다.

```
if (b[0] >= "0") and (b[0] <= "9") :
```

여기에서 변수 b의 각각의 요소는 사용자가 입력한 문자열을 꺼냈으므로 숫자는 아닙니다. 그러므로 "0"이나 "9"와 같이 " "로 감싸고, 문자열로서 다루는 점에 주의하세요. 묶지 않고 숫자로서 다음과 같이 하면 안 됩니다.

【틀림】

```
if (b[0] >= 0) and (b[0] <= 9) :
```

MEMO

대안으로 if (int(b[0]) >= 0) and (int(b[0] <= 9):와 같이 int 함수를 사용해 b[0]을 정수로 하는 방법도 사용할 수 있습니다. 그러나 이때는 b[0]이 숫자가 아니면 오류가 발생합니다. 여기서는 b[0]에 제대로 숫자가 들어가 있을 보장이 없으므로 문자로 비교하는 편이 좋을 것입니다.

그럼 본론은 제대로 입력 되지 않은 경우에 오류를 표시하고자 합니다. 그래서 오류를 표시하려면 이것과는 반대 조건이 되도록 다음과 같이 합니다(그림5-4-6).

```
if (b[0] < "0") or (b[0] > "9"):
  print("숫자가 아닙니다" )
```

그림5-4-6 숫자인지를 판정

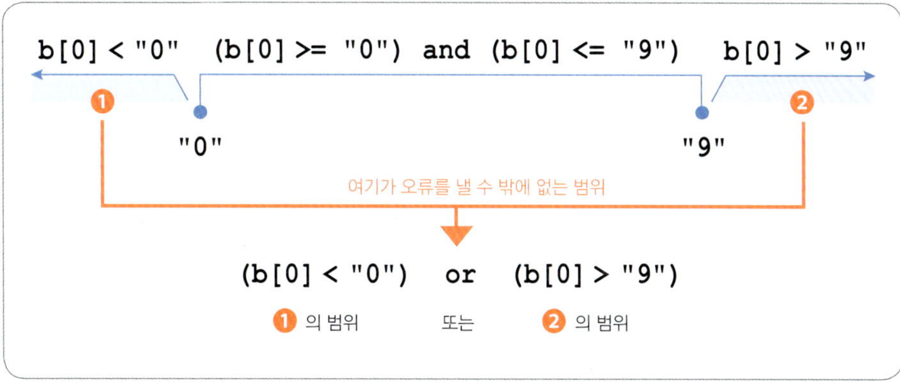

지금까지는 1번째 자리 밖에 설명하지 않았지만 2번째에서 4번째 자리 수째도 마찬가지로 비교하면 전체 자릿수가 숫자인지를 조사할 수 있습니다. 프로그램은 example05-04-03.py와 같습니다.

앞에서 만든 프로그램을 변경한 후 다른 이름으로 저장합니다. 실제로 시험하면 숫자 이외를 입력했을 때는 숫자를 입력하세요라고 촉구함을 알 수 있습니다그림5-4-7).

List example05-04-03.py

```
# coding:utf-8
import random

isok = False
while isok == False:
    b = input("숫자를 입력하세요>")
    if len(b) != 4:
        print("4자릿수의 숫자를 입력하세요")
    else:
        if (b[0] < "0") or (b[0] > "9") :
            print("숫자가 아닙니다")
        elif (b[1] < "0") or (b[1] > "9") :
            print("숫자가 아닙니다")
        elif (b[2] < "0") or (b[2] > "9") :
            print("숫자가 아닙니다")
        elif (b[3] < "0") or (b[3] > "9") :
            print("숫자가 아닙니다")
        else:
            isok = True

print(b[0])
print(b[1])
print(b[2])
print(b[3])
```

1번째 자리를 판정

2번째 자리를 판정

3번째 자리를 판정

4번째 자리를 판정

전부 OK일 때

그림5-4-7 실행 결과

```
RESTART: C:\Users\Sela\Documents\python_sample\python_sample\Chapt
er5\example05-04-03.py
숫자를 입력하세요>ab12
숫자가 아닙니다
숫자를 입력하세요>123a
숫자가 아닙니다
숫자를 입력하세요>1234
1
2
3
4
>>> 
```

숫자임을 판정

루프 처리로 판정을 조금 더 간단하게

이러한 작성 방법으로 목적을 달성할 수 있지만 if가 많이 있으면 이해하기 힘듭니다.

조금 더 프로그램을 정리해봅시다. 그러기 위해서는 **명칭을 루프로 판정**하는 방법이 유효합니다.

여기에서 생각할 부분은 다음과 같습니다.

```
if (b[0] < "0") or (b[0] > "9"):
    print("숫자가 아닙니다")
elif (b[1] < "0") or (b[1] > "9"):
    print("숫자가 아닙니다")
elif (b[2] < "0") or (b[2] > "9"):
    print("숫자가 아닙니다")
elif (b[3] < "0") or (b[3] > "9"):
    print("숫자가 아닙니다")
else:
    isok = True
```

여기서는 네 자릿수 반복만 하고 있으므로

```
for i in range(4):
  명칭의 비교 처리
```

로 for를 사용하면 조금 더 짧게 되어 보기 쉬울 것 같습니다.

실제로는 다음과 같습니다.

```
numberok = True ──────── 숫자인지를 조사하는 목적으로 사용한다
for i in range(4): ───── 0부터 3까지 4번 반복한다
  if (b[i] <"0") or (b[i] > "9"):
      print("숫자가 아닙니다")
      numberok = False ── 숫자가 아니었다
      break
if numberok:
    isok = True ──────── 전부 숫자였을 때 OK
```

올바른 수치인지를 판단하기 위해 변수numberok(수(number)가 OK?라는 의미로 이와 같은 변수명을 하고 있지만 어떤 변수명으로도 해도 상관없습니다)를 준비했습니다.

처음에는 다음과 같이 numberok = True, 즉, 바르게 수치가 입력되어 있다라는 값입니다.

```
numberok = True
```

그리고 루프로 4번 반복합니다.

```
for i in range(4):
```

이것으로 변수 i의 값이 0, 1, 2, 3과 같이 바뀌면서 반복해 나갑니다.

그리고

```
if (b[i] < "0") or (b[i] > "9") :
```

와 같이 숫자인지를 판단합니다. 숫자가 아닐 때는

```
print("숫자가 아닙니다")
```

와 같이 숫자가 아닙니다라고 표시합니다. 그리고

```
numberok = False
```

numberok를 False로 설정합니다. numberok는 숫자가 입력되어 있을 것이라는 것을 나타내는 변수로 사용했으므로 실제로 조사해보면 숫자 이외였다라는 설정입니다.

하나라도 숫자가 아니면 나머지를 판정하는 것은 의미없으므로

```
break
```

로 이 for 루프를 중단하고 다음 처리를 진행합니다.

마지막으로

```
if numberok :
    isok = True
```

와 같이 해서 numberok가 True인지를 조사합니다.

numberok가 True인 것은 숫자가 아닌 것이 없었다는 것입니다. 즉, 전체 자릿수가 숫자이고 입력에 문제가 없습니다. 그래서 isok를 True로 설정합니다.

조금 복잡하므로 지금까지 작성한 프로그램 전체를 example05_04_04.py에 정리하고 그 흐름을 그림5-4-8에 나타냅니다.

List example05-04-04.py

```
# coding:utf-8
import random

isok = False
while isok == False:
    b = input("숫자를 입력하세요>")
    if len(b) != 4:
        print("네 자릿수의 숫자를 입력하세요")
    else:
        numberok = True
        for i in range(4):
            if (b[i] <"0") or (b[i] > "9"):
                print("숫자가 아닙니다")
                numberok = False
                break
        if numberok :
            isok = True

print(b[0])
print(b[1])
print(b[2])
print(b[3])
```

수정 위치

그림5-4-8 전체 흐름

```
isok = False
while isok == False:
    b = input("숫자를 입력하세요>")
    if len(b) != 4:
        print("네 자릿수의 숫자를 입력하세요")
    else:
        numberok = True
        for i in range(4):
            if (b[i] <"0") or (b[i] > "9"):
                print("숫자를 입력하세요")
                numberok = False
                break
        if numberok :
            isok = True
```

isok가 False인 동안 반복

4회 반복

❶ isok는 전체가 OK인지를 조사하는 데 사용한다. 처음은 False를 설정해 NG임을 나타낸다

❷ numberok는 네 자릿수가 전부 숫자인지를 조사하는 데 사용한다. 처음은 True를 설정해 아마 OK임을 나타낸다

❸ 숫자가 아닐 때는 numberok에 False를 설정한다. 즉, 처음은 숫자라고 생각했지만 실제 조사하니 아니었다임을 나타낸다

❹ 전부가 숫자, 즉, 위의 ❸이 실행되지 않는 상태라면 전체로서 OK임을 나타낸다

COLUMN

정규표현으로 한 번에 체크

여기서는 기본에 준해 한 자릿씩 숫자를 조사하는 방법을 취했지만 하나하나 조사해 나가는 것은 실제로는 너무 힘듭니다.

이것을 더 스마트하게 작성하는 방법으로 **정규표현**을 사용하는 방법이 있습니다. 정규표현은 패턴이라는 서식을 사용하여 문자열의 맨 앞부분부터 순서대로 글자가 그 패턴과 일치하는지를 조사하는 방법입니다. 이것을 **패턴매칭**이라고 합니다(example05_04_05.py).

숫자인지를 조사하려면 ₩d라는 특별한 기호를 사용합니다. 즉, 맨 앞부터 ₩d가 4개 연결되어 있는지를 조사해서 그 문자열이 네 자릿수 숫자인지를 조사할 수 있습니다(그림5-4-A). 익숙해지면 이렇게 간단하게 작성할 수 있는 방법을 사용하는 것도 좋을 것입니다.

또한, 정규표현은 **re 모듈**로서 제공됩니다. 그래서 다음과 같이 re 모듈 임포트가 필요합니다.

```
import re
```

그림5-4-A 정규표현의 패턴 매치

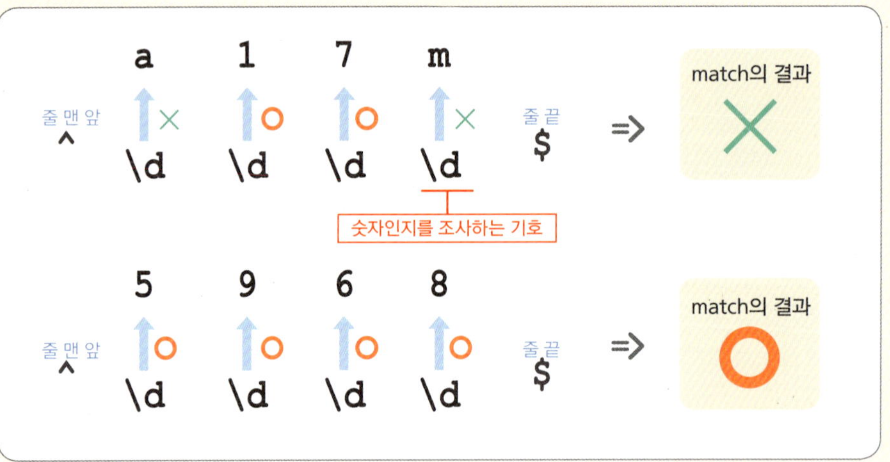

다음 페이지에 계속

계속

List example05-04-05.py

```
# coding:utf-8
import re

isok = False
while isok == False:
    b = input("숫자를 입력하세요>")
    if not re.match(r"^\d\d\d\d$", b):
        print("네 자릿수의 숫자를 입력하세요")
    else:
        isok = True

print(b[0])
print(b[1])
print(b[2])
print(b[3])
```

• 역자주 : Windows의 경우는 \를 ₩로 바꿔 읽으세요.

Lesson 5-5

변수 a와 b를 어떻게 비교하면 좋을까

히트와 블로를 판정하자

지금까지의 프로그램에서 변수 a에는 네 자릿수의 랜덤인 숫자, 변수 b에는 사용자가 입력한 네 자릿수의 숫자가 입력되는 것까지 완성했습니다. 다음은 양쪽을 판정해 히트인지를 블로인지를 제시할 수 있게 해서 게임으로서 완성해 나갑니다.

맞췄는지 안 맞췄는지 판정할 수 있으면 완성이네요!

루프 처리를 제대로 작성할 수 있으면 됩니다!

히트를 판정하자

먼저 히트 부분부터 판정해 나갑시다.

히트는 위치도 숫자도 일치하는 상태를 나타냅니다. 이것은 변수 a와 변수 b를 0부터 3까지 4개의 요소에 대해서 각각 비교해 나가는 형태로 구현합니다. 그러한 프로그램을 일반적으로 작성하면 다음과 같습니다. IDLE에서 파일을 신규 작성해 입력하면서 생각해봅시다.

여기서는 히트수를 카운터하는데 hit라는 이름의 변수를 사용했지만 다른 변수명으로 해도 상관없습니다.

```
hit = 0                      ← 히트한 수를 세는 변수
if a[0] == int(b[0]):        ┐ 1번째 자리
  hit = hit + 1              ┘
if a[1] == int(b[1]):        ┐ 2번째 자리
  hit = hit + 1              ┘
if a[2] == int(b[2]):        ┐ 3번째 자리
  hit = hit + 1              ┘
if a[3] == int(b[3]):        ┐ 4번째 자리
  hit = hit + 1              ┘
```

조금 생각하면 알 수 있듯이 이것은 for 루프로도 작성할 수 있습니다. for 루프로 바꿔 쓰면 다음과 같은 프로그램과 구조입니다(그림5-5-1).

```
hit = 0
for i in range(4)
  if a[i] == int(b[i]):
    hit = hit + 1
```

그림5-5-1 히트 판정

3
9
1
5
a
[0]
[1]
[2]
[3]
컴퓨터가 생성한 랜덤값
"3"
"2"
"1"
"9"
b
[0]
[1]
[2]
[3]
사람이 입력한 수
일치했으므로
hit에 1이 더해졌다
일치했으므로
hit에 1이 더해졌다
i를 0부터 3까지 반복하면서
비교해 간다
루프 후 hit는 2가 된다

블로를 판정하자

다음으로 블로를 판정해 나갑시다.

블로는 위치는 맞지 않지만 그 숫자를 포함하고 있다 라고 하는 상태입니다. 이것을 판정하려면 변수 b의 각 자릿수의 값이 변수 a의 각 자릿수의 값과 일치하는지를 확인해야 합니다.

구체적으로 살펴봅시다. 여기서는 컴퓨터가 생성한 값(변수 a)은 4119, 사용자가 입력한 값(변수 b)이 1439입니다(그림5-5-2).

이때, b의 가장 왼쪽 자릿수(b[0])의 블로 판정은 a의 각 자릿수와 비교하는 작업이며 다음과 같은 판정 흐름입니다.

그림5-5-2 1번째 자리의 블로를 판정한다

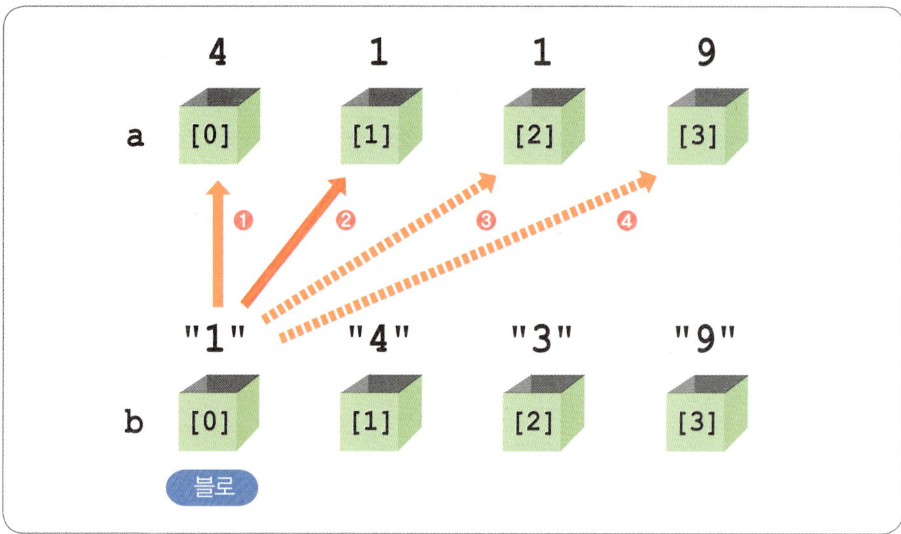

❶ b[0]이 a[0]과 일치하는지를 확인한다. ➜ 일치하지 않는다.

❷ b[0]이 a[1]과 일치하는지를 확인한다. ➜ 일치하고 있다 ➜ 블로

❸ 이미 ❷에서 블로라고 알고 있으므로 판정 불필요

❹ 이미 ❷에서 블로라고 알고 있으므로 판정 불필요

이렇게 해서 가장 왼쪽의 자릿수는 블로하고 있다가 됩니다.

실제로 이 판정을 프로그램으로 기술하면 b[0]에 대해서 a[0], a[1], a[2], a[3]을 비교하면 되고, 다음과 같이 작성할 수 있습니다.

```
blow = 0
for i in range(4):
  if int(b[0]) == a[i]):  ── b[0]이 a[0], a[1], a[2], a[3]과 일치하는지를 반복해 순서대로 조사한다
    blow = blow + 1
    break  ── 일치하면 거기에서 판정 종료
```

블로라면 break하고, 거기서 판정을 그만두는 것은 블로를 중복해서 세지 않기 때문입니다. break하지 않으면 ❸에서 한 번 더 일치하기 때문에 블로수가 2가 됩니다.

중복한 판정을 예외로 한다

그럼 히트와 블로 판정은 대략 이것으로 되지만 **블로 그리고 히트**인 경우가 있으므로 if에 지정한 조건이 사실은 충분하지 않습니다.

예를 들어 그림5-5-3과 같이 사용자가 입력한 값이 9439라고 합시다. 이때, b[0]의 9는 a[3]의 9에 일치하므로 블로로 생각했으나, a[3]은 b[3]에 일치하고 있어 히트입니다. 이대로라면 히트와 블로로 중복해서 세기 때문에 **예외처리를 해야 합니다**.

그림5-5-3 블로 그리고 히트의 경우는 예외로 처리한다

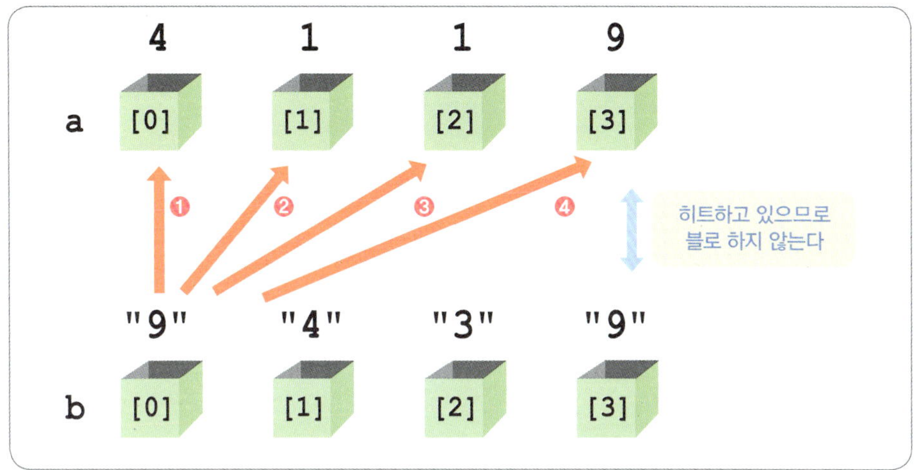

그래서 이것을 예외로 처리하도록 **블로 판정의 if 조건을 다음과 같이 변경**합니다.

```
if (int(b[0]) == a[i]) and (a[i] != int(b[i])) and (a[0] != int(b[0])):
```

예외처리 조건

이것은 2번째 자리 이후도 마찬가지로 확인합니다. 2번째 자리라면

```
for i in range(4):
  if (int(b[1]) == a[i]) and (a[i] != int(b[i])) and (a[1] != int(b[1])):
    blow = blow + 1
    break
```

입력한 2번째 자리

와 같이 b[1]을 확인합니다.

따라서 네 자릿수 전체를 확인한다면 b[2], b[3]도 확인하도록 다음과 같이 작성할 수 있습니다.

```
blow = 0
for i in range(4):
  if (int(b[0]) == a[i]) and (a[i] != int(b[i])) and (a[0] != int(b[0])):
    blow = blow + 1
    break
for i in range(4):
  if (int(b[1]) == a[i]) and (a[i] != int(b[i])) and (a[1] != int(b[1])):
    blow = blow + 1
```

1번째 자리

2번째 자리

```
        break
for i in range(4):
    if (int(b[2]) == a[i]) and (a[i] != int(b[i])) and (a[2] != int(b[2])):
        blow = blow + 1
        break
for i in range(4):
    if (int(b[3]) == a[i]) and (a[i] != int(b[i])) and (a[3] != int(b[3])):
        blow = blow + 1
        break
```

3번째 자리

4번째 자리

그러나 너무 길니까 역시 반복을 사용해서 짧게 합니다(그림5-5-4).

```
blow = 0
for j in range(4):
    for i in range(4):
        if (int(b[j]) == a[i]) and (a[i] != int(b[i])) and (a[j] != int(b[j])):
            blow = blow + 1
            break
```

0, 1, 2, 3과 사용자 입력칸을 시프트하며 반복한다

사용자가 입력한 j번째 자리

조금 복잡하지만 [j]라는 변수를 사용했습니다. 물론 변수명은 아무거나 해도 됩니다.

그림5-5-4 블로 판정을 반복해 처리한다

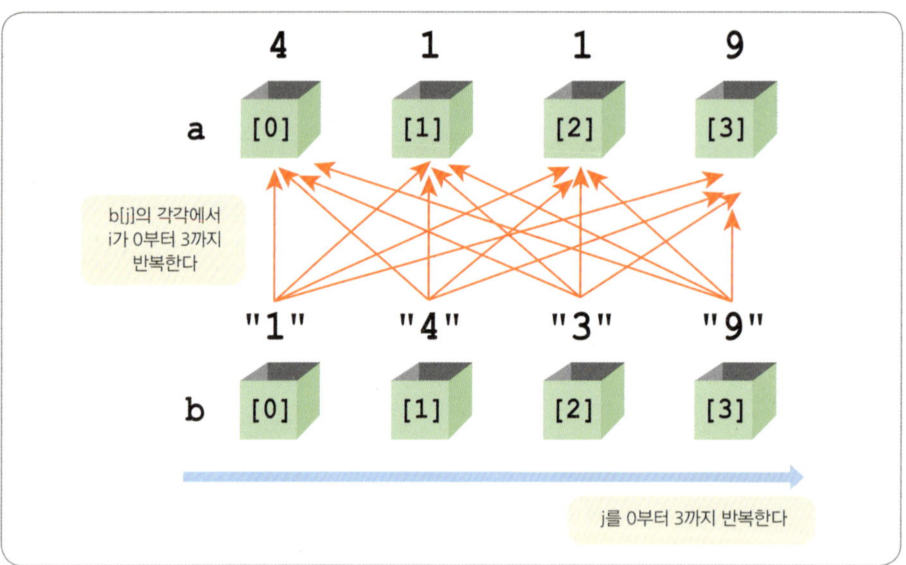

히트가 4가 될 때까지 반복한다

히트 처리와 블로 판정 처리를 이해했습니다. 이것을 실제로 프로그램으로 구현합니다. [히트 & 블로] 게임에서는 히트가 4가 될 때까지 반복, 즉, 히트가 4가 될 때가 다 맞춘 것입니다. 실제로 프로그램을 만들면 다음과 같습니다.

List example05-05-01.py

```
# coding:utf-8
import random

a = [random.randint(0, 9),
     random.randint(0, 9),
     random.randint(0, 9),
     random.randint(0, 9)]

# 테스트를 위해서 정답을 표시
print(str(a[0]) + str(a[1]) + str(a[2]) + str(a[3]))

while True :
    # Lesson 5-4의 프로그램
    # 네 자릿수의 숫자인지를 판정한다
    isok = False
    while isok == False:
        b = input("숫자를 입력하세요>")
        if len(b) != 4:
            print("네 자릿수의 숫자를 입력하세요")
        else:
            numberok = True
            for i in range(4):
                if (b[i] <"0") or (b[i] > "9") :
                    print("숫자가 아닙니다")
                    numberok = False
                    break
            if numberok :
                isok = True

    # 네 자릿수의 숫자였을 때
    # 히트를 판정
    hit = 0
    for i in range(4):
        if a[i] == int(b[i]):
            hit = hit + 1

    # 블로를 판정
    blow = 0
    for j in range(4):
        for i in range(4):
            if (int(b[j]) == a[i]) and (a[i] != int(b[i])) and (a[j] != int(b[j])):
                blow = blow + 1
                break

    # 히트 수와 블로 수를 표시
    print("히트" + str(hit))
    print("블로" + str(blow))
```

Lesson 5-3 [example05-03-02.py]의 프로그램

컴퓨터가 생성한 네 자릿수의 랜덤값

사용자 입력이 네 자릿수 숫자인지를 판정하는 변수

b는 사용자가 입력한 값

길이가 네 문자인지 조사한다

각 자릿수가 숫자인지를 조사한다

P.147에서 작성한 히트 판정

P.150에서 작성한 블로의 판정

새롭게 추가한 프로그램

다음 페이지에 계속

계속

```
        # 히트가 4라면 맞췄으므로 종료
        if hit == 4:
            print("맞췄다!")
            break
```

맞추면 break해서 루프를 종료

실제로 플레이해봅시다. 이 상태에서는 동작 테스트를 위해 컴퓨터가 생성한 값(대답)을 먼저 화면에 나오게 합니다. 그래서 그것을 맞추는 형태로 몇 개 숫자를 입력합니다. 전부 맞추면 히트4 ➜ 맞췄다!라고 표시하고 종료합니다(그림5-5-5).

그림5-5-5 히트 & 블로를 플레이해본다

```
5117
숫자를 입력하세요>1234
히트 0
블로 1
숫자를 입력하세요>5123
히트 2
블로 0
숫자를 입력하세요>5127
히트 3
블로 0
숫자를 입력하세요>5117
히트 4
블로 0
맞췄다!
>>> |
```

대답을 일부러 보이게 한다

대답을 감추자

동작 테스트가 끝나면 컴퓨터가 생성한 값, 즉, 대답을 표시하지 않게 해서 게임을 완성합시다. 대답을 먼저 표시하는 것은 프로그램의 다음 부분입니다.

```
print(str(a[0]) + str(a[1]) + str(a[2]) + str(a[3]))
```

그래서 이 부분을 삭제합니다. 또는 삭제하지 않고 줄 맨 앞에 # 기호를 넣고 **주석 처리**해도 됩니다. 삭제가 아닌 주석으로 처리하면 나중에 답을 표시하고자 할 때, 맨 앞의 #을 삭제하면 쉽게 다시 표시할 수 있습니다.

이렇게 주석문은 특정 처리를 일시적으로 멈출 때, 무효로 할 때, 다시 유효로 할 때도 사용할 수 있습니다.

```
print(str(a[0]) + str(a[1]) + str(a[2]) + str(a[3]))
```

↓ 줄 맨 앞에 #을 붙여 주석으로 하면 실행되지 않기 때문에 표시되지 않는다.

```
# print(str(a[0]) + str(a[1]) + str(a[2]) + str(a[3]))
```

Chapter 6

수 맞추기 게임을 그래피컬하게 하자

Chapter 5에서는 히트 & 블로의 수 맞추기 게임을 작성했는데 문자만 있어 보기 어렵고 따분했습니다. Chapter 6에서는 게임을 윈도로 표시해 그래피컬하게 더욱 게임다운 형태로 만듭니다.

Lesson **6-1**

문자뿐인 게임을 윈도 판으로 이동하자

게임의 외형을 어떻게 설계할까?

Chapter 6에서는 Python에서 윈도를 표시하는 방법을 배웁니다. 구체적으로는 Chapter 5에서 작성한 수 맞추기 게임을 윈도로 표시해 더욱 게임답게 하려면 어떻게 하면 좋을지를 생각하고 작업해 나갑니다.

어려웠는데 게임이 완성되었네요!

하지만 조금 플레이하기 쉽게 개선하고 싶네요.

마우스로 조작할 수 있게 할 수 있나요?

모듈을 사용하면 윈도로 표시해 게임을 할 수 있습니다.
어떤 외형으로 하면 좋을지 먼저 설계를 생각해봅시다!

Python에서 윈도를 표시한다

Chapter 5에서는 Python의 IDLE 화면에서 키 입력하고 수 맞추기 게임을 했습니다.

이에 반해 Chapter 6에서는 IDLE이 아니라 윈도가 표시된 화면상에서 수 맞추기 게임을 할 수 있게 개조합니다.

구체적으로는 그림6-1-1처럼 윈도 화면 내에 네 자릿수의 숫자를 입력하고, [확인] 버튼을 클릭하면 히트와 블로 수를 표시하는 프로그램을 만듭니다.

프로그래밍의 핵심은 ❶버튼이 클릭되었을 때 텍스트 상자에 입력된 문자를 어떻게 읽을지 ❷게임을 원활히 하기 위해서 사용자에게 메시지를 어떻게 표시할지 하는 점입니다.

그림6-1-1 윈도화한 게임

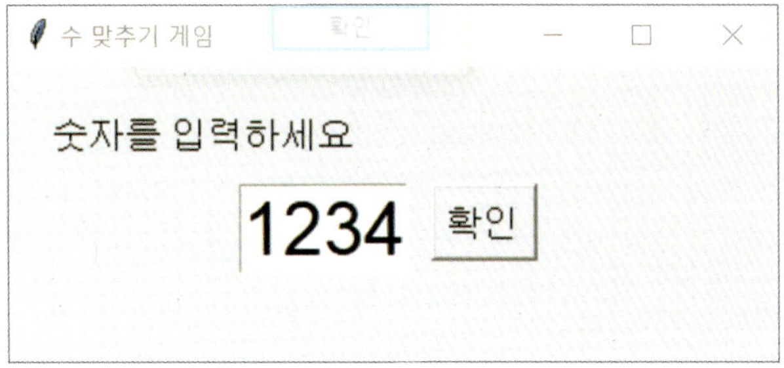

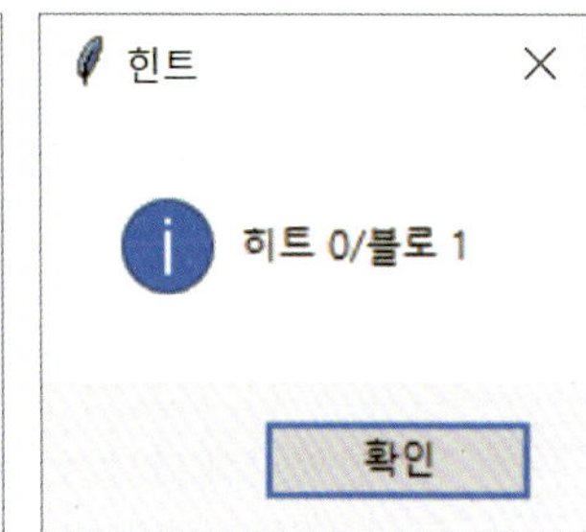

게임답게 설계하려면

하지만 히트 & 블로라는 게임을 생각했을 때에 그림6-1-1과 같이 입력할 때마다 [히트가 몇 개, 블로가 몇 개]라고 표시되는 것만으로는 입력을 반복하면서 어떤 숫자가 맞았는지 어떤 숫자가 틀렸는지 파악만 하게 됩니다.

그래서 조금 더 플레이하기 쉬운 게임으로 만들기 위해 이 Chapter의 마지막에서 텍스트 박스의 오른쪽에 입력한 숫자의 **이력을 표시**합니다(그림6-1-2).

이력에서 [H]가 히트, [B]가 블로수를 나타냅니다. 이처럼 [입력한 숫자·맞추거나 틀린 이력]을 만들면 사용자가 생각하기도 쉬워지고 보기에도 게임다워집니다.

그림6-1-2 화면의 오른쪽에 이력을 붙인다

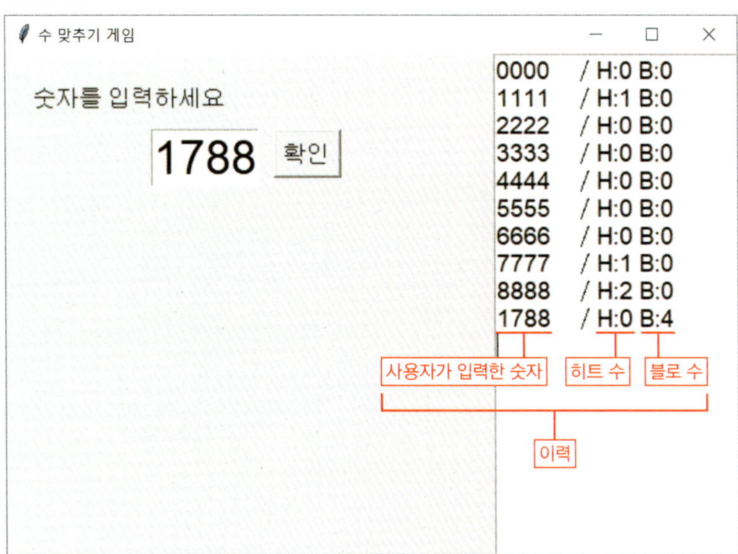

Lesson 6-2

윈도 표시에는 GUI 툴킷을 사용합니다

Python에서 윈도를 표시해보자

처음으로 Python에서 윈도를 표시하는 방법을 배웁시다. 윈도는 크기를 변경하거나 타이틀을 변경할 수 있습니다.

수 맞추기 게임 설계가 끝났네요.

다음은 GUI 툴킷을 이용해 윈도의 표시 방법에 대해서 배워 나갑시다.

우와, GUI라고 하면 윈도인 거네요.

윈도를 표시한다

윈도, 입력용의 텍스트 박스, 버튼 등 그래피컬한 화면으로 조작하기 위한 부품군을 모아 놓은 것을 [GUI 툴킷]이라 합니다.

GUI 툴킷은 몇 개가 있는데, Python에는 표준으로 [tkinter](티케이인터)라는 GUI 툴킷이 포함되어 있으므로 이 책에서는 이것을 사용합니다.

MEMO

그 밖에 유명한 GUI 툴킷으로 [wxPython]이 있습니다.

MEMO

Mac에서 [tkinter]를 이용하려면 이미 Chapter 2에서 설명한 [Tcl/Tk]를 설치해야 합니다(P.37).

tkinter를 사용해 윈도를 표시하는 가장 간단한 프로그램은 example06-02-01.py와 같습니다. IDLE에서 파일을 신규로 만들어 작성해 봅시다.

List example06-02-01.py

```
# coding:utf-8
import tkinter as tk

root = tk.Tk()          윈도를 만든다
root.mainloop()         윈도를 표시한다
```

tkinter를 사용하려면 tkinter를 임포트합니다.

```
import tkinter as tk
```

[as tk]로 한 것은 이후 tkinter를 생략형으로 사용하기 위함입니다. [as]라는 것은 그것을 [지정한 별명으로 사용한다]는 의미입니다. 여기서는 이후 [tk]라는 표기로 [tkinter]를 사용한다라는 의미입니다(자세한 것은 다음 칼럼을 참조).

COLUMN

[as]의 의미

[as]는 그것을 다른 이름으로 사용할 때 사용합니다. 이번에는

```
import tkinter as tk
```

라고 작성하였으므로 이 다음에

```
root = tk.Tk()
```

처럼 [tk.]로 사용할 수 있습니다. 만약,

```
import tkinter
```

처럼 [as]를 사용하지 않으면 이 부분은

```
root = tkinter.Tk()
```

처럼 전체 이름으로 사용해야 합니다. 즉, [as]는 생략해 사용할 수 있는 구문입니다. 물론 반드시 [tk]일 필요는 없으며,

```
import tkinter as t
```

와 같이 사용하면 조금 더 짧게

```
root = t.Tk()
```

처럼 [t.]이라고 사용할 수 있습니다.

tkinter에서는 객체라는 구조를 사용해 윈도를 조작합니다. 객체에 대한 것은 Chapter 7에서 설명하지만 간단히 말하면 부품입니다.

객체에는 [**메서드(method)**]라고 하는 함수가 있고 그것을 실행해서 다양한 조작을 할 수 있습니다.

윈도를 조작하려면 먼저 윈도를 조작하는 객체를 만드는 것에서부터 시작해야 합니다. 그 조작이 4번째 줄에 있는 다음 문입니다.

서식 윈도를 만든다

```
root = tk.TK()
```

이렇게 함으로써 tkinter를 조작할 객체가 만들어지고 그 객체가 변수 root에 대입됩니다. 다시 말하면 이 변수 root를 통해 다양한 윈도 조작을 할 수 있게 됩니다.

작성한 윈도를 표시하려면 mainloop라는 메서드를 실행합니다.

서식 윈도를 표시한다

```
root.mainloop()
```

하면 그림6-2-1처럼 윈도가 표시됩니다.

MEMO

변수명은 임의입니다. 예를 들면 r = tk.TK()처럼 변수 r에 대입하고 r.mainloop() 등이라고 할 수도 있습니다.

그림6-2-1 실행 결과

조금 이해하기 어려울 지도 모르지만

```
root = tk.Tk()
root.mainloop()
```

이 2줄은 **tkinter로 윈도를 표시할 때의 관용적인 구문**입니다. 이 처리의 흐름을 그림으로 나타내면 그림6-2-2와 같습니다. 즉, tkinter는 윈도를 만들고 그것을 변수 root가 가리키는 상태입니다.

서식 윈도에 명령을 준다

```
root.하고자 하는 조작()
```

따라서 위의 서식처럼 root 변수에 대해서 [.하고자 하는 조작()]을 기술하면 그 윈도에 명령을 내릴 수 있다는 것입니다.

그림6-2-2 tkinter로 윈도를 만드는 흐름

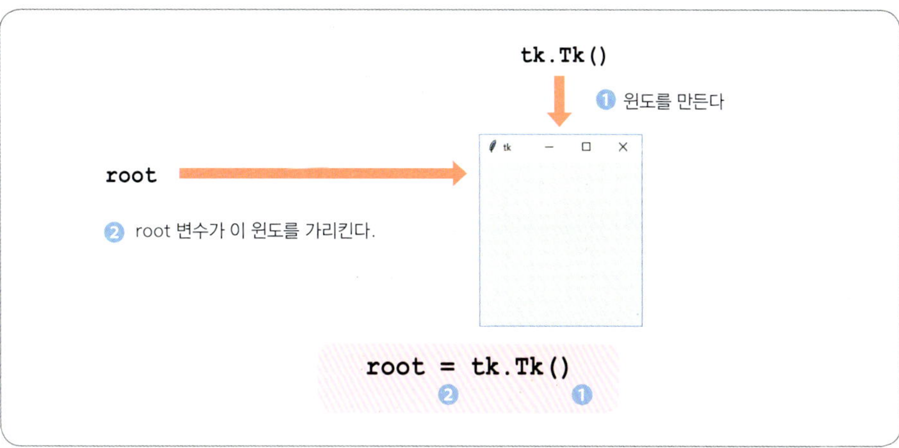

윈도 크기를 변경해보자

윈도 크기를 변경하려면 메서드 **geometry**를 사용합니다. geometry 메서드에는 [가로 폭×높이]를 문자열로 설정합니다. 예를 들면 [400x150(픽셀)]로 변경하려면 다음과 같이 합니다.

서식 geometry 메서드 사용 예

```
root.geometry("400x150")
```

여기에서 주의가 필요한 것은 [X](곱하기) 기호가 아니라 소문자[x](엑스)를 사용하는 점입니다. 앞의 프로그램에 추가하여 example06-02-02.py로 저장하고 실행하면 폭 400, 높이 150 크기의 윈도로 바뀝니다(그림6-2-3).

List example06-02-02.py

```
# coding:utf-8
import tkinter as tk

root = tk.Tk()
root.geometry("400x150")  ── 수정 위치
root.mainloop()
```

그림6-2-3 윈도 크기를 400x150으로 했다

윈도 타이틀을 설정해보자

다음으로 이 윈도의 타이틀을 변경해 봅시다. 타이틀을 변경하려면 **title 메서드**를 실행합니다. 예를 들어 다음과 같이 [.title("수 맞추기 게임")]이라고 기술하면 타이틀이 [수 맞추기 게임]으로 바뀝니다(그림6-2-4). 앞의 프로그램에 이 줄을 추가하고 example06-02-03.py로 다른 이름으로 저장하고 실행해 봅시다.

서식 title 메서드의 사용 예

```
root.title("수 맞추기 게임")
```

List example06-02-03.py

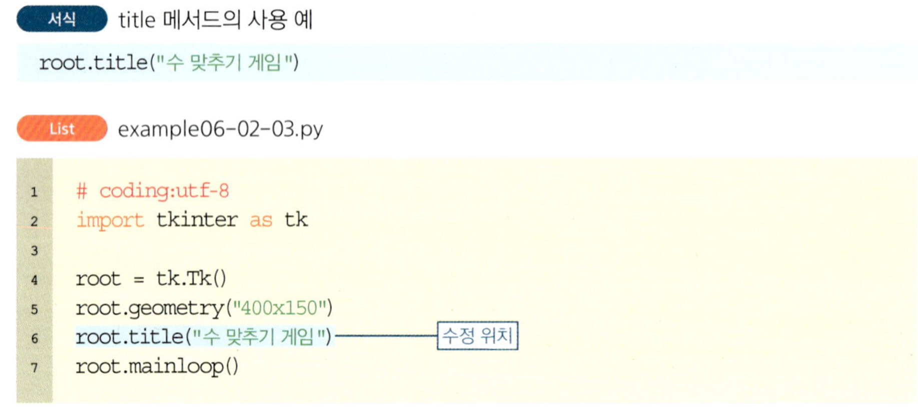

```
# coding:utf-8
import tkinter as tk

root = tk.Tk()
root.geometry("400x150")
root.title("수 맞추기 게임")
root.mainloop()
```

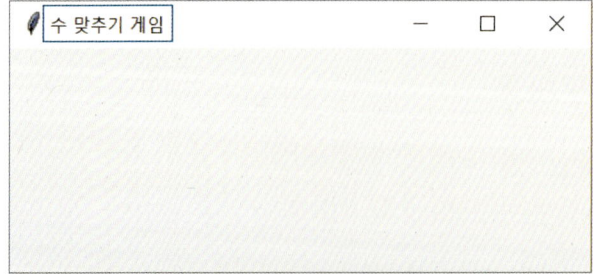

그림6-2-4 타이틀을 [수 맞추기 게임]으로 변경했다

Lesson 6-3

플레이어에 대해서 라벨과 입력칸의 배치

메시지와 입력칸을 배치하자

다음은 윈도에 [숫자를 입력하세요]라는 문자를 표시하고 사용자가 네 자릿수의 숫자를 입력할 수 있는 입력칸을 만들어 갑니다.

윈도의 원하는 위치에 문자를 표시하거나 입력하는 방법을 배웁니다.

메시지를 배치한다

먼저 [숫자를 입력하세요]라는 메시지를 윈도에 표시합시다.

이러한 메시지를 [**라벨(Label)**]이라고 합니다. 라벨은 다음과 같이 **Label 메서드**를 사용해 작성합니다. 여기서는 작성한 라벨을 변수 [label1]에 대입합니다. 또한, tkinter를 tk라고 생략하는 것은 앞에서 설명한 대로입니다.

서식 Label 메서드의 사용 예

```
label1 = tk.Label(root, text="숫자를 입력하세요")
```

괄호 안에 지정하는 첫 번째 값 [root]는 라벨을 붙이는 대상이 되는 윈도입니다. 그리고 [text=""] 부분이 표시하고자 하는 메시지입니다.

MEMO

Label 메서드에는 그 밖에도 폰트 등을 지정할 수 있지만 여기서는 생략합니다.

라벨을 작성했으면 윈도에 배치합니다. 배치 방법은 몇 가지 있지만 비교적 이해하기 쉬운 것은 다음과 같이 **place 메서드**를 사용하는 방법입니다.

서식 place 메서드의 사용 예

```
label1.place(x = 20, y = 20)
```

place 메서드에서는 괄호 안에 [(x=X 좌표, y=Y 좌표)]라는 형태로 배치할 좌표를 지정합니다. 이 예에서는 x 좌표가 20, y 좌표가 20인 위치에 배치합니다. 이 2줄을 앞 Lesson에서 작성한 프로그램에 추가해 example06-03-01.py로 다른 이름으로 저장하고 실행하면 그림 6-3-1과 같습니다. 또한, Python의 tkinter에서는 윈도의 표시 영역(이것을 클라이언트 영역이라고 합니다)의 왼쪽 위가 [(0,0)], 오른쪽 아래를 향해 나가는 좌표계입니다(그림6-3-2).

List example06-03-01.py

```
# coding:utf-8
import tkinter as tk

root = tk.Tk()
root.geometry("400x150")
root.title("수 맞추기 게임")

label1 = tk.Label(root, text="숫자를 입력하세요")
label1.place(x = 20, y = 20)

root.mainloop()
```

수정 위치

그림6-3-1 라벨을 배치한 곳

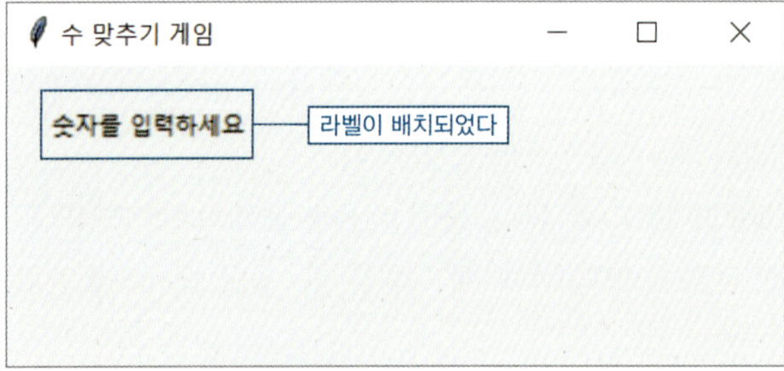

그림6-3-2 Python의 좌표계

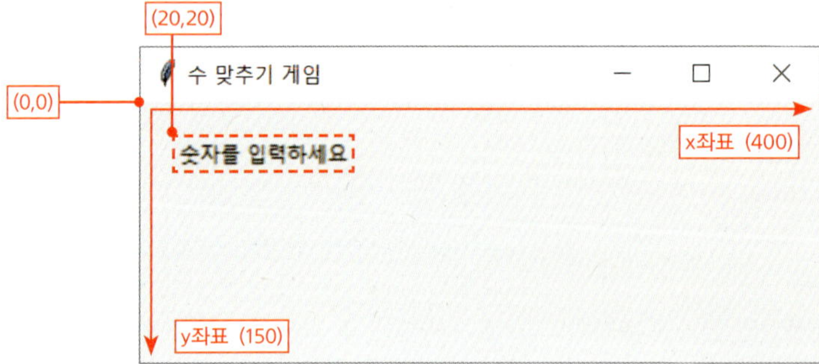

입력칸을 배치한다

마찬가지로 텍스트 입력칸도 윈도에 배치해 봅시다.

텍스트 입력칸은 tkinter에서는 [**엔트리(Entry)**]라고 합니다. 다음과 같이 **Entry 메서드**를 실행하면 엔트리 즉, 텍스트 입력칸을 만들 수 있습니다.

서식 Entry 메서드의 사용 예

```
editbox1 = tk.Entry(width = 4)
```

괄호에 지정하는 [(width=4)]는 이 텍스트의 입력칸의 폭입니다. 이번은 숫자 4개를 입력하므로 네 문자의 입력칸이 있으면 되며, 이처럼 [(width=4)]를 지정합니다. 여기서는 작성한 Entry를 변수 editbox1에 대입합니다.

MEMO

Entry 메서드에는 이외에도 폰트 등을 지정할 수 있지만 여기서는 생략합니다.

작성했으면 place 메서드를 사용해 배치합니다. 이것은 앞의 라벨을 배치하는 방법과 같습니다.

```
editbox1.place(x = 120, y = 20)
```

앞의 프로그램에 위의 2줄을 추가해 example06-03-02.py로 다른 이름으로 저장하고 실제로 실행하면 그림6-3-3과 같이 입력칸이 배치됩니다.

List example06-03-02.py

```
# coding:utf-8
import tkinter as tk

root = tk.Tk()
root.geometry("400x150")
root.title("수 맞추기 게임")

label1 = tk.Label(root, text="숫자를 입력하세요")
label1.place(x = 20, y = 20)

editbox1 = tk.Entry(width = 4)
editbox1.place(x = 120, y = 20)

root.mainloop()
```

수정 위치

그림6-3-3 입력칸을 붙인 것

수 맞추기 게임

숫자를 입력하세요

입력칸이 표시된다

폰트 종류와 크기를 바꾼다

그림6-3-3 입력칸을 보면 알 수 있듯이 폰트가 작아서 균형이 맞지 않습니다. 그래서 폰트 크기를 변경합니다. 하는 방법은 Label 메서드의 가장 뒤에 [**font=("폰트명", 폰트 크기)**]라는 인수를 추가합니다. 예를 들어 다음과 같습니다.

```
label1 = tk.Label(root, text="숫자를 입력하세요", font=("Helvetica", 14))
```

이 예는 [Helvetica] 폰트로 [14폰트] 크기를 지정합니다.

> **MEMO**
>
> 폰트는 크기 단위로 1포인트는 약 0.35mm입니다. 화면 상에서 실제로 어느 정도의 크기가 될지는 환경에 따라 다릅니다.

지정할 수 있는 폰트는 표준으로는 다음 3가지 종류입니다.

- Times(명조체 느낌인 것)
- Helvetica(고딕체 느낌인 것)
- Courier(같은 폭의 타이프 라이터같은 것)

이 밖에 [MS 고딕] 등 컴퓨터에 설치되어 있는 폰트를 지정할 수도 있습니다(칼럼[이용할 수 있는 폰트 목록을 얻는다] ➜P.171를 참조).

> **MEMO**
>
> 폰트명은 대문자, 소문자, 공백의 유무 등을 구별하므로 주의합니다.

여기서는 엔트리(텍스트 입력칸)도 다음과 같이 변경해봅시다.

```
editbox1 = tk.Entry(width = 4, font=("Helvetica", 28))
```

폰트 크기를 변경하면 원래 위치라면 문자끼리 겹치므로 Place 메서드로 지정하는 X 좌표, Y 좌표도 변경합니다.

실제로 example06-03-03.py와 같이 다른 이름으로 저장해 다시 실행하면 결과는 그림 6-3-4과 같습니다.

List example06-03-03.py

```python
# coding:utf-8
import tkinter as tk

root = tk.Tk()
root.geometry("400x150")
root.title("수 맞추기 게임")

label1 = tk.Label(root, text="숫자를 입력하세요", font=("Helvetica", 14))
label1.place(x = 20, y = 20)

editbox1 = tk.Entry(width = 4, font=("Helvetica", 28))
editbox1.place(x = 120, y = 60)

root.mainloop()
```

수정 위치

수정 위치

그림6-3-4 폰트 크기 변경과 입력칸 좌표를 수정한 것

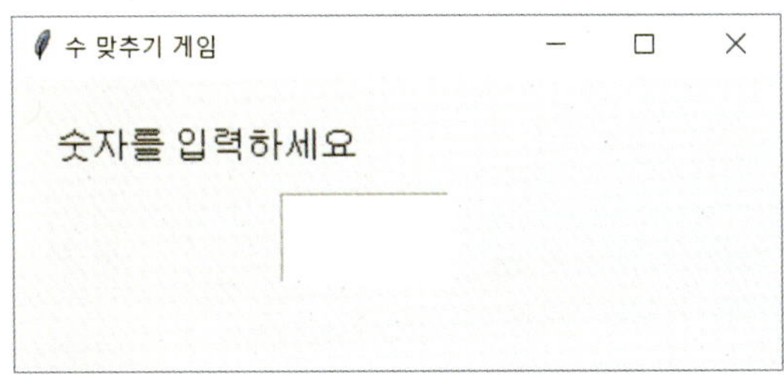
수 맞추기 게임
숫자를 입력하세요

모듈을 사용하면 여러 가지 기능을 사용할 수 있게 되네요.

게임다운 화면이 되니까 의욕도 생기네요.

COLUMN

이용할 수 있는 폰트 목록을 얻는다

이용할 수 있는 폰트 목록을 얻으려면 다음과 같이 프로그램을 실행합니다.

List example06-03-04.py

```python
import tkinter as tk
for f in tk.Tk().call("font","families"):
    print(f)
```

Lesson 6-4

함수를 제대로 사용합시다

버튼이 눌리면 메시지를 표시하자

입력된 숫자를 확인하기 위한 버튼을 배치합시다. 또한, 버튼이 클릭되면 메시지를 표시할 수 있도록 합니다.

버튼도 똑같이 배치할 수 있나요?

그렇습니다. 그래도 클릭되었을 때 뭔가 하고 싶다면 함수를 만들어야 합니다.

하고 싶은 것은 함수로 만드는 거군요.

버튼을 배치한다

버튼을 배치하는 방법은 라벨이나 엔트리와 같습니다.

Button 메서드를 이용해 다음과 같은 프로그램을 만듭니다. 괄호 안의 인수 [root]는 버튼을 배치할 대상이 되는 윈도, [text=""]는 버튼에 표시할 문자 즉, 버튼명입니다. [font] 인수에 폰트를 [Helvetica], 크기를 14 폰트로 했습니다. 또한, 작성한 버튼을 [button]이라는 변수에 대입합니다.

서식 Button 메서드의 사용 예

```
button1 = tk.Button(root, text = "확인", font=("Helvetica", 14))
```

작성했으면 place 메서드를 사용해 지정한 좌표에 배치합니다. 여기서는 x 좌표가 220, y 좌표가 60 위치로 배치했습니다. 이 두 줄을 앞의 Lesson에서 작성한 프로그램에 추가로 작성해 example06-04-01.py로 저장해 실행하면 그림6-4-1과 같이 버튼이 텍스트 입력칸(엔트리)의 오른쪽에 표시됩니다.

```
button1.place(x = 220, y = 60)
```

List example06-04-01.py

```
# coding:utf-8
import tkinter as tk

root = tk.Tk()
root.geometry("400x150")
root.title("수 맞추기 게임")

label1 = tk.Label(root, text="숫자를 입력하세요", font=("Helvetica", 14))
label1.place(x = 20, y = 20)

editbox1 = tk.Entry(width = 4, font=("Helvetica", 28))
editbox1.place(x = 120, y = 60)

button1 = tk.Button(root, text = "확인", font=("Helvetica", 14))
button1.place(x = 220, y = 60)

root.mainloop()
```

수정 위치

그림6-4-1 버튼을 배치한 것

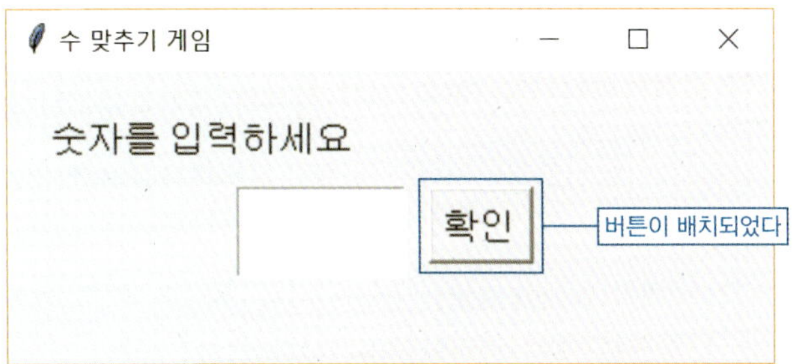

클릭되었을 때 실행할 함수를 연결시킨다

지금 상태로는 버튼이 배치되었을 뿐, 클릭해도 아무것도 동작하지 않습니다.

클릭되었을 때 뭔가 프로그램을 실행하려면 그 실행할 부분을 미리 함수로 만들고 클릭되었을 때 그것을 실행하도록 설정합니다.

❶ 클릭되었을 때 실행할 함수를 작성한다

먼저 버튼이 클릭되었을 때 실행할 함수를 작성합니다(함수 만드는 방법 ➜P.112 참조). 예를 들면 다음과 같은 ButtonClick이라는 이름의 함수를 만듭니다.

```
def ButtonClick()
    …여기에 원하는 처리를 작성한다…
```

❷ 버튼이 클릭되었을 때 ❶의 함수를 실행하도록 연결시킨다

다음으로 ❶에서 만든 함수를 버튼이 클릭되었을 때 실행하도록 연결합니다. 그렇게 하려면 버튼을 만들 때의 Button 메서드에 [**command=함수명**]이라는 인수를 추가합니다. 즉, ❶과 같이 ButtonClick이라는 함수를 실행하려면 다음과 같이 작성합니다.

```
button1 = tk.Button(root, text = "확 인", font=("Helvetica", 14),
command=Button Click)
```

실행할 함수명을 쓴다

그러면 그림6-4-2와 같이 연결되어 클릭되었을 때 [ButtonClick]이라는 함수가 실행됩니다.

그림6-4-2 클릭되었을 때 실행할 함수를 지정한다

```
button1 = tk.Button(root, text = "확인",
            font=("Helvetica", 14), command=ButtonClick)
```

클릭되었을 때 이 함수를 실행하기 위한 지정

```
def ButtonClick()
```

클릭되었을 때의 처리를 작성한다

이 그림과 같이 [클릭되었을 때 미리 만들어 둔 함수를 실행하도록 연결시킨다]와 같이 [동작]과 [실행할 프로그램]을 연결하는 프로그래밍 기법을 [**이벤트 드라이븐(event-driven)**]이라고 합니다.

[이벤트]란 [동작]과 [현상]으로 [뭔가 동작이 발생했다]를 나타냅니다. 여기에서 [클릭]은 대표적인 이벤트의 하나입니다. 그 외에도 [더블 클릭되었다], [우클릭되었다], [키 입력되었다], [마우스가 움직였다], [일정 시간이 경과했다] 등 여러 가지 이벤트가 있습니다.

메시지를 표시해 보자

이것으로 버튼이 클릭되었을 때 ButtonClick 함수가 실행됩니다.

```
def ButtonClick()
    …여기에 원하는 처리를 작성한다…
```

ButtonClick 함수에서 무엇을 처리해도 되지만, 여기서는 화면에 약간의 메시지를 표시하고자 합니다.

메시지를 표시하려면 [tkinter]의 [messagebox]라는 패키지에 포함된 함수를 사용합니다. 먼저 다음과 같이 작성하고 [tkinter.messagebox]를 읽습니다. [messagebox]라는 이름은 길기 때문에 여기서는 [as]를 사용해 [tmsg]라는 이름으로 참조하게 했습니다. 물론 이름은 어떤 것이든 상관없습니다.

```
import tkinter.messagebox as tmsg
```

[tkinter]의 [messagebox]에는 표6-4-1에 나타낸 함수가 있고 다양한 방법으로 메시지를 표시할 수 있습니다. 여기서는 정보를 표시하기 위한 showinfo 함수를 사용해 메시지를 표시합니다.

MEMO

showinfo, showwarning, showerror의 차이는 화면에 표시될 때의 아이콘의 차이입니다.

표6-4-1 tkinter.messagebox의 함수

함수	의미
showinfo	정보를 표시한다
showwarning	경고를 표시한다
showerror	오류를 표시한다
askquestion	텍스트 상자를 가진 메시지를 표시, 문자를 입력할 수 있다
askokcancel	[OK]와 [취소] 2개의 버튼을 가진 메시지를 표시한다
askyesno	[네]와 [아니오] 2개의 버튼을 가진 메시지를 표시한다
askretrycancel	[재실행]과 [취소] 2개의 버튼을 가진 메시지를 표시한다.

showinfo 함수의 서식은 다음과 같습니다.

서식 showinfo 함수

```
tmsg.showinfo("타이틀", "표시하고자 하는 문자")
```

그래서 ButtonClick 함수를 다음과 같이 정의합니다.

```
def ButtonClick():
    tmsg.showinfo("테스트", "클릭되었습니다")
```

이제까지 작성한 함수를 앞의 프로그램에 추가하고 example06-04-02.py로 다른 이름으로 저장한 것이 다음 페이지의 프로그램입니다. 실제로 실행하면 버튼을 클릭했을 때 [테스트]라는 타이틀로 [클릭되었습니다]라는 메시지가 표시됩니다(그림6-4-3).

List example06-04-02.py

```
# coding:utf-8
import tkinter as tk
import tkinter.messagebox as tmsg

# 버튼이 클릭되었을 때의 처리
def ButtonClick():
    tmsg.showinfo("테스트", "클릭되었습니다")

# 메인 프로그램
root = tk.Tk()
root.geometry("400x150")
root.title("수 맞추기 게임")

label1 = tk.Label(root, text="숫자를 입력하세요", font=("Helvetica", 14))
label1.place(x = 20, y = 20)

editbox1 = tk.Entry(width = 4, font=("Helvetica", 28))
editbox1.place(x = 120, y = 60)

button1 = tk.Button(root, text = "확 인", font=("Helvetica", 14),
command=ButtonClick)
button1.place(x = 220, y = 60)

root.mainloop()
```

패키지를 읽는다

클릭되었을 때 메시지를 표시

클릭되었을 때 이 함수를 실행하기 위한 지정

그림6-4-3 클릭되었을 때에 표시되는 메시지

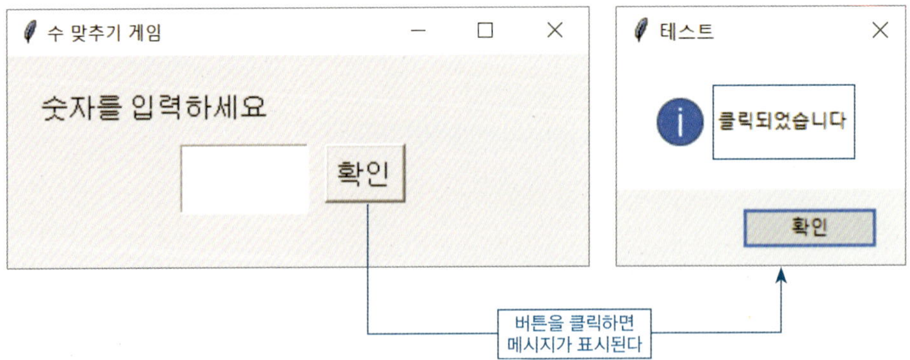

Lesson 6-5

프로그램을 윈도판에 이식해 나갑니다

히트 & 블로의 맞추기 판정을 조합하자

지금까지로 윈도에 관한 설명은 거의 끝났습니다. 그러면 실제로 Chapter 5에서 만든 히트 & 블로 처리를 윈도의 프로그램에 복사합시다.

드디어 윈도판에 이식하는 작업이네요!

어느 정도 복사 & 붙여넣기로 대응할 수 있지만 프로그램의 조정도 물론 필요합니다.

입력된 텍스트의 값을 구한다

처음으로 알아야 할 것은 윈도에 배치한 텍스트 입력칸 즉, 엔트리 부분에 입력된 텍스트를 구하는 방법입니다.

입력된 텍스트는 **get 메서드**를 사용하면 구할 수 있습니다. 이제까지의 프로그램으로는 다음과 같이 텍스트 입력칸을 변수 [editbox1]에 대입합니다.

```
editbox1 = tk.Entry(width = 4, font=("Helvetica", 28))
editbox1.place(x = 120, y = 60)
```

그러므로 다음과 같이 editbox1에 대해 get 메서드를 실행하면 이 입력칸에 입력된 텍스트를 구할 수 있습니다.

서식 get 메서드

```
editbox1.get()
```

실제로 테스트해봅시다. 앞에서 작성한 example06-04-02.py의 ButtonClick 함수를 다음과 같이 변경하고 example06-05-01.py로 다른 이름으로 저장해 실행합니다.

```
def ButtonClick():
    # 텍스트 입력칸에 입력된 문자열을 구함
    b = editbox1.get()
    # 메시지를 표시한다
    tmsg.showinfo("입력된 텍스트", b)
```

그러면 [확인] 버튼을 클릭했을 때 [입력된 텍스트]라는 타이틀로 [텍스트 박스에 입력되어 있는 텍스트]가 표시될 것입니다(그림6-5-1).

그림6-5-1 텍스트 박스에 입력한 내용을 표시하는 예

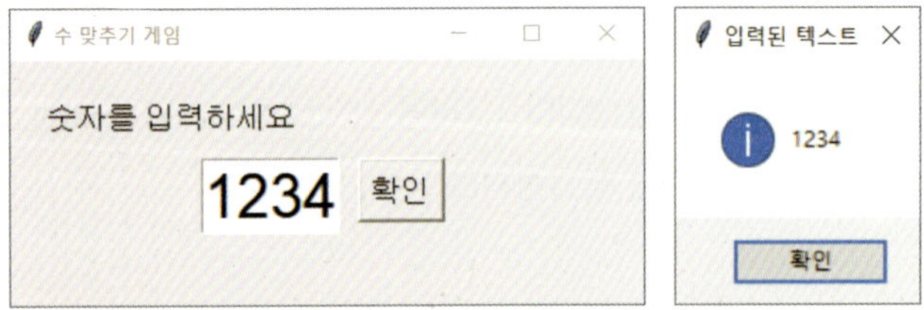

List example06-05-01.py

```
# coding:utf-8
import tkinter as tk
import tkinter.messagebox as tmsg

# 버튼이 클릭되었을 때의 처리
def ButtonClick():
    # 텍스트 입력칸에 입력된 문자열을 구함
    b = editbox1.get()
    # 메시지를 표시한다
    tmsg.showinfo("입력된 텍스트", b)

# 메인 프로그램
# 윈도를 만든다
root = tk.Tk()
root.geometry("400x150")
root.title("수 맞추기 게임")

# 라벨을 만든다
label1 = tk.Label(root, text="숫자를 입력하세요", font=("Helvetica", 14))
label1.place(x = 20, y = 20)

# 텍스트 박스를 만든다
editbox1 = tk.Entry(width = 4, font=("Helvetica", 28))
editbox1.place(x = 120, y = 60)

# 버튼을 만든다
button1 = tk.Button(root, text = "확인", font=("Helvetica", 14), command=ButtonClick)
button1.place(x = 220, y = 60)

# 윈도를 표시한다
root.mainloop()
```

수정 위치

알기 쉽도록 주석을 추가

히트 & 블로 값 판정을 만든다

여기까지 잘 되었다면 나머지는 Lesson 5-5에서 작성한 example05_05_01.py(➜P.157 참조)의 히트 & 블로 처리를 복사만 하면 됩니다. 함수의 처리 중인 다음 부분에는 [변수 b에 사용자가 입력한 값]이 저장돼 있습니다.

```
def ButtonClick():
    # 텍스트 입력칸에 입력된 문자열을 구함
    b = editbox1.get()
```

이것은 Lesson 5-5에서 작성한 example05_05_01.py에서도 변수 b에 넣었으므로

```
while True :
    b = input("숫자를 입력하세요 >")
```

이것을 그대로 복사 & 붙여넣기한 후 프로그램을 수정하면 됩니다(그림6-5-2).

그림6-5-2 버튼이 클릭되었을 때 히트 & 블로 판정을 추가한다

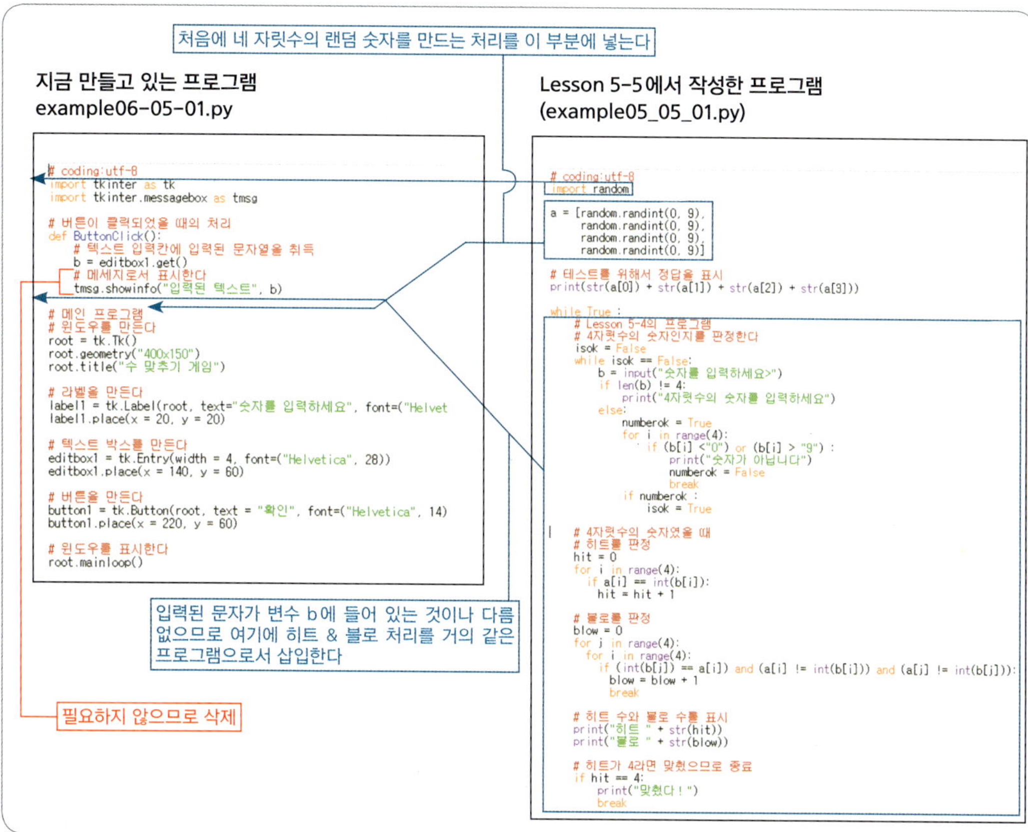

처음에 [네 자릿수 랜덤 수를 설정한다] 등의 처리를 추가하거나 [맞췄을 때 종료한다] 등의 세세한 조정을 더하면 전체 프로그램은 example06-05-02.py와 같습니다. 실제로 실행하면 이 시점에서 맞췄는지 어떤지를 판정해 게임을 할 수 있습니다.

List example06-05-02.py

```
# coding:utf-8
import random                                   복사한 부분
import tkinter as tk
import tkinter.messagebox as tmsg

# 버튼이 클릭되었을 때의 처리
def ButtonClick():
    # 텍스트 입력칸에 입력된 문자열을 구함
    b = editbox1.get()                          복사한 프로그램을 조정

    # Lesson 5-4의 프로그램의 판정 부분을 사용
    # 네 자릿수의 숫자인지를 판정한다
    isok = False
    if len(b) != 4:
        tmsg.showerror("오류", "네 자릿수의 숫자인지를 판정한다")
    else:
        numberok = True
        for i in range(4):
            if (b[i] <"0") or (b[i] > "9") :
                tmsg.showerror("오류", "숫자가 아닙니다")
                numberok = False
                break
        if numberok :
            isok = True

    if isok :
        # 네 자릿수의 숫자였을 때
        # 히트를 판정
        hit = 0
        for i in range(4):
          if a[i] == int(b[i]):
            hit = hit + 1

        # 블로를 판정
        blow = 0
        for j in range(4):
          for i in range(4):
            if (int(b[j]) == a[i]) and (a[i] != int(b[i])) and (a[j] != int(b[j])):
              blow = blow + 1
              break

        # 히트가 4라면 맞췄으므로 종료
        if hit == 4:
            tmsg.showinfo("맞췄다", "축하합니다. 맞췄습니다")
```

```
45             # 종료
46                  root.destroy()
47         else:
48             # 히트수와 블로수를 표시
49             tmsg.showinfo("힌트", "히트 " + str(hit) + "/" + "블로 " +
50 str(blow))
51
52
53 # 메인 프로그램
54 # 처음에 랜덤인 4개의 숫자를 생성한다
55 a = [random.randint(0, 9),
        random.randint(0, 9),
56      random.randint(0, 9),
57      random.randint(0, 9)]
58
59 # 윈도를 만든다
60 root = tk.Tk()
61 root.geometry("400x150")
62 root.title("수 맞추기 게임")
63
64 # 라벨을 만든다
   label1 = tk.Label(root, text="숫자를 입력하세요", font=("Helvetica", 14))
65 label1.place(x = 20, y = 20)
66
67 # 텍스트 박스를 만든다
68 editbox1 = tk.Entry(width = 4, font=("Helvetica", 28))
69 editbox1.place(x = 120, y = 60)
70
71 # 버튼을 만든다
72 button1 = tk.Button(root, text = "확인", font=("Helvetica", 14), command
   =ButtonClick)
73 button1.place(x = 220, y = 60)
74
75 # 윈도를 표시한다
76 root.mainloop()
```

윈도용으로 새롭게 조정한 부분 (아래 설명은 참조)

복사한 프로그램 (주석을 추가)

윈도를 닫는 조작

지금까지 아직 설명하지 않은 것은 42번째 줄의 맞췄을 때 게임을 종료하는 조작입니다. 맞췄을 때는 다음과 같이 합니다.

```
# 히트가 4라면 맞췄으므로 종료
if hit == 4:
    tmsg.showinfo("맞췄다", "축하합니다. 맞췄습니다")
    # 종료
    root.destroy()
```

프로그램을 종료합니다

이처럼 **destroy 메서드**를 실행하면 윈도가 파괴되고 프로그램을 종료합니다.

Lesson 6-6

조금 더 플레이하기 좋은 게임을 만들려면

이력을 표시하자

이것으로 대충 게임은 할 수 있게 되었습니다. 그러나 맞췄는지를 메시지 박스로 그때마다 표시할 뿐이라면 과거에 어떤 값을 입력했고 그 값의 어느 부분이 히트인지 어떤 부분이 블로인지를 모르니 게임하기 어렵습니다.

이 문제를 해결하기 위해서 과거에 입력한 이력을 윈도에 표시합니다.

처음에 설계한 대로 다음은 이력 표시네요.

플레이어가 혼란스럽지 않게 하고 싶어요.

플레이하기 쉬운 게임으로 개선해 나갑시다!

이력을 표시하는 텍스트 박스를 추가한다

이력 표시에는 텍스트 박스라는 부품을 사용합니다. 그러나 지금 윈도 크기로는 텍스트 박스를 넣을 만큼의 공간이 없습니다. 그래서 먼저 윈도 크기를 크게 합시다.

방금 전까지 작성한 example06-05-02.py에서는 [#윈도를 만든다] 부분에서

```
root.geometry("400x150")
```

처럼 [400×150] 크기였던 것을

```
root.geometry("600x400")
```

처럼 [600×400]으로 변경합니다.

그리고 넓어진 장소에 텍스트 상자를 만들어 배치합니다. 인수에는 [배치 장소의 윈도]와 [폰트]를 지정합니다. 텍스트 상자를 만들려면 **Text 메서드**를 실행합니다. 여기서는 폰트 크기를 14 포인트로 했습니다.

그리고 만든 텍스트 상자를 [historybox] 변수에 대입했습니다.

서식 Text 메서드의 사용 예

```
historybox = tk.Text(root, font=("Helvetica", 14))
```

MEMO

Text 메서드에는 그 밖에도 색상과 여백, 테두리 폭 등을 지정하지만 여기서는 생략합니다.

작성했으면 이 텍스트 상자를 example06-05-01.py의 [#윈도를 만든다] 명령 부분 아래에 [#이력 표시 텍스트 상자를 만든다]라고 주석을 달고 추가합니다. 그리고 지금까지 사용해 왔던 라벨 및 엔트리, 버튼 등과 마찬가지로 place 메서드를 사용하고 여기서는 (400, 0) 위치에 폭 200, 높이 400으로 추가합니다.

```
historybox.place(x=400, y=0, width=200, height=400)
```

폭 높이

수정한 프로그램은 example06-06-01.py(완성형)의 14번째 줄, 17~19번째 줄입니다. 이것을 실행하면 결과는 그림6-6-1처럼 텍스트 상자가 배치됩니다.

그림6-6-1 텍스트 박스를 배치하는 예

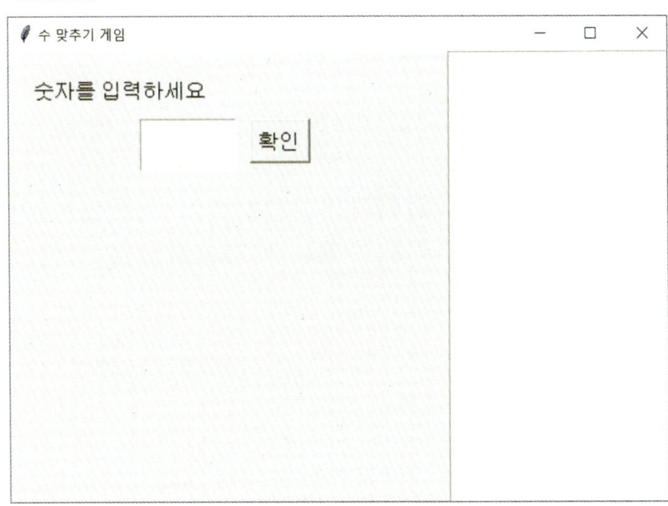

이력을 표시한다

마지막으로 히트 & 블로 판정 결과를 메시지로서가 아닌 이 텍스트 박스에 표시하고 이력으로써 남게 하겠습니다.

지금까지의 프로그램에선 판정 결과인 [#히트수와 블로수를 표시]를 다음과 같이

```
tmsg.showinfo("히트", "히트" + str(hit) + "/" + "블로" + str(blow))
```

로 대화상자로 표시하였으므로 이 부분을 변경합니다.

텍스트 상자에 문자를 추가하려면 **insert 메서드**를 사용합니다. 1번째 인수로 [tk.END]를 지정하면 [맨 끝]에 삽입할 수 있습니다. 그래서 다음과 같이 다시 수정합니다.

> **MEMO**
>
> 여기서는 tkinter를 [import tkinter as tk]처럼 [tk]라는 이름으로 임포트하고 있으므로 [tk.END]입니다. 다른 이름으로 임포트할 경우는 [그 이름.END]입니다.

```
historybox.insert(tk.END, b + "/H:" + str(hit) + " B:" + str(blow) + "\n")
```

위의 프로그램을 통째로 다시 작성합니다

여기서는 히트는 [H:], 블로는 [B:]로 표시하도록 했습니다. 실제로 실행하면 그림6-6-2처럼 이력이 표시됩니다.

이것으로 프로그램은 완성입니다. 그럼 지금까지 만든 프로그램을 example06-06-01.py(완성형)에 정리합니다. example06-05-01.py를 다시 수정한 여러분은 다른 이름으로 저장합니다.

그림6-6-2 이력을 표시한 것

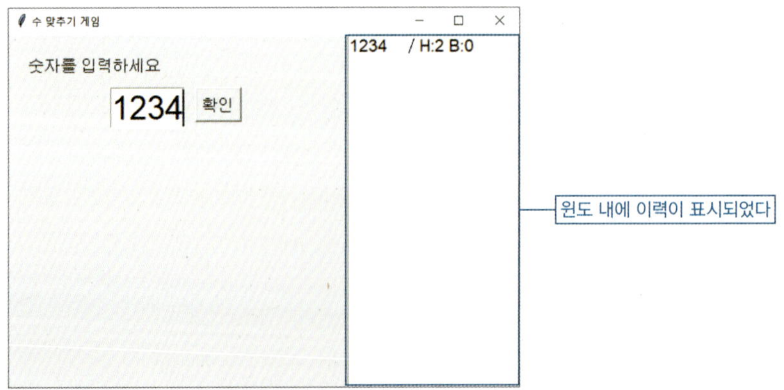

List example06-06-01.py(완성형)

```python
# coding:utf-8
import random
import tkinter as tk
import tkinter.messagebox as tmsg

# 버튼이 클릭되었을 때의 처리
def ButtonClick():
    # 텍스트 입력칸에 입력된 문자열을 구함
    b = editbox1.get()

    # Lesson 5-4의 프로그램의 판정 부분을 사용
    # 네 자릿수의 숫자인지를 판정한다
    isok = False
    if len(b) != 4:
        tmsg.showerror("오류", "네 자릿수의 숫자인지를 판정한다")
    else:
        numberok = True
        for i in range(4):
            if (b[i] <"0") or (b[i] > "9") :
                tmsg.showerror("오류", "숫자가 아닙니다")
                numberok = False
                break
        if numberok :
            isok = True

    if isok :
        # 네 자릿수의 숫자였을 때
        # 히트를 판정
        hit = 0
        for i in range(4):
          if a[i] == int(b[i]):
            hit = hit + 1

        # 블로를 판정
        blow = 0
        for j in range(4):
          for i in range(4):
            if (int(b[j]) == a[i]) and (a[i] != int(b[i])) and (a[j] != int(b[j])):
              blow = blow + 1
              break

        # 히트가 4라면 맞췄으므로 종료
        if hit == 4:
            tmsg.showinfo("맞췄다", "축하합니다. 맞췄습니다.")
            # 종료
            root.destroy()
```

다음 페이지에 계속

계속

```
        else:
            # 히트수와 블로수를 표시
            historybox.insert(tk.END, b + "/H:" + str(hit) + " B:" + str(blow) + "\n")

# 메인 프로그램
# 처음에 랜덤인 4개의 숫자를 생성한다
a = [random.randint(0, 9),
     random.randint(0, 9),
     random.randint(0, 9),
     random.randint(0, 9)]

# 윈도를 만든다
root = tk.Tk()
root.geometry("600x400")
root.title("수 맞추기 게임")

# 이력 표시 텍스트 박스를 만든다
historybox = tk.Text(root, font=("Helvetica", 14))
historybox.place(x=400, y=0, width=200, height=400)

# 라벨을 만든다
label1 = tk.Label(root, text="숫자를 입력하세요", font=("Helvetica", 14))
label1.place(x = 20, y = 20)

# 텍스트 박스를 만든다
editbox1 = tk.Entry(width = 4, font=("Helvetica", 28))
editbox1.place(x = 120, y = 60)

# 버튼을 만든다
button1 = tk.Button(root, text = "확인", font=("Helvetica", 14), command=ButtonClick)
button1.place(x = 220, y = 60)

# 윈도를 표시한다
root.mainloop()
```

이력을 표시한다

윈도 크기를 변경

이력 표시 프로그램을 추가

Chapter 7

클래스와 객체

최근 프로그래밍에서 빼놓을 수 없는 것이 [클래스]와 [객체]를 사용한 프로그래밍 기법입니다. 이 기법을 사용하면 프로그램을 부품화하고 재사용하기 쉽습니다. Chapter 7에서는 화면 상에서 원이 움직이는 프로그램을 만들며 클래스와 객체의 기본을 배워 나갑시다.

클래스와 객체는 조금 어렵기 때문에 어렵다고 느끼는 사람은 일단 건너뛰어 Chapter 8을 봐 주세요. 프로그래밍에 익숙해졌을 때 제대로 살펴보아도 늦지 않습니다.

Lesson 7-1

클래스와 객체를 배우기 위해

원이 움직이는 프로그램을 만듭니다

Chapter 7에서는 [클래스]와 [객체]의 개념에 대해서 윈도 내에서 원이 움직이는 프로그램을 만들면서 배워 나갑니다.

객체를 사용하면 여러 개의 원을 움직이거나 그리는 형태를 바꾸는 것도 간단해집니다.

클릭한 장소에 원을 표시한다

처음에는 클릭한 장소에 원이 궤적처럼 표시되어 가는 것을 만듭니다(그림7-1-1). 다음으로 전에 그린 원을 감춤으로써 궤적이 아니라 클릭한 장소로 원이 이동하도록 바꿉니다.

그림7-1-1 클릭한 장소에 원을 그린다

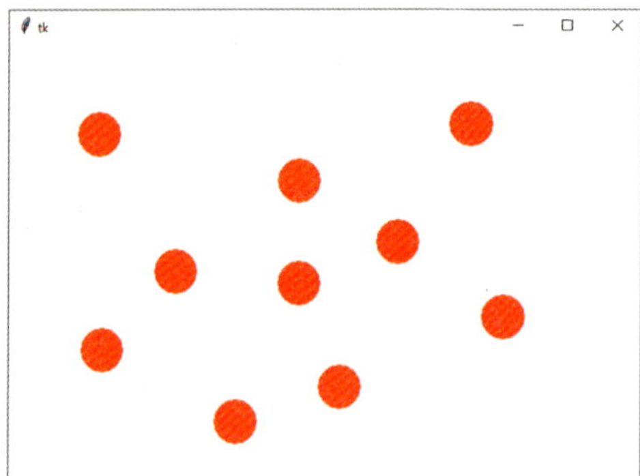

원이 튕기도록 한다

다음으로 원이 자동적으로 움직이는 프로그램을 만듭니다.

그러기 위해서는 우선 원이 오른쪽 방향으로 움직이도록 합니다. 다음으로 그 원이 윈도 끝에 닿으면 반대 방향으로 움직이도록 개선합니다. 그리고 마지막으로 좌우만 아니라 대각선 방향으로도 움직이도록 합니다(그림7-1-2).

많은 원을 움직인다

또, 원의 수를 늘리고 동시에 움직이게 합니다. 그러기 위해서는 **리스트**를 사용해 원을 여러 개 관리하도록 합니다(그림7-1-3).

그림7-1-2 자동으로 움직이게 한다

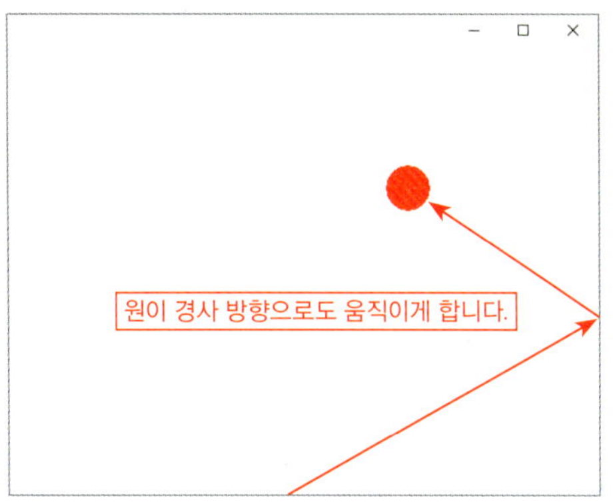

그림7-1-3 많은 원을 움직인다

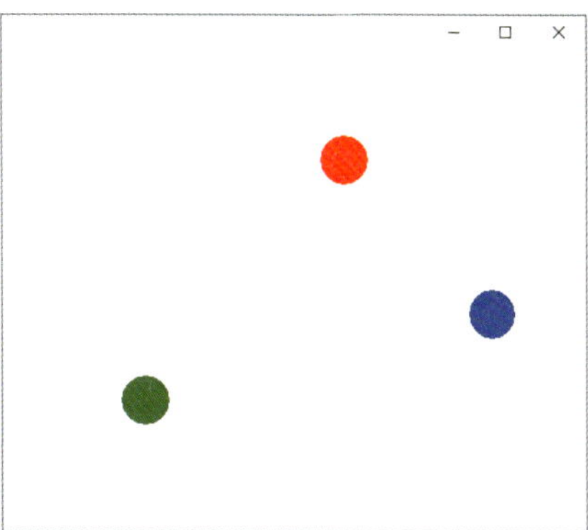

프로그램을 조작해서 사각형이나 삼각형도 그리게 한다

마지막으로 프로그램을 다시 작성해서 원 외에 사각형이나 삼각형도 그리게 합니다(그림7-1-4). 그러기 위해서 Python의 **클래스**나 **객체**라는 프로그래밍 기법을 사용합니다.

그림7-1-4 사각형이나 삼각형도 움직인다

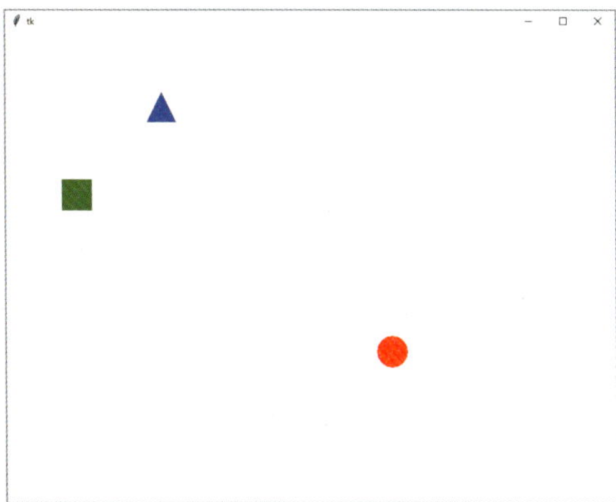

Lesson 7-2

캔버스 사용 방법을 배웁시다

윈도 안에 원을 그리자

먼저 윈도 안에 원을 그리는 방법을 설명합니다. tkinter에서는 [캔버스(Canvas)]를 놓고 거기에 필요한 도형을 그립니다.

윈도에 원 등의 도형을 그릴 수 있네요.

캔버스를 사용하면 여러 가지 색의 원, 사각형, 삼각형 등을 그릴 수 있습니다.

색도 좋아하는 것으로 고를 수 있으니까 재밌어 보이네요.

원을 그려보자

원을 그리는 프로그램은 example07-02-01.py와 같습니다. 실행한 결과는 그림7-2-1로 흰 배경색의 윈도 중심에 검정색 원이 그려집니다.

List example07-02-01.py

```
# coding:utf-8
import tkinter as tk

# 윈도를 그린다
root = tk.Tk()
root.geometry("600x400")

# Canvas를 만든다
canvas = tk.Canvas(root, width = 600, height = 400, bg = "white")
canvas.place(x = 0, y = 0)

# 원을 그린다
canvas.create_oval(300 - 20, 200 - 20, 300 + 20, 200 + 20)

root.mainloop()
```

- width = 600, height = 400: 윈도와 같은 폭, 높이
- bg = "white": 배경은 흰색
- x = 0, y = 0: 윈도와 겹치는 장소에 배치한다
- 20: 20은 반경

그림7-2-1 원을 윈도 중심에 그리는 예

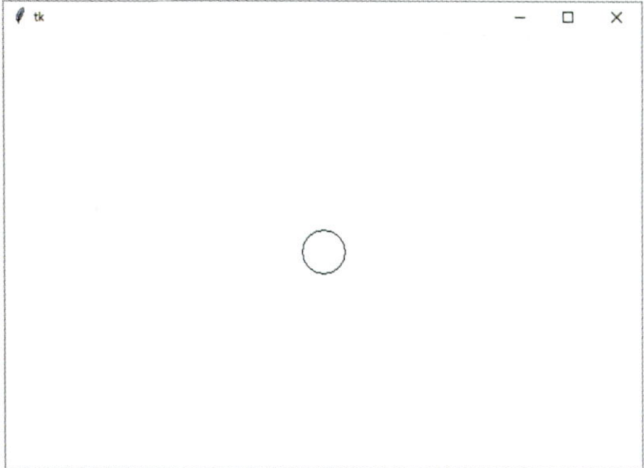

캔버스를 만든다

먼저 윈도를 만듭니다. 윈도를 만드는 방법은 Lesson 6-2 Python에서 윈도를 표시해보자 ➜P.162에서 설명한 대로입니다. 크기는 600x400 픽셀, 만들어진 윈도는 root 변수에 대입했습니다.

```
root = tk.Tk()
root.geometry("600x400")
```

다음으로 이 윈도 위에 캔버스를 만듭니다. 캔버스는 도형이나 이미지를 그리는 구조입니다.

먼저 **Canvas 메서드**를 실행하고 캔버스를 만듭니다. 여기서는 윈도와 같은 크기로 하고 만든 캔버스를 변수 [canvas]에 대입했습니다(canvas 변수명은 필자가 임의로 결정한 것이고 다른 변수명도 됩니다).

마지막 인수로 지정하는 [bg]는 배경색입니다. 여기서는 [white]로 흰색으로 했습니다.

```
canvas = tk.Canvas(root, width = 600, height = 400, bg = "white")
```

캔버스를 작성했으면 place 메서드를 실행하고 윈도의 왼쪽 위(좌표로 말하면 (0,0))에 배치합니다.

```
canvas.place(x = 0, y = 0)
```

현재까지의 프로그램으로 윈도 위에 같은 크기의 캔버스가 겹친 상태가 됩니다(그림7-2-2).

그림7-2-2 윈도의 상태

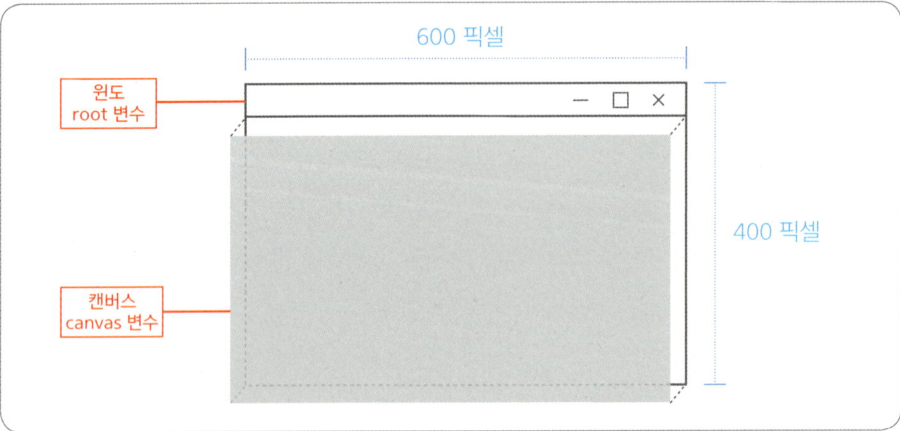

원을 그린다

캔버스의 다양한 메서드를 사용하면 도형이나 이미지를 그릴 수 있습니다(표7-2-1).

표7-2-1 Canvas에 준비된 그리기를 위한 메서드

메서드	의미
create_arc(x1, y1, x2, y2, 옵션)	호를 그린다
create_bitmap(x, y, 옵션)	비트맵을 그린다
create_image(x, y, 옵션)	이미지를 그린다
create_line(x1, y1, x2, y2, 옵션)	직선을 그린다
create_oval(x1, y1, x2, y2, 옵션)	타원 또는 호를 그린다
create_polygon(x1, y1, x2, y2,…, 옵션)	다각형을 그린다
create_rectangle(x1, y1, x2, y2, 옵션)	사각형을 그린다
create_text(x, y, 옵션)	텍스트를 출력한다

원을 그리려면 [create_oval]이라는 메서드를 사용합니다. 이 메서드에는 최소 4개의 인수를 지정합니다.

MEMO

나중에 설명하도록 4개 이상의 인수를 지정하고 칠이나 선 색 등을 지정할 수도 있습니다.

처음 2개는 왼쪽 위 좌표, 그리고 다음 2개는 오른쪽 아래의 좌표입니다. 이 메서드를 실행하면 그 좌표에 채워지는 듯한 타원 또는 동그라미가 그려집니다.

example07-02-01.py에서는 다음과 같이 작성합니다.

```
canvas.create_oval(300 - 20, 200 - 20, 300 + 20, 200 + 20)
```

이로써 그림7-2-3과 같이 [중심(300, 200), 반경 20]의 원이 그려집니다.

캔버스는 [width=600, height=400]의 옵션을 지정하고, 폭 600 픽셀, 높이 400 픽셀이므로 딱 이것으로 캔버스의 중심에 원이 그려지게 됩니다(캔버스는 앞에서 설명한 그림7-2-2에 나타낸 것처럼 윈도 그리기 영역에 딱 맞게 겹쳐지므로 이것은 윈도의 그리기 영역의 중심점이기도 합니다).

그림7-2-3 create_oval 메서드로 원을 그린다

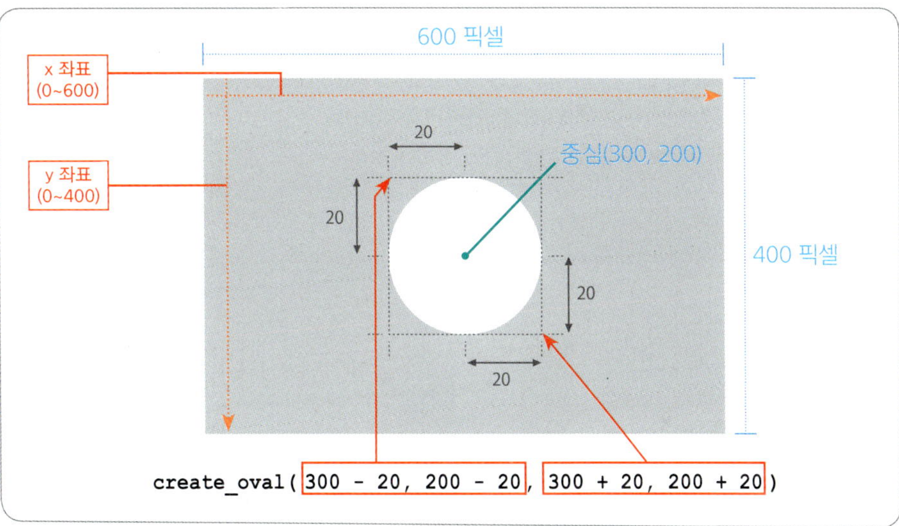

원의 색깔을 바꿔 보자

create_oval 메서드를 비롯해 표7-2-1에 나타낸 메서드는 [검정선], [칠 없음]으로 그립니다. 만약, 색을 칠하고 싶을 때나 선 폭을 바꾸고 싶을 때는 width, outline, fill의 각 옵션을 지정합니다. 또한, 선을 그리지 않으려면 width를 0, 칠하지 않으려면 fill을 None으로 지정합니다.

- width: 선의 폭
- outline: 선의 색
- fill: 칠하는 색

색은 [red], [blue], [green] 등 기본적인 색을 문자열로서 지정할 수 있습니다.

여기서는 [선 없음(width를 0)], [빨간색(fill을 "red")]로 해서 빨간 원으로 합니다.

다음과 같이 변경하면 선 없이 빨갛게 칠해진 원이 그려집니다.

```
canvas.create_oval(300 - 20, 200 - 20, 300 + 20, 200 + 20, fill="red", width=0)
```

수정 위치

COLUMN

지정할 수 있는 색

지정할 수 있는 색 목록은 다음 사이트에 게재되어 있습니다. 대문자·소문자 구별은 하지 않습니다.

▶ http://www.tcl.tk/man/tcl8.4/TkCmd/colors.htm

그 밖에 [빨강], [녹색], [파랑] 삼원색의 농도를 [#RRGGBB]라는 표기로 나타낼 수도 있습니다 (RR=빨간색의 농도, GG=녹색의 농도, BB=녹색의 농도). 각각 [00]~[FF]으로 지정합니다(그림7-2-A).

그림7-2-A 색의 농도를 [#RRGGBB]로 지정한다

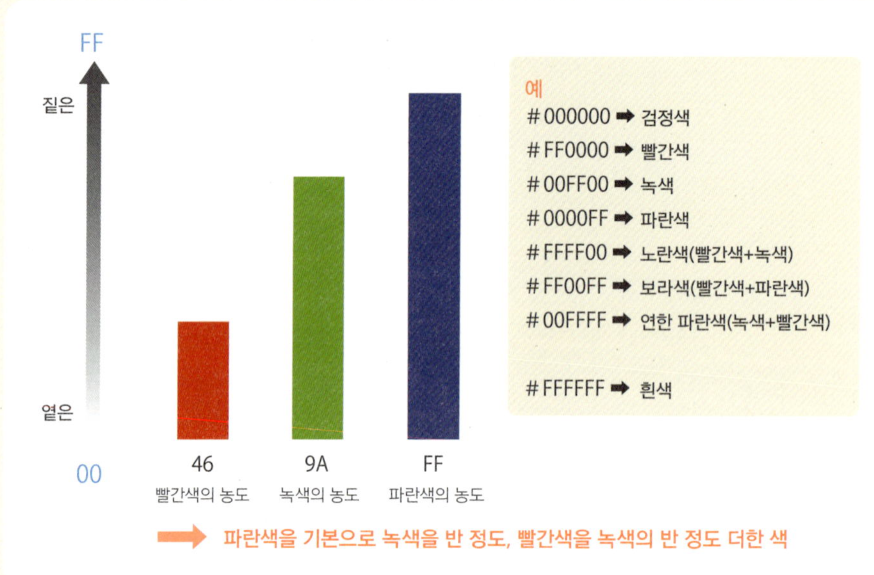

Lesson 7-3

사라지고 나서 새로운 장소에 그립니다

클릭한 위치로 원을 움직여보자

다음으로 캔버스를 클릭했을 때 그 장소에 원을 그리는 구조를 만들어 나갑시다.

캔버스도 버튼도 똑같이 클릭할 수 있네요.

함수로 처리하는 것도 버튼과 같습니다.

클릭된 곳에 그립니다

Lesson 6-4 버튼이 눌리면 메시지를 표시하자 ➔P.172에서는 버튼이 클릭되었을 때 처리를 기술하는데 [**이벤트(event)**]를 이용했습니다. 마찬가지로 캔버스가 클릭되었을 때의 처리를 작성하고 싶을 때도 이벤트를 사용합니다. 그러나 그 방법은 버튼의 경우와 조금 다릅니다.

bind 메서드를 사용해 실행하고자 하는 함수를 연결시킨다

버튼의 경우 [command=]에 함수명을 기술했습니다. 예를 들어 Lesson 6-4에서는 버튼이 클릭되었을 때 ButtonClick 함수를 실행하기 위해서 다음과 같이 했습니다.

```
button1 = tk.Button(root, text = "확인", font=("Helvetica", 14), command
=ButtonClick)
```

클릭되었을 때 실행시킨 함수

반면 캔버스일 때는 **bind 메서드**를 사용하고, [이벤트명]과 [실행하고자 하는 함수]와 연결시킵니다.

서식 bind 메서드

```
canvas.bind(이벤트명, 함수명)
```

이렇게 bind 메서드를 사용하는 것은 캔버스에는 클릭 외에도 더블 클릭 등, 기타 이벤트도 있기 때문입니다. 이벤트명은 [키 장식], [이벤트], [종류]를 마이너스 기호로 연결하고 전체를 [<], [>]로 감싼 서식으로 지정합니다(그림7-3-1).

그림7-3-1 이벤트 종류의 서식

[키의 수식]이란 Shift, Ctrl, Alt 등 함께 눌린 키의 상태를 나타냅니다. 필요하지 않을 때는(이러한 키가 눌린 것을 판정할 필요가 없을 때는) 생략할 수 있습니다. [이벤트]란 이벤트의 종류별(표7-3-1), [종류]는 버튼이나 키의 종류입니다.

[클릭되었다] 이벤트는 "<Button-1>"이라는 문자열입니다. 이것은 [1번 마우스 버튼(=왼쪽 버튼)이 눌렸을 때(=클릭)]라는 의미입니다.

표7-3-1 이벤트의 종류별

이벤트	의미
Button 또는 ButtonPress	눌렸다(클릭). 종류별로 [1]은 왼쪽 버튼, [2]는 오른쪽 버튼, [3]은 중앙 버튼이다
ButtonRelease	버튼을 놓았다. 종류별 지정은 위와 같다.
Key 또는 KeyPress	키보드의 키가 눌렸다. 종류별로 키 번호를 지정한다
KeyRelease	키보드의 키를 놓았다. 종류별 지정은 위와 같다
Enter	영역 안으로 마우스 포인터가 들어왔다
Leave	영역 안으로부터 마우스 포인터가 나갔다
Motion	영역 안에서 마우스 포인터가 움직였다

이벤트 함수에는 좌표 등의 정보가 인수로서 전달된다

예를 들어 마우스의 왼쪽 버튼으로 클릭했을 때 [click]이라는 이름의 함수를 실행하고자 하려면 다음과 같이 작성합니다.

```
canvas.bind("<Button-1>", click)
```

클릭되었을 때, click 함수가 호출됩니다(그림7-3-2).

MEMO

[click]이라는 것은 필자가 임의로 붙인 이름입니다. 함수명은 원하는 걸로 해도 됩니다.

그림7-3-2 클릭되었을 때 click 함수가 실행되도록 등록해 둔다

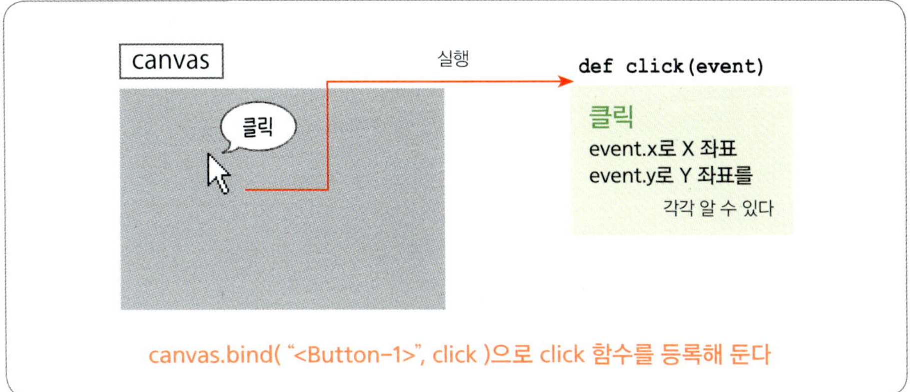
canvas
실행
def click(event)
클릭
클릭
event.x로 X 좌표
event.y로 Y 좌표를
각각 알 수 있다
canvas.bind("<Button-1>", click)으로 click 함수를 등록해 둔다

이때 click 함수에는 인수로서 그 이벤트 발생 시의 정보가 전달됩니다.

```
def click(event):
   …클릭되었을 때의 처리를 여기에 작성한다…
```

예를 들어 위와 같이 [event]라는 인수로서 받는 서식으로 해 둡니다.

MEMO

이 [event]라는 것은 필자가 임의로 붙인 이름이므로 다른 [e]나 [evt], [a], [abc]라든지 무엇이든 됩니다. 예를 들면 [def click(e):]으로 정의한 경우는 X 좌표는 [e.x], Y 좌표는 [e.y]로 구할 수 있습니다.

event에는 클릭되었을 때의 정보가 전달됩니다. 실제로는

- **[event.x]가 클릭된 장소의 X 좌표**
- **[event.y]가 클릭된 장소의 Y 좌표**

이러한 좌표를 각각 나타냅니다. 그래서 **create_oval 메서드**를 사용해 이 좌표에 원을 그리면 클릭된 장소에 원이 그려집니다.

```
canvas.create_oval(event.x - 20, event.y - 20, event.x + 20, event.y + 20, fill
="red", width=0)
```

지금까지 설명했던 내용을 합해 만든 프로그램이 example07-03-01.py입니다. 실행하면 클릭한 장소에 원이 차례로 그려집니다(그림7-3-3).

List example07-03-01.py

```
# coding:utf-8
import tkinter as tk

def click(event):
    # 클릭되었을 때 그 지점에 그린다
    canvas.create_oval(event.x - 20, event.y - 20, event.x + 20, event.y
+ 20,  fill="red", width=0)

# 윈도를 그린다
root = tk.Tk()
root.geometry("600x400")

# 캔버스를 만든다
canvas =tk.Canvas(root, width = 600, height = 400, bg = "white")
canvas.place(x = 0, y = 0)

# 이벤트를 설정한다
canvas.bind("<Button-1>", click)

root.mainloop()
```

클릭된 x 좌표

클릭된 y 좌표

클릭되었을 때 click 함수가 실행되게 한다

그림7-3-3 example07-03-01.py의 실행 결과

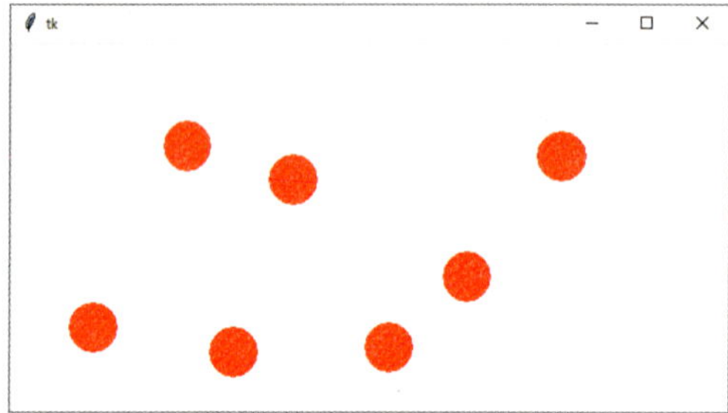

클릭된 곳으로 이동한다

다음으로 클릭된 곳에 원이 증가하지 않고 [클릭한 곳으로 이동한다]로 동작을 바꿔 봅시다. 그러기 위해서는 원을 그릴 때 [원래 그려져 있던 원을 지운다]와 같이 작성합니다.

[지운다]는 것은 이해하기 어렵지만, **[사라진 것처럼 보인다]와 같이 프로그램을 만듭니다**. 몇 가지 방법이 있는데 [원래 그려져 있던 장소에 fill="white", width=0을 지정하고 선이 없는 하얀색 원을 그린다]는 방법이 간단합니다. 캔버스의 배경은 흰색이므로 그렇게 하면 사라진 것처럼 보입니다.

실제로 프로그램으로서 기술한 것이 example07-03-02.py입니다. 실행하면 이번은 궤적은 남지 않고 클릭된 곳으로 원이 이동하는 동작을 합니다.

그리는 원의 위치를 저장해 둔다

원을 지우려면 [전에 어느 위치에 원을 그렸는지]를 저장해야 합니다. 그래서 변수 x와 변수 y에 [전에 그린 위치]를 저장해 둡니다.

처음 값은 아무 값이나 좋으나 여기서는 임시로 캔버스의 중심인 (300,200)으로 했습니다.

```
# 원의 좌표
x = 300
y = 200
```

click 함수 내에서는 이 변수 x와 변수 y를 사용하고자 Lesson 4-6 함수를 사용한다 → P.119에서 설명한 전역(global) 선언을 합니다.

```
global x, y
```

click 함수 내에서는 우선 이 좌표에 [흰색]으로 그리고 원래 원을 지웁니다.

```
canvas.create_oval(x - 20, y - 20, x + 20, y + 20, fill="white", width=0)
```

흰색

MEMO

처음에 click 함수가 실행되었을 때는 빨간색 원은 아직 그려지지 않지만 x에 [300], y에 [200]이 대입되기 때문에 이 위치에 흰색 원이 그려집니다. 흰 캔버스에 흰색 원을 그려도 영향은 없으니 이대로 하지만 혹시 신경이 쓰인다면 [처음에는 흰색 원을 그리지 않게 한다]든가 [x나 y의 범위를 캔버스로부터 벗어나는 장소(마이너스 값 및 캔버스 크기보다 큰 좌표)로 지정한다] 등의 기법을 사용하는 것도 좋습니다.

그리고 클릭된 좌표(event.x, event.y)를 변수 x와 변수 y에 각각 대입하고 나서 그 좌표에 빨갛게 칠한 원을 그립니다.

```
x = event.x
y = event.y
canvas.create_oval(x - 20, y - 20, x + 20, y + 20, fill="red", width=0)
```

클릭된 좌표를 저장한다

빨간색

변수 x와 변수 y는 [지금 빨간색 원을 그린 좌표]로 바뀌므로 다음에 click 함수가 실행될 때는 이 좌표에 하얗게 원이 그려집니다. 즉, [전에 그린 원이 사라진다]처럼 동작합니다.

List example07-03-02.py

```
# coding:utf-8
import tkinter as tk

# 원의 좌표
x = 300
y = 200

def click(event):
    global x, y
    # 지금 원을 지운다
    canvas.create_oval(x - 20, y - 20, x + 20, y + 20, fill="white", width=0)
    x = event.x
    y = event.y
    canvas.create_oval(x - 20, y - 20, x + 20, y + 20, fill="red", width=0)

# 윈도를 그린다
root = tk.Tk()
root.geometry("600x400")

# 캔버스를 만든다
canvas =tk.Canvas(root, width = 600, height = 400, bg = "white")
canvas.place(x = 0, y = 0)

# 이벤트를 설정한다
canvas.bind("<Button-1>", click)

root.mainloop()
```

x와 y는 전에 클릭한 좌표

흰색으로 채운 원을 그린다

클릭된 좌표를 저장

빨간색으로 채운 원을 그린다

클릭되었을 때 click 함수를 실행한다

Lesson 7-4

타이머를 사용해 움직인다

원을 오른쪽으로 움직여보자

앞 Lesson에서는 마우스로 클릭함으로써 그 클릭한 위치로 원을 이동하게 했습니다. Lesson 7-4에서는 클릭하지 않아도 원이 마음대로 오른쪽으로 움직이는 프로그램을 만듭니다.

좌표를 증가하면 오른쪽으로, 줄이면 왼쪽으로 움직이지만 어떻게 프로그래밍하면 될까요?

일정 시간마다 옮겨 간다

[원을 오른쪽으로 움직인다]는 것은 어려운 듯하지만 요점은 결과적으로 원이 오른쪽으로 움직이는 것처럼 되는 것입니다. 그럼 어떻게 하면 원이 오른쪽으로 움직이는 것처럼 보일까요? 그 답은 [조금씩 원의 X 좌표를 늘리면서 그리거나 지우기를 반복하는 것]입니다.

그렇게 함으로써 그 연속한 동작이 오른쪽으로 움직이는 것처럼 보입니다(그림7-4-1).

그림7-4-1 조금씩 옮기며 그려 나간다

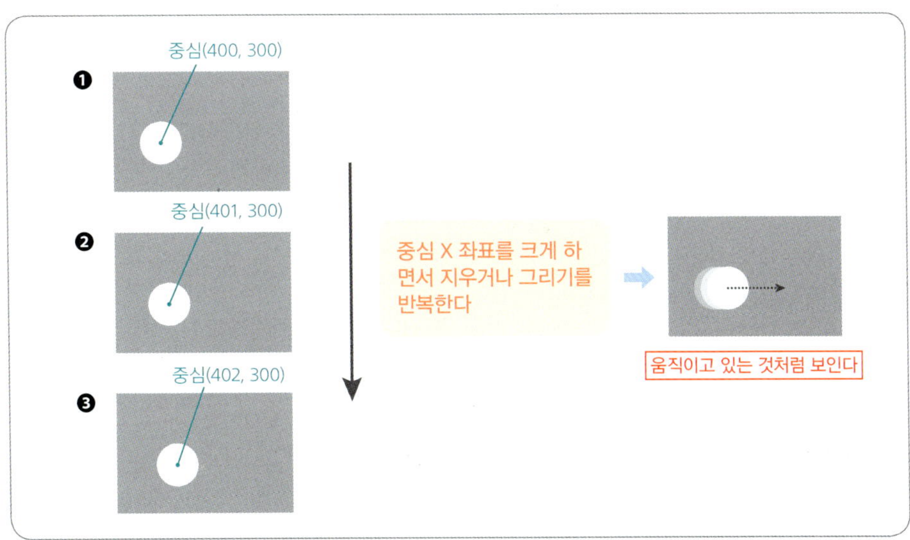

tkinter 타이머를 사용해 일정 시간마다 함수를 실행한다

tkinter에는 **타이머 기능**이 있으며, 일정 시간이 지난 후에 지정한 함수를 실행할 수 있습니다. 타이머는 tkinter 객체의 **after 메서드**를 호출해서 움직이기 시작합니다. 예를 들어

```
root = tk.Tk()
```

root = tk.Tk()와 같은 변수 root가 tkinter 객체를 가리키고 있을 때, 타이머를 움직이려면 다음과 같이 기술합니다.

서식 after 메서드

```
root.after(시간, 실행하고자 하는 함수)
```

시간은 1000분의 1초 단위로 지정합니다. 이 단위를 [밀리초]라고 합니다. 예를 들면 [500]으로 지정한 경우는 [0.5초 후에 실행한다]라는 의미입니다.

원이 움직이는 듯한 애니메이션이라면 30(=0.03초)~10(=0.01초) 정도의 아주 작은 값을 지정하고, 그때마다 원을 그리는 좌표를 조금씩 바꾸어 가면 움직이고 있는 것처럼 보입니다.

> **MEMO**
>
> 텔레비전이나 영화의 애니메이션은 1초에 24컷 또는 30컷으로 움직입니다. 그러므로 그런 부드러움으로 움직이려면 1000÷24≒ 40 정도의 값 이하로 지정합니다. 그것보다 값이 크면 움직임이 딱딱한 것처럼 보입니다.

실제로 after 메서드를 사용해 일정 시간마다 원의 좌표를 변경하면 원이 움직이는 것처럼 보이는 프로그램을 example07-04-01.py에 나타냅니다.

List example07-04-01.py

```
# coding:utf-8
import tkinter as tk

# 원의 좌표
x = 400
y = 300

def move():
    global x, y
    # 지금 원을 지운다
```

```
        canvas.create_oval(x - 20, y - 20, x + 20, y + 20, fill = "white",
width = 0)
        # X좌표를 움직인다
        x = x + 1      증가하고 있으므로 오른쪽으로 움직인다
        # 다음 위치에 원을 그린다
        canvas.create_oval(x - 20, y - 20, x + 20, y + 20, fill = "red",
width = 0)
        # 다시 타이머 설정
        root.after(10, move)      잠시 후에 다시 실행되게 하기 위해 재설정한다

# 윈도를 그린다
root = tk.Tk()
root.geometry("600x400")

# 캔버스를 만든다
canvas = tk.Canvas(root, width = 600, height = 400, bg = "white")
canvas.place(x = 0, y = 0)

# 타이머를 설정한다
root.after(10, move)      0.01초 후에 move 함수가 실행되도록 설정한다

root.mainloop()
```

example07-04-01.py에서는 다음과 같이 after 메서드를 사용, 0.01초(=10밀리초)후에 move 함수를 실행하게 했습니다.

```
root.after(10, move)
```

move 함수로는 먼저 지금 위치의 원을 지웁니다. 이것은 앞 Lesson에서 설명한 클릭으로 원을 움직일 때와 같은 처리입니다.

```
# 현재 이미 그려진 원을 지운다
canvas.create_oval(x - 20, y - 20, x + 20, y + 20, fill="white", width=0)
```

그리고 X 좌표를 증가하고 그 위치에 원을 그립니다.

```
# X좌표를 움직인다
x = x + 1
# 다음 위치에 원을 그린다
canvas.create_oval(x - 20, y - 20, x + 20, y + 20, fill="red", width=0)
```

after 메서드는 [한 번만] 유효하므로 이대로는 벌써 move 함수는 호출되지 않습니다. 따라서 한 번 더 after 메서드로 move 함수를 등록하고 다음에도 실행되게 합니다.

```
# 다시 타이머 설정
root.after(10, move)
```

실행 결과는 그림7-4-2처럼 원이 오른쪽으로 움직입니다.

그림7-4-2 example07-04-01.py의 실행 결과

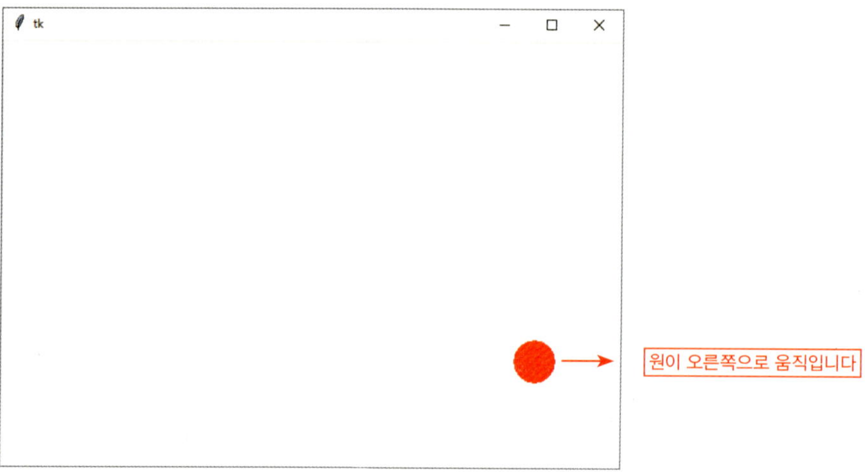

COLUMN

원을 더 빨리 움직이려면

더 빨리 원을 움직이고 싶으면 다음 2가지 방법이 있습니다.

❶ 타이머 간격을 빠르게 한다

첫 번째 방법은 after 메서드에 전달하는 [밀리초] 값을 작게 하는 것입니다.

지금은 [10]으로 지정하는데 이것을 [5]로 하면 move 함수가 0.005초에 1번 실행되므로 2배의 속도로 움직이게 됩니다.

```
root.after(5, move)
```

다만 이 방법은 실행되는 횟수를 증가해서 컴퓨터의 부하가 높아지므로 너무 작은 값으로 해서는 안 됩니다.

❷ 좌표의 이동량을 늘린다

다른 방법은 X의 이동량을 늘리는 방법입니다. 지금은

```
# X좌표를 움직인다
x = x + 1
```

로 하고 있지만,

```
x = x + 2
```

처럼 2씩 증가하면 2배의 속도로 움직이게 됩니다.

Lesson 7-5

윈도의 끝을 판정합니다

왕복해서 움직이게 하자

앞 Lesson 프로그램에서는 원은 오른쪽으로 이동해 갑니다. 이 원은 캔버스의 끝까지 가도 멈추지 않고 그대로 오른쪽으로 계속 이동하고 마침내 보이지 않게 됩니다. 그래서 Lesson 7-5에서는 원이 캔버스의 끝에 닿았을 때 거기에서 이동이 반전해 왕복 운동하게 바꿉니다.

캔버스 끝에 도형이 닿았을 때 튕겨서 되돌아오는 프로그램을 만듭니다.

캔버스의 끝에 닿았으면 이동량을 반전한다

그러기 위한 방법은 비교적 간단합니다. 원의 X 좌표와 캔버스의 왼쪽 끝과 오른쪽 끝의 X 좌표를 판정해 만약 넘으면 반전하게 설정하면 됩니다.

반전 판정은 왼쪽 끝(=X 좌표가 0)과 오른쪽 끝(=X 좌표가 캔버스의 폭) 양쪽 2개의 점에서 합니다. 이동해 가는 것은 원이므로 판정하는 좌표에는 반경도 포함하는 편이 물론 좋지만 여기서는 설명을 간단하게 하기 위해 원의 [중심점]으로 판정합니다. 즉, 원 자체는 반경만큼 밀려나 반전합니다(그림7-5-10).

그림7-5-1 중심점이 벗어나지 않게 한다

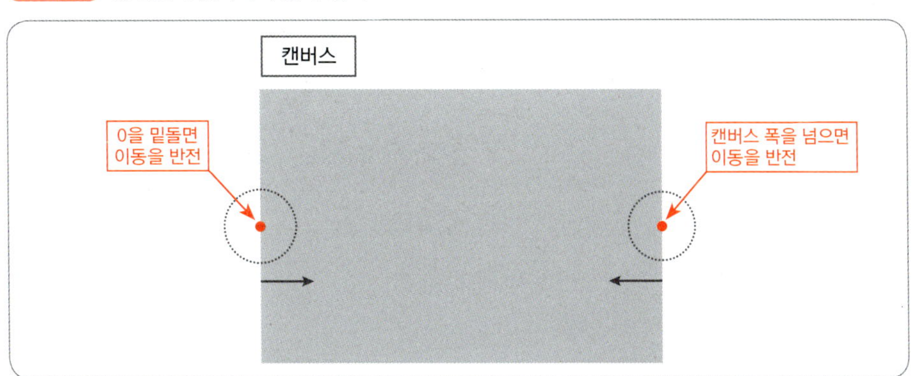

이동량을 변수로 한다

윈도 끝에서 원이 반전하는 프로그램을 만들면 example07-05-01.py와 같습니다.

List example07-05-01.py

```
# coding:utf-8
import tkinter as tk

# 원의 좌표와 반경
x = 400
y = 300
# 이동량
dx = 1 ──── 처음은 1 즉, 오른쪽 방향으로 움직입니다

def move():
    global x, y, dx
    # 지금 원을 지운다
    canvas.create_oval(x - 20, y - 20, x + 20, y + 20,  fill="white", width=0)
    # X좌표를 움직인다
    x = x + dx ──── dx는 [1]이나 [-1] 중 하나입니다
    # 다음 위치에 원을 그린다
    canvas.create_oval(x - 20, y - 20, x + 20, y + 20,  fill="red", width=0)
    # 끝을 지나면 반대방향으로 한다
    if x >= canvas.winfo_width():
        dx = -1 ──── 왼쪽으로 이동하게 합니다
    if x <= 0:
        dx = +1 ──── 오른쪽으로 이동하게 합니다
    # 다시 타이머 설정
    root.after(10, move)

# 윈도를 그린다
root = tk.Tk()
root.geometry("600x400")

# 캔버스를 만든다
canvas = tk.Canvas(root, width = 600, height = 400, bg = "white")
canvas.place(x = 0, y = 0)

# 타이머를 설정한다
root.after(10, move)

root.mainloop()
```

Lesson 7-4 원을 오른쪽으로 움직여보자 ➔P.201에서 작성한 원이 오른쪽으로 이동하는 프로그램에서는

```
x = x + 1
```

과 같이 X 좌표에 [1]을 더하고 있지만 왼쪽으로 이동시키기 위해서는 이번은 반대로 X 좌표를 감소시켜야 합니다. 그래서 이 프로그램에서는 [이동량]을 변수로 했습니다. 여기서는 dx라는 변수명으로 하여,

```
# 이동량
dx = 1
```

로 합니다. 그리고 move 함수 안에는

```
x = x + dx
```

로 X 좌표의 값을 변경합니다. 처음은 dx 값이 [1]이므로 1이 더해집니다. 즉, 오른쪽으로 이동해 나갑니다.

MEMO

여기서는 변수명을 [dx]로 했지만 다른 이름으로 해도 됩니다. [dx]의 [d]는 [delta]의 의미로 어떤 것의 작은 차이를 저장할 때의 변수명으로도 자주 사용됩니다.

캔버스의 끝에서 이동량을 반전한다

원이 캔버스의 끝까지 이동했을 때는 그 이동량——변수dx의 값——을 반전시킵니다. 반전해야 하는 점은 오른쪽 끝과 왼쪽 끝 양쪽에 있습니다.

❶ 오른쪽 끝의 반전

오른쪽 끝은 X 좌표가 캔버스 폭을 넘었는지를 조사합니다. 캔버스 폭은 **winfo_width 메서드**로 구할 수 있습니다. 실제로는 다음과 같이 반전합니다.

MEMO

이 프로그램에서는 캔버스 폭이 600이므로 winfo_width라는 메서드를 사용하지 않고 [x >= 600]으로 작성해도 같습니다. 그러나 메서드를 사용해서 구해 놓으면 나중에 캔버스의 크기를 변경해야 할 때도 if 부분을 수정하지 않아도 됩니다. 그러한 이유로 고정값을 쓰는 것이 아닌 이 예와 같이 메서드를 사용해 실제 값을 구하도록 프로그램하는 것이 바람직합니다.

```
if x >= canvas.winfo_width():   ── 캔버스의 폭
    dx = -1
```

캔버스의 오른쪽 끝을 넘었을 때는 dx에는 [-1]을 설정했습니다. 그렇게 함으로써 원을 이동하는 처리인 다음 부분에서 [-1]이 더해지므로 X 좌표가 줄어들게(=원이 왼쪽 방향으로 움직인다 =반전한다) 됩니다.

```
x = x + dx
```

❷ 왼쪽 끝의 반전

마찬가지로 왼쪽 끝 X 좌표의 반전은 다음과 같습니다.

```
if x <= 0:
    dx = +1
```

왼쪽 끝은 X 좌표가 0이므로 [x <= 0]으로 비교합니다.

여기서는 dx를 [+1]로 설정했으므로 이번은 x에 [+1]이 더해져 X 좌표가 증가하게(=원이 오른쪽 방향으로 움직인다=반전한다) 됩니다.

MEMO

여기서는 플러스인 것을 알기 쉽게 하기 위해 [dx = +1]이라고 기술했지만 [dx = 1]라고 기술해도 같습니다.

이러한 ❶❷의 처리에 따라 [오른쪽 끝에 왔을 때는 이동량이 [+1]에서 [-1]로, 왼쪽 끝에 왔을 때는 이동량이 [-1]에서 [+1]로 바뀌므로 원이 좌우로 왕복 운동한다]라는 동작이 됩니다.

Lesson
7-6

X 좌표만이 아닌 Y 좌표로의 이동도 생각합니다

비스듬히 움직이자

앞 Lesson에서는 좌우 왕복 운동을 할 수 있게 되었습니다. 이번에는 X 좌표와 동시에 Y 좌표 방향으로도 움직이게 설정해서 원이 비스듬히 움직이는 것처럼 보이는 프로그램을 만듭시다.

원이 좌우로만 움직이는 것은 밋밋한 것 같아요.
Y 좌표를 설정하면 비스듬히 움직입니다.

비스듬히 움직이려면

원을 비스듬히 움직이려면 X 좌표 방향과 Y 좌표 방향으로 동시에 움직이도록 프로그램을 만듭니다(그림7-6-1).

Lesson 7-5 왕복해서 움직이게 하자 ➜P.205에서 작성한 프로그램에서는 dx라는 변수로 X의 이동량을 저장해서 좌우로 이동시켰습니다. 마찬가지로 Y 좌표 방향 즉, 상하로 움직이려면 Y의 이동량으로 dy 변수를 도입해서 이 변수 dy를 원의 Y 좌표에 더해 가는 처리를 합니다. 이 Y 좌표의 처리를 앞 Lesson에서 작성한 프로그램에 더하면 X 좌표 방향(좌우)과 Y 좌표 방향(상하)이 동시에 움직이기 때문에 결과적으로 비스듬히(45도) 움직이게 됩니다.

이때 물론 원이 캔버스의 높이를 초과했을 때의 처리도 기술합니다. 즉, 위의 가장자리(=Y 좌표가 0)와 아래 가장자리(=Y 좌표가 캔버스의 높이) 2점을 판정하고, 이동을 반전시킵니다.

그림7-6-1 비스듬히 움직인다

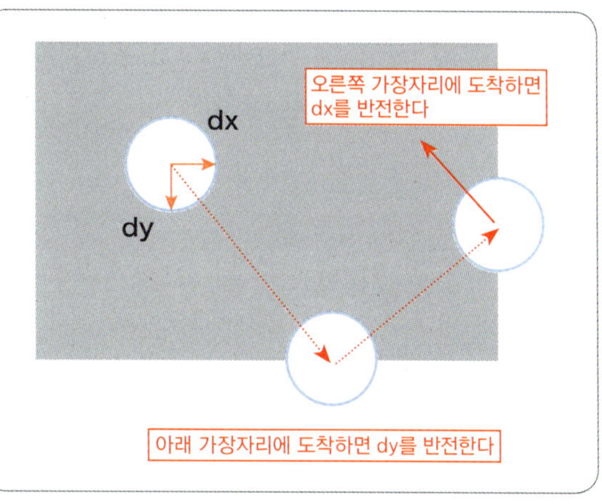

오른쪽 가장자리에 도착하면 dx를 반전한다
dx
dy
아래 가장자리에 도착하면 dy를 반전한다

X 좌표와 Y 좌표를 동시에 움직인다

원이 비스듬히 움직이고 캔버스의 상하 좌우 끝에 닿으면 반전하는 프로그램이 example07-06-01.py입니다. 먼저 Y 좌표의 이동량으로 dy 변수를 도입했습니다.

```
# 이동량
dx = 1
dy = 1        y의 이동량의 처음은 1 즉, 아래방향으로 한다
```

그리고 move 함수로는 Y 좌표를 dy 수만큼 증가하도록 했습니다.

```
# Y좌표도 움직인다
y = y + dy
```

Y 좌표는 캔버스의 위 가장자리(=Y 좌표가 0)와 아래 가장자리(Y 좌표가 캔버스의 높이)로 판정 처리합니다. 그 좌표에서 변수 dy의 플러스와 마이너스가 반대가 되도록 설정하면 원의 움직임이 반전하게 됩니다.

캔버스의 높이는 **winfo_height 메서드**로 구할 수 있습니다. 방법은 Lesson 7-5에서 X 좌표에 대해서 한 것과 같고 그것을 Y 좌표에 대해서도 적용할 뿐입니다.

```
# Y좌표에 대해서도 마찬가지
if y >= canvas.winfo_height():        아래 가장자리를 넘었을 때
    dy = -1        윗 방향으로 한다
if y <= 0:        위 가장자리를 넘었을 때
    dy = +1        아래 방향으로 한다
```

이러한 Y 좌표의 처리를 추가함으로써 X 좌표 방향과 Y 좌표 방향으로 동시에 움직이게 됩니다. 이것으로 원이 비스듬히 움직이고 윈도의 상하 좌우 끝에서 반전하므로 결과적으로 원이 여기저기 튕기는 듯한 움직임이 됩니다(그림7-6-2).

List example07-06-01.py

```
# coding:utf-8
import tkinter as tk

# 원의 좌표와 반경
x = 400
y = 300
# 이동량
dx = 1
dy = 1

def move():
```

```
    global x, y, dx, dy
    # 현재 원을 지운다
    canvas.create_oval(x - 20, y - 20, x + 20, y + 20,  fill="white", width=0)
    # X 좌표를 움직인다
    x = x + dx
    # Y 좌표를 움직인다
    y = y + dy
    # 다음 위치에 원을 그린다
    canvas.create_oval(x - 20, y - 20, x + 20, y + 20,  fill="red", width=0)
    # 끝을 넘으면 반대방향으로 한다
    if x >= canvas.winfo_width():
        dx = -1
    if x <= 0:
        dx = +1
    # Y 좌표에 대해서도 마찬가지
    if y >= canvas.winfo_height():
        dy = -1
    if y <= 0:
        dy = +1
    # 다시 타이머 설정
    root.after(10, move)

# 윈도를 그린다
root = tk.Tk()
root.geometry("600x400")

# 캔버스를 만든다
canvas =tk.Canvas(root, width = 600, height = 400, bg = "white")
canvas.place(x = 0, y = 0)

# 타이머를 설정한다
root.after(10, move)

root.mainloop()
```

- `if x >= canvas.winfo_width():` — 오른쪽 가장자리를 넘었을 때
- `dx = -1` — 왼쪽 방향으로
- `if x <= 0:` — 왼쪽 가장자리를 넘었을 때
- `dx = +1` — 오른쪽 방향으로
- `if y >= canvas.winfo_height():` — 아래 가장자리를 넘었을 때
- `dy = -1` — 위쪽 방향으로
- `if y <= 0:` — 위 가장자리를 넘었을 때
- `dy = +1` — 아래 방향으로

그림7-6-2 비스듬히 움직이게 된다

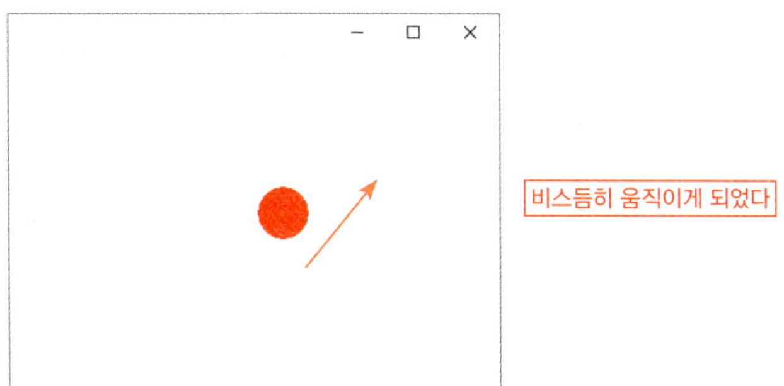

Lesson 7-7

이제까지의 움직임 그대로, 원의 수를 증가하려면

많은 원을 움직이자

지금까지는 하나의 원을 그려 왔는데 이번에는 한 번에 많은 원을 그립니다. 많은 원을 제어하려면 리스트를 사용해 반복 처리를 합니다.

비스듬한 움직임으로 원의 수가 증가하면 재미있겠네요!

리스트와 반복을 사용해 간단하게 할 수 있어요!

원을 딕셔너리와 리스트로 관리한다

많은 원을 제어하려면 각각의 원이 가진 값을 전부 관리해야 합니다.

지금까지 프로그램을 만들어 온 것으로 알 수 있듯이 하나의 원을 제어하기 위해 적어도 다음 4가지 변수가 필요합니다.

- x ······················ X 좌표를 나타낸다
- y ······················ Y 좌표를 나타낸다
- dx ·················· X의 이동량을 나타낸다
- dy ·················· Y의 이동량을 나타낸다

만약 이러한 변수로 예를 들어 3개의 원을 제어한다면

- 1번째 원 ··········· x, y, dx, dy
- 2번째 원 ··········· x2, y2, dx2, dy2
- 3번째 원 ··········· x3, y3, dx3, dy3

라는 변수가 필요합니다. 조금 더 늘어나면 그만큼 변수가 필요하고 매우 관리하기 어려워집니다. 그래서 다음 2가지 방법을 사용합니다.

값을 하나로 묶는 딕셔너리

1번째 아이디어는 [하나의 원에 관한 데이터는 하나로 묶는다]라는 방법입니다.

그러한 방법으로 Python의 [**딕셔너리(Dictionary)**]라는 기능을 사용합니다. 딕셔너리는 [키와 값의 짝]을 하나로 묶어 관리하는 구조입니다.

예를 들어 다음과 같이 사용합니다. 여기에서 ball은 임의의 변수명입니다.

```
ball = {"x" : 400, "y" : 300, "dx" : 1, "dy" : 1}
```

이렇게 기술하면 ball이라는 묶음에 [x], [y], [dx], [dy]가 저장됩니다(그림7-7-1). 만약 X 좌표 값을 꺼내려면,

```
ball["x"]
```

라고 기술합니다. 마찬가지로 Y 좌표 값을 꺼내려면,

```
ball["y"]
```

라고 기술합니다. 이처럼 딕셔너리는 다음 서식으로 설정합니다.

서식 딕셔너리

```
변수명 = {키 이름:값, 키 이름:값, ・・・}
```

이렇게 기술하면 그 각각의 키에 대한

```
변수명["키 이름 값"]
```

이라는 서식으로 참조할 수 있습니다. 이처럼 딕셔너리를 사용하면 관련된 데이터를 하나로 묶기 쉽습니다.

그림7-7-1 딕셔너리

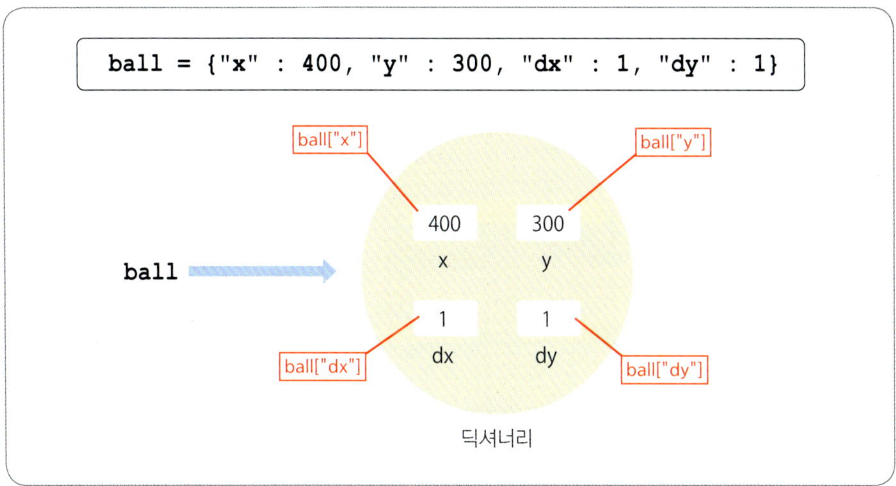

리스트를 사용해서 여러 개 다룬다

나머지 아이디어는 [모든 원을 하나로 묶는다]는 방법입니다. 딕셔너리를 사용하면 3개의 원을 다룰 때,

```
ball = {"x" : 400, "y" : 300, "dx" : 1, "dy" : 1}
ball2 = {"x" : 200, "y" : 100, "dx" : -1, "dy" : 1}
ball3 = {"x" : 100, "y" : 200, "dx" : 1, "dy" : -1}
```

와 같이 쓸 수 있지만, 이렇게 3개의 변수로 관리하는 것은 그다지 바람직하지 않습니다. 왜냐하면 3개의 원을 그릴 때는

```
canvas.create_oval(ball["x"]-20, ball["y"]-20, ball["x"]+20, ball["y"]+20,
"red", width=0)
canvas.create_oval(ball2["x"]-20, ball2["y"]-20, ball2["x"]+20, ball2["y"]+20,
"red", width=0)
canvas.create_oval(ball3["x"]-20, ball3["y"]-20, ball3["x"]+20, ball3["y"]+20,
"red", width=0)
```

라고 3줄로 작성해야 하기 때문입니다. 10개의 원을 다룬다면 10줄, 100개의 원을 다룬다면 100줄로 작성해야 하는 것은 말할 것도 없습니다.

그래서 그릴 때 조금 더 짧게 쓸 수 없을지 검토해보니 해결책으로 리스트가 유효합니다. 리스트는 Lesson 5-3 네 자릿수의 랜덤인 값을 만든다 ➔P.137에서 설명한 것처럼 여러 개의 값을 []로 감싸 정리하는 것입니다. 리스트를 사용하면 예를 들어 다음과 같이 작성할 수 있습니다.

```
balls = [
    {"x" : 400, "y" : 300, "dx" : 1, "dy" : 1},
    {"x" : 200, "y" : 100, "dx" : -1, "dy" : 1},
    {"x" : 100, "y" : 200, "dx" : 1, "dy" : -1}
]
```

이렇게 하면 예를 들어 첫 번째 원의 X 좌표와 Y 좌표는

```
balls[0]["x"]
```

또는 다음과 같이 구할 수 있습니다.

```
balls[0]["y"]
```

두 번째의 원이면

```
balls[1]["x"]
```

또는 다음과 같이 구할 수 있습니다(그림7-7-2).

```
balls[1]["y"]
```

그림7-7-2 딕셔너리와 리스트를 조합한다

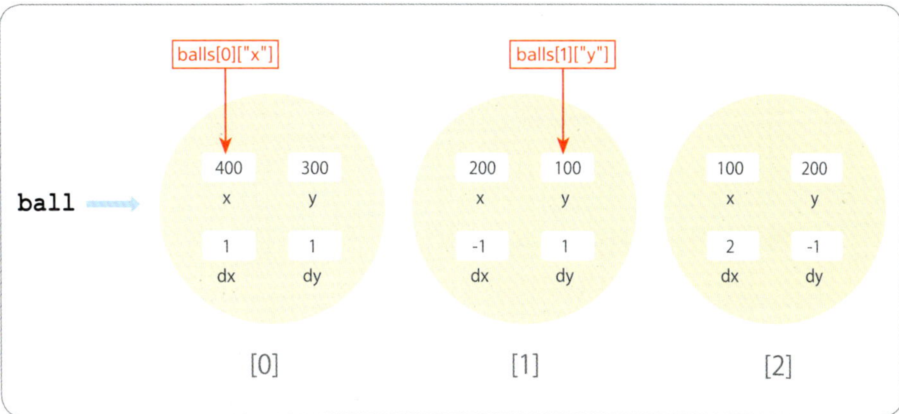

따라서 예를 들어 이 1번째 원을 그리려면 다음과 같이 작성할 수 있습니다.

```
canvas.create_oval(balls[0]["x"] - 20, balls[0]["y"] - 20, balls[0]["x"] + 20,
balls[0]["y"] + 20, "red", width=0)
```

이래서는 앞의 ball, ball2, ball3 3개의 변수를 사용하는 경우와 다르게 없지만, 다른 것은 반복 처리를 할 수 있다는 점입니다. 만약, 3가지 전부를 그리려면 하나씩 꺼내 이것을 루프하면 되고 다음과 같이 짧게 씁니다.

```
for b in balls:
    canvas.create_oval(b["x"] - 20, b["y"] - 20, b["x"] + 20, b["y"] + 20, "red",
width=0)
```

많은 원을 반복으로 움직인다

실제로 3개의 원을 움직이게 하는 프로그램이 example07-07-01.py입니다.

이 프로그램에서는 조금 욕심을 부려 딕셔너리에서 [색]을 지정할 수 있게도 했습니다. example07-07-01.py에서는 그리고자 하는 원을 다음과 같이 정의합니다. 여기에서 [color]는 그리고자 하는 색입니다.

```
balls = [
    {"x" : 400, "y" : 300, "dx" : 1, "dy" : 1, "color":"red"},
    {"x" : 200, "y" : 100, "dx" : -1, "dy" : 1, "color":"green"},
    {"x" : 100, "y" : 200, "dx" : 1, "dy" : -1, "color": "blue"}
]
```

색

함수 내에서는 이 balls의 모든 요소에 대해서 for로 반복 처리함으로써 모든 원을 움직이게 합니다.

```
for b in balls:
    …각각의 원에 대한 조작…
```

그리는 처리에서는

```
canvas.create_oval(b["x"] - 20, b["y"] - 20, b["x"] + 20, b["y"] + 20,
fill=b["color"], width=0)
```

과 같이 fill 인수에는 [b["color"]]를 지정하므로 딕셔너리의 [color]에서 지정한 색으로 그려집니다.

실제로 실행하면 그림7-7-3와 같습니다.

List example07-07-01.py

```
# coding:utf-8
import tkinter as tk

# 원을 리스트로 준비한다
balls = [
  {"x" : 400, "y" : 300, "dx" : 1, "dy" : 1, "color":"red"},
  {"x" : 200, "y" : 100, "dx" : -1, "dy" : 1, "color":"green"},
  {"x" : 100, "y" : 200, "dx" : 1, "dy" : -1, "color": "blue"}
]

def move():
    global balls
    for b in balls:
        # 현재 그려진 원을 지운다
        canvas.create_oval(b["x"] - 20, b["y"] - 20, b["x"] + 20, b["y"] + 20, fill="white", width=0)
        # X 좌표를 움직인다
        b["x"] = b["x"] + b["dx"]
        # Y 좌표를 움직인다
        b["y"] = b["y"] + b["dy"]
        # 다음 위치에 원을 그린다
        canvas.create_oval(b["x"] - 20, b["y"] - 20, b["x"] + 20, b["y"] + 20, fill=b["color"], width=0)
        # 끝을 지나면 반대방향으로 전환한다
        if b["x"] >= canvas.winfo_width():
            b["dx"] = -1
        if b["x"] <= 0:
            b["dx"] = +1
        # Y 좌표에 대해서도 마찬가지
        if b["y"] >= canvas.winfo_height():
```

X 좌표 / Y 좌표 / x 방향의 이동 / y 방향의 이동 / 색

for b in balls: → 모든 원에 대해 반복한다

```
            b["dy"] = -1
        if b["y"] <= 0:
            b["dy"] = +1
    # 다시 타이머 설정
    root.after(10, move)

# 윈도를 그린다
root = tk.Tk()
root.geometry("600x400")

# 캔버스를 만든다
canvas = tk.Canvas(root, width = 600, height = 400, bg = "white")
canvas.place(x = 0, y = 0)

# 타이머를 설정한다
root.after(10, move)

root.mainloop()
```


그림7-7-3 3개의 원을 움직이게 한 예

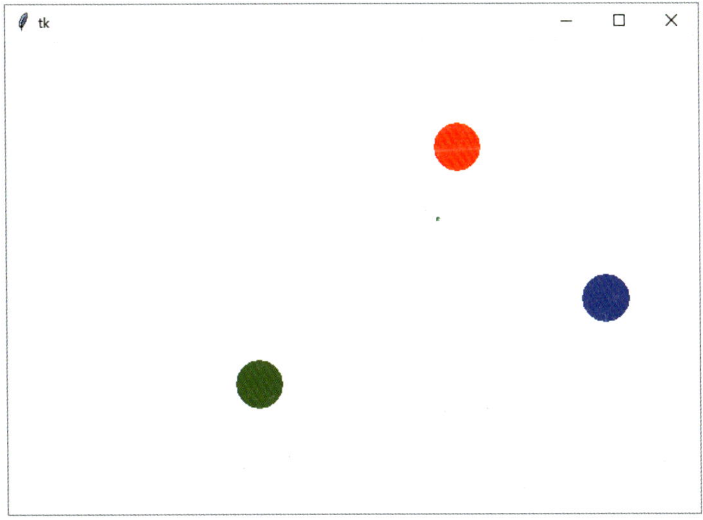

더 많은 원을 움직이는 것도 간단

여기서는 그림7-7-3처럼 3개의 원을 다뤘지만, 예를 들어 다음과 같이

```
balls = [
    {"x" : 400, "y" : 300, "dx" : 1, "dy" : 1, "color":"red"},
    {"x" : 200, "y" : 100, "dx" : -1, "dy" : 1, "color":"green"},
    {"x" : 100, "y" : 200, "dx" : 1, "dy" : -1, "color": "blue"},
    {"x" : 50, "y" : 400, "dx" : -1, "dy" : 1, "color": "purple"},
    {"x" : 400, "y" : 100, "dx" : 1, "dy" : 1, "color": "yellow"}
]
```

데이터 정의를 5가지로 바꾸면 5개의 원이 표시됩니다(그림7-7-4).

이 변경에 따라 **move 함수** 등 다른 부분을 변경할 필요는 없습니다. 리스트에 데이터 정의를 변경해도 좋습니다.

이처럼 데이터를 변경하는 것만으로 다루는 원의 개수를 변경할 수 있는 것은 딕셔너리와 리스트를 사용한 프로그래밍의 큰 이점이라고 말할 수 있습니다.

그림7-7-4 5개의 원을 표시한 것

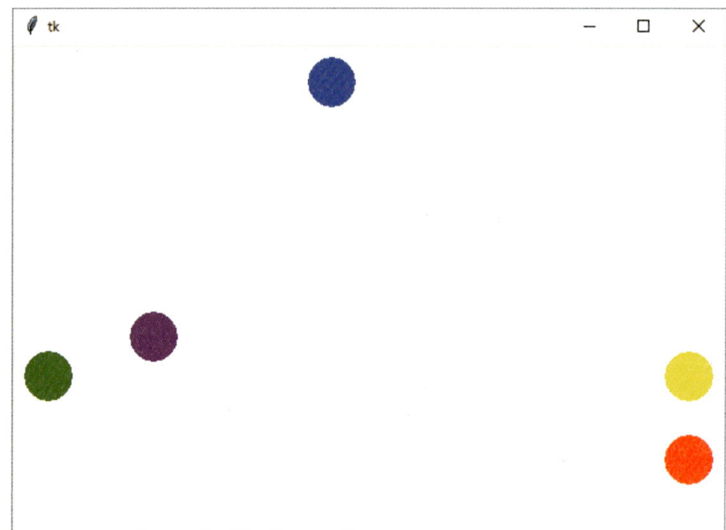

Lesson 7-8

클래스와 객체에 도전합시다

프로그램을 블록화해 하나의 기능을 부여한다

앞 Lesson에서는 딕셔너리와 리스트를 사용해 여러 개의 원을 그리는 프로그램을 만들었습니다. 여기에는 사실 좋은 대안이 있습니다. 그것은 클래스와 객체를 사용하는 방법입니다.

딕셔너리와 리스트는 편리하지만 프로그램이 조금 복잡하네요.

클래스와 객체를 사용하는 방법도 있습니다.
여기에서 사용법을 기억합시다!

프로그램을 블록화해서 하나의 기능을 부여한다

앞 절에서 만든 딕셔너리와 리스트를 사용해 원의 좌표나 이동 방향, 그리기 색 등의 데이터를 관리해 그것을 1개씩 반복 처리하여 그리는 방법은 옛날부터 있던 고전적인 수법입니다.

반면 요즘은 프로그램을 부품화(컴포넌트화)하여 여러 가지 기능을 구현하는 방법이 자주 채택됩니다.

이번 예로 말하면, 하나하나의 [원]을 부품으로서 다루는 것입니다. 부품의 각각은 내부에서 자신의 상태—이번 예로 말하면, 좌표나 이동 방향, 그리는 색—를 갖고 있습니다.

부품은 외부에서 여러 가지 [명령]을 받아들일 수 있게 만들어 놓습니다. 예를 들면 [움직인다] 또는 [그린다] 또는 [지운다]라는 명령을 받아들일 수 있게 합니다.

프로그램에서는 그러한 명령을 실행함으로써 부품을 제어합니다. 여기서 말하는 부품이 [객체]로 그 명령은 [메서드]에 해당합니다.

[그동안 만들어 온 프로그램]과 [객체를 사용한 프로그램] 방법의 차이를 그림7-8-1에 나타냅니다.

큰 차이는 [데이터를 어디에서 관리하는가]라는 점에 있습니다. 이제까지 만들어 온 프로그램에서는 데이터가 딕셔너리나 리스트로 묶여 관리되고 있었는데 반해 객체를 사용한 프로그램에서는 각각의 객체가 데이터를 갖고 있어 그것에 대해서 명령을 처리하도록 프로그래밍합니다.

그림7-8-1 객체 측에 프로그램이 있어 외부에서는 그것에 대해 명령을 줄 뿐

[이제까지의 프로그램]

• 데이터

```
balls = [
  {"x" : 400, "y" : 300, "dx" : 1, "dy" : 1, "color":"red"},
  {"x" : 200, "y" : 100, "dx" : -1, "dy" : 1, "color":"green"},
  {"x" : 100, "y" : 200, "dx" : 1, "dy" : -1, "color": "blue"}
]
```

데이터를 하나씩 읽어 처리한다

• 프로그램

```
for b in balls:
  # 현재 그려진 원을 지운다
  canvas.create_oval(b["x"] - 20, b["y"] - 20, b["x"] + 20, b["y"] + 20,
fill="white", width=0)
  # X 좌표를 움직인다
  b["x"] = b["x"] + b["dx"]
  # Y 좌표도 움직인다
  b["y"] = b["y"] + b["dy"]
  # 다음 위치에 원을 그린다
  canvas.create_oval(b["x"]- 20, b["y"] - 20, b["x"] + 20, b["y"] + 20,
fill=b["color"], width=0)
```

canvas.create_oval 메서드의 실행 등, 지우거나 그리는 프로그램은 객체 측에 갖추도록 한다

[객체를 사용한 프로그램]

```
for b in balls:
 # 움직인다
 b.움직인다()
```

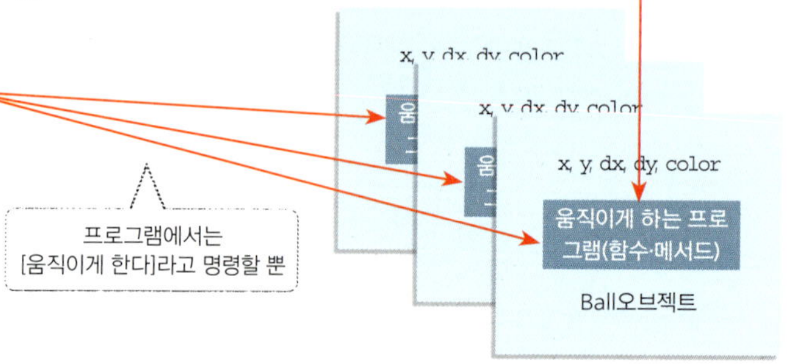

객체는 클래스로부터 만든다

실제로 객체를 만들고 싶지만 사실은 객체를 프로그래머가 기술하지는 않습니다. 프로그래머가 기술하는 것은 객체의 기초가 되는 [**클래스(class)**]라는 것입니다.

객체를 사용하려면 프로그래머는 클래스라는 것을 프로그램으로서 작성해야 합니다.

이렇게 하여 객체를 사용하려면 Python의 특정 문법(나중에 설명합니다)을 사용해 클래스

로부터 객체를 만듭니다. 이렇게 만든 객체를 [**인스턴스(instance)**]라고 합니다. 그리고 클래스로부터 객체를 만드는 조작을 [실체화한다]나 [인스턴스를 만든다]라고 합니다.

그림7-8-2에 나타낸 바와 같이 클래스와 객체는 일대다 관계입니다. 클래스를 작성해 두면 그 클래스를 기준으로 한 객체를 몇 개라도 만들 수 있습니다.

그림7-8-2 클래스와 객체와의 관계

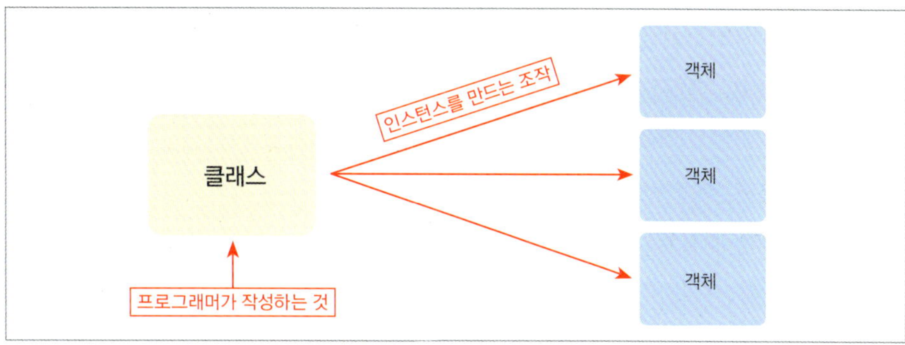

클래스로 데이터를 관리한다

클래스와 객체 이야기는 매우 어려우므로 순서에 따라 설명합니다. 최종적으로는 원을 움직이는 객체를 만들어 가는데 일단 [움직이게 한다]라는 것은 잊고, 여기서는 원의 좌표와 이동량, 색을 관리하는 데이터에 대해서만 생각합니다.

클래스를 만든다

앞 Lesson에서 딕셔너리와 리스트를 사용한 프로그램의 예로 알 수 있듯이 하나의 원은 다음 5개의 데이터를 갖고 있습니다.

```
x좌표, y좌표, x의 이동량, y의 이동량, 색
```

그래서 우선은 이 5가지 종류의 데이터를 객체 내부에서 관리하도록 하고 그러기 위한 클래스를 작성합니다. 클래스명은 무엇이든 상관없지만 여기서는 임시로 [Ball]이라는 이름으로 합니다. Python에서 클래스를 만들 때는 다음과 같은 형식으로 기술합니다.

서식 클래스 작성

```
class 클래스명:
    클래스의 정의 내용
```

여기서는 다음과 같이 Ball 클래스를 만듭니다.

```
class Ball:
  def __init__(self, x, y, dx, dy, color):
    self.x = x
    self.y = y
    self.dx = dx
    self.dy = dy
    self.color = color
```

여기에서 정의한 [__init__]이라는 것은 처음에 객체를 만들 때 호출되는 특수한 함수로 [생성자(constructor)]라고 합니다. 생성자는 객체의 상태를 초기 상태로 설정할 때의 처리를 하기 위해 사용합니다.

클래스로부터 객체를 만든다

이렇게 Ball 클래스를 만들었을 때 이 클래스로부터 객체—Ball 객체—를 만들려면 다음과 같이 작성합니다. 이렇게 하면 Ball 객체가 생성되어 변수 b에 대입됩니다(변수 b는 임의의 명칭이며 어떤 변수든 상관없습니다).

```
b = Ball(400, 300, 1, 1, "red")
```

이때 내부에서는 생성자(클래스 내에 기술한 __init__라는 이름의 함수)가 실행되고 그림 7-8-3에 나타낸 일련의 처리가 실행됩니다. 이 결과 Ball 객체 안에는 [x], [y], [dx], [dy], [color]라는 이름의 변수가 생성되어 거기에 인수로 전달된 값이 대입됩니다. 이렇게 객체 내부에 있는 변수를 [**인스턴스 변수**]라고 합니다.

그림7-8-3 인스턴스가 만들어질 때의 움직임

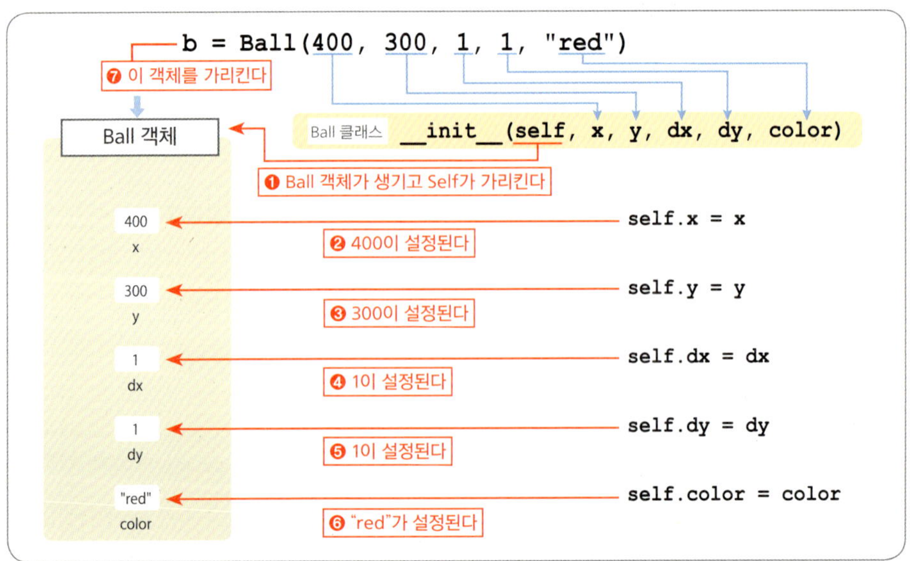

자신을 가리키는 self

그럼 [__init__]에 대해서 조금 더 자세하게 살펴봅시다. def로 정의되어 있듯 이것은 함수이지만 보통 함수와 클래스 내부에서 정의한 함수와는 큰 차이가 한 가지 있습니다.

그것은 **1번째 인수는 [객체를 가리키는 특별한 변수이다]**라는 점입니다. 지금 제시한 예에서는 __init__함수를 다음과 같이 정의했습니다.

```
def __init__(self, x, y, dx, dy, color):
```

이 맨 앞의 **[self]는 [객체를 가리킨다]**라는 약속입니다.

이후, 이 클래스에는 이외에도 몇 개의 메서드를 만드는데 [맨 앞의 인수는 항상 조작 대상의 객체가 전달된다]라는 점은 같습니다.

이와 같이 해서 전달된 self에 대해서 [self.x]나 [self.y]와 같이 [.]으로 연결해 임의의 변수명을 기술하면 그것을 변수로 사용할 수 있습니다. 이러한 객체 내부의 변수를 [**인스턴스 변수**]라 합니다.

MEMO

함수의 1번째 인수는 관례적으로 self라는 이름이 사용되는데 self가 아닌 다른 이름으로 해도 됩니다. 예를 들어 [def __init__(s, x, y, dx, dy, color):]와 같이 정의해도 됩니다. 이때 인스턴스 변수를 참조하기 위한 서식은 [s.x]나 [s.y]입니다.

메서드를 구현한다

이처럼 [__init__] 함수를 만들어 [self.변수명]에 값을 대입함으로써 그림7-8-3에 나타냈듯이 그 객체에 임의의 데이터를 저장해 관리할 수 있게 됩니다.

다음으로 이 객체에 명령을 부여할 수 있는 [**메서드(method)**]를 만들어 봅시다. 최종적으로는 [원을 움직이게 한다]는 메서드를 구현하려는데 처음부터 그것은 어려우므로 간단한 test라는 메서드를 구현합니다.

메서드라는 것은 클래스 내부에 정의된 함수에 지나지 않습니다. 예를 들어 다음과 같이 test 메서드를 작성합니다.

```
class Ball:
    def __init__(self, x, y, dx, dy, color):
        self.x = x
        self.y = y
        self.dx = dx
        self.dy = dy
        self.color = color
    def test(self)
        print(self.x)
        print(self.y)
```

test 메서드

여기에서 구현한 test 메서드는

```
def test(self)
    print(self.x)
    print(self.y)
```

와 같이 했습니다. 이것은 [self.x]와 [self.y]를 표시한 것뿐입니다. 여기에서

```
b = Ball(400, 300, 1, 1, "red")
```

로 Ball 객체를 만들었다고 합시다. 이때 앞의 그림7-8-3에 표시한 것처럼 [self.x]는 [400], [self.y]는 [300]일 것입니다.

그러므로 다음을 실행하면 화면에는 [400], [300]으로 표시됩니다.

```
b.test()
```

이 일련의 흐름을 나타내면 그림7-8-4와 같습니다.

그림7-8-4 test 메서드를 호출했을 때의 움직임

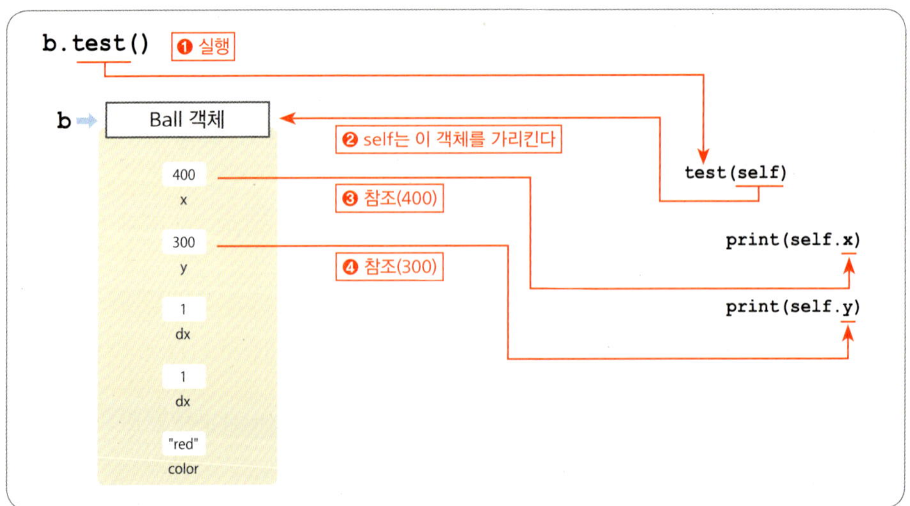

원을 움직이는 메서드를 만든다

이제까지의 설명을 되짚어보면 [원을 움직인다]는 프로그램을 클래스와 객체를 사용해 구현했습니다.

우선 [하나의 원을 움직인다]는 프로그램을 example07-07-01.py에 나타냅니다.

움직이는 처리는 Ball 클래스의 move 메서드에 작성합니다.

원을 객체로 만들고 움직인다

프로그램으로는 먼저 다음과 같이 Ball 객체를 만듭니다. 여기서는 변수 b에 대입했습니다.

```
b = Ball(400, 300, 1, 1, "red")
```

정기적인 타이머로 기동하는 loop 함수를 다음과 같이 정의했습니다(타이머 ➜P.202 참조).

```
def loop():
    # 움직인다
    b.move(canvas)
    # 한 번 더
    root.after(10,loop)
```

0.01초(100밀리초) 후에 이 loop 함수가 실행되도록 다음과 같이 타이머를 등록합니다.

```
root.after(10, move)
```

움직이게 하는 조작

위의 loop 함수에서는

```
b.move(canvas)
```

와 같이 변수 b가 가리키는 Ball 객체의 move 메서드를 실행합니다.

move 메서드는 다음과 같이 정의합니다.

```
def move(self, canvas):
```

1번째 인수가 이 객체를 나타내는 것은 이미 설명했습니다. 2번째 인수는 실행될 때 전달하는 값(여기서는 b.move(canvas)로 move 메서드를 실행하고 있으므로 이때 전달한 canvas)입니다.

move 메서드로는 먼저 원을 흰색으로 그려서 지웁니다. 대상 좌표는 [self.x]와 [self.y]입니다.

```
canvas.create_oval(self.x - 20, self.y - 20, self.x + 20, self.y + 20,
fill="white", width=0)
```

그리기가 끝나면 X 좌표와 Y 좌표를 다음 위치로 이동합니다.

```
# X 좌표, Y 좌표를 움직인다
self.x = self.x + self.dx
self.y = self.y + self.dy
```

이 처리 다음, 끝에 닿았을 때는 이동 방향을 반전시키는 프로그램이 계속되는데 그 설명은 생략합니다.

객체에 대해서 명령을 줘서 움직이게 한다

프로그램은 조금 복잡하게 얽혀 있어 어렵지만 주목해야 할 점은

```
b.move()
```

처럼 객체를 대입한 변수에 대해서 move라는 메서드를 실행함으로써 움직이게 한다는 점입니다.

move 메서드에서 [어떤 처리를 실행하는가]는 객체(기초가 되는 클래스)로 쓰여 있어, [객체를 사용하는 측]으로부터는 완전한 블랙박스입니다(그림7-8-5).

다시 말하면 이 Ball이라는 객체를 [사용하고 있는 측]은 [move 메서드를 실행하면 원이 움직인다]라는 사실만 알고 있고, [어떻게 움직이게 하는가]라는 [움직이게 하는 방법]은 모릅니다.

실제로 움직이는 방법은 객체 내부에 가려있기 때문에 전체 프로그램이 깔끔하고 보기 쉽습니다.

그림7-8-5 객체 내부의 처리는 사용하는 측은 신경 쓰지 않아도 된다

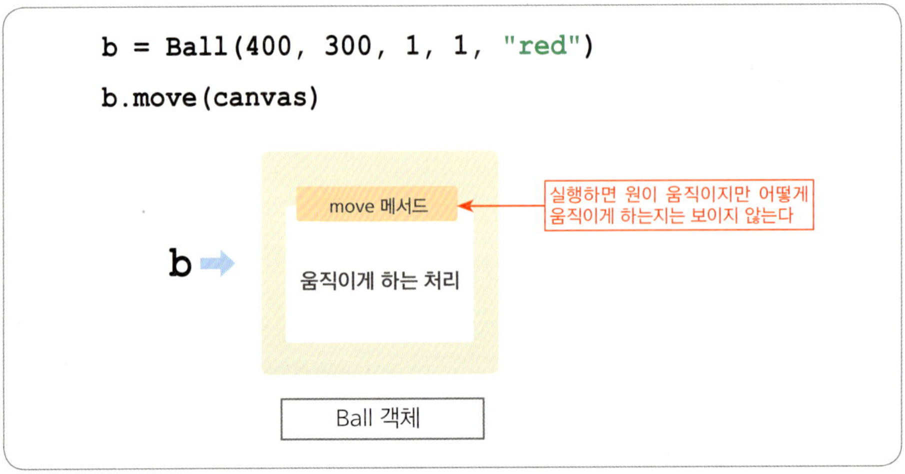

```
b = Ball(400, 300, 1, 1, "red")
b.move(canvas)
```

List example07-08-01.py

```
# coding:utf-8
import tkinter as tk

class Ball:
    def __init__(self, x, y, dx, dy, color):
        self.x = x
        self.y = y
        self.dx = dx
        self.dy = dy
        self.color = color

    def move(self, canvas):
        # 현재 그려진 원을 지운다
        canvas.create_oval(self.x - 20, self.y - 20, self.x + 20, self.y + 20, fill="white", width=0)
        # X좌표, Y 좌표를 움직이게 한다
        self.x = self.x + self.dx
        self.y = self.y + self.dy
        # 다음 위치에 원을 그린다
        canvas.create_oval(self.x - 20, self.y - 20, self.x + 20, self.y + 20, fill=self.color, width=0)
        # 끝을 지나면 반대 방향으로 한다
        if self.x >= canvas.winfo_width():
            self.dx = -1
        if self.x <= 0:
            self.dx = 1
        if self.y >= canvas.winfo_height():
            self.dy = -1
        if self.y <= 0:
            self.dy = 1

# 원을 하나 만든다
b = Ball(400, 300, 1, 1, "red")

def loop():
  # 움직이게 한다
  b.move(canvas)
  # 한 번 더
  root.after(10,loop)

# 윈도를 그린다
root = tk.Tk()
root.geometry("800x600")

# Canvas를 만든다
canvas = tk.Canvas(root, width = 800, height = 600, bg = "white")
canvas.place(x = 0, y = 0)
```

Ball 클래스의 정의

원을 움직이게 하기 위한 메서드

Ball 객체를 만든다

[움직이게 한다]라고 명령할 뿐

다음 페이지에 계속

```

# 타이머를 설정
root.after(10, loop)

root.mainloop()
```


많은 원을 움직이게 한다

example07-08-01.py에서는 하나의 원밖에 움직이지 않지만, 이것을 여러 개로 하는 것은 매우 간단합니다.

먼저 리스트로서 Ball 객체를 준비합니다.

```
balls = [
    Ball(400, 300, 1, 1, "red"),
    Ball(200, 100, -1, 1, "green"),
    Ball(100, 200, 1, -1, "blue")
]
```

2줄을 추가

그리고 이러한 리스트를 for로 반복 처리하기 위해 원을 움직이게 하기 위한 loop 함수를 다음과 같이 수정합니다.

```
def loop():
    # 움직인다
    for b in balls:
        b.move(canvas)

    # 한 번 더
    root.after(10,loop)
```

balls로부터 하나씩 꺼낸다

[움직여]라고 명령한다

이렇게 객체를 리스트로 구성하면 몇 개라도 원하는 만큼 원을 그릴 수 있습니다.

수정이 필요한 것은 데이터 부분뿐이고, 클래스 등의 프로그램을 바꿀 필요가 없습니다.

Lesson 7-9

상속을 사용하면 비슷한 것을 간단하게 만들 수 있다

원뿐만 아니라, 사각, 삼각을 섞어 보자

클래스나 객체의 장점은 만든 처리의 일부만을 변경하기 쉽다는 점입니다. 여기서는 그 성질을 이용해 [사각]과 [삼각]을 섞어서 그릴 수 있게 합니다.

오버라이드 기능을 사용해 다른 부분만을 작성합니다.

기능의 차이는 그리는 부분뿐

지금까지 [원]을 움직이는 프로그램을 만들어 왔는데 [원]뿐만이 아니라 [사각]과 [삼각]을 섞어 움직입니다.

사각과 삼각을 그리는 경우의 차이는 [그리는 형태]뿐, X 좌표와 Y 좌표를 증감하거나 캔버스 끝에 이르렀을 때 방향을 바꾸거나 하는 처리는 같습니다.

그러므로 그리는 부분만 바꾸면 같은 프로그램으로 구현될 것입니다.

사각형을 다루는 클래스를 Rectangle, 삼각형을 다루는 클래스를 Triangle로 만들면 그 차이는 그림7-9-1처럼 될 것입니다.

그림7-9-1 원, 사각형, 삼각형의 처리의 차이

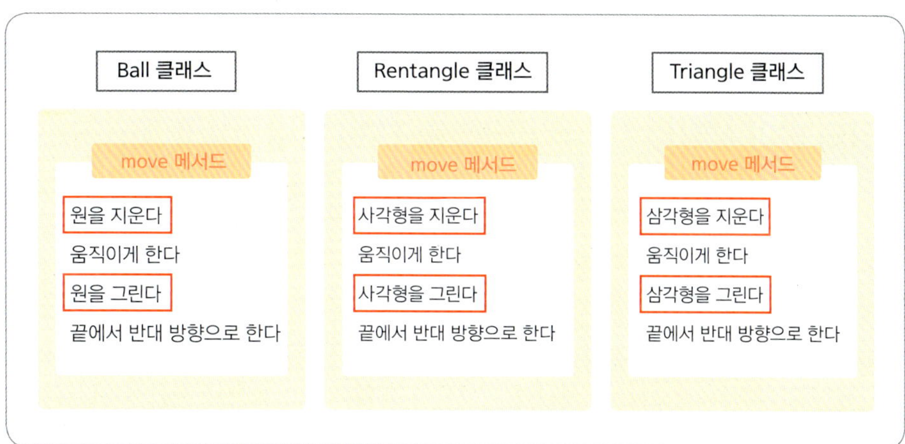

도형을 지우는 처리와 그리는 처리를 다른 메서드로 한다

바로 다음에 설명하지만 클래스에는 메서드 단위로 처리를 변경하는 기능이 있습니다. 이 기능은 [**오버라이드(override)**]라고 불리며 기존의 클래스를 개량해 다른 클래스를 만들 때의 기본이 됩니다.

반복하지만 이 기능을 사용하는 것은 [메서드 단위]입니다. 그림7-9-1에 나타낸 것처럼 다른 점은 [지운다]와 [그린다] 부분이지만 이곳을 바꾸려면 각각 다른 메서드로 구현해야 합니다.

그래서 그동안 만들어 온 Ball 클래스의 move 메서드를 그림7-9-2처럼 변경합니다.

그림7-9-2 지우는 처리와 그리는 처리를 다른 메서드로 나눴다

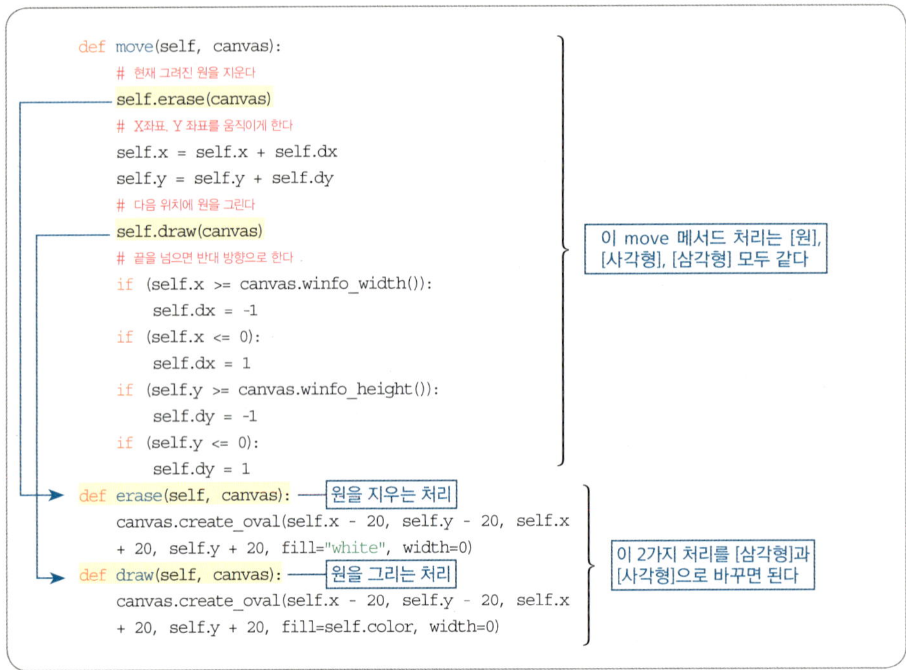

```
def move(self, canvas):
    # 현재 그려진 원을 지운다
    self.erase(canvas)
    # X좌표, Y 좌표를 움직이게 한다
    self.x = self.x + self.dx
    self.y = self.y + self.dy
    # 다음 위치에 원을 그린다
    self.draw(canvas)
    # 끝을 넘으면 반대 방향으로 한다
    if (self.x >= canvas.winfo_width()):
        self.dx = -1
    if (self.x <= 0):
        self.dx = 1
    if (self.y >= canvas.winfo_height()):
        self.dy = -1
    if (self.y <= 0):
        self.dy = 1
def erase(self, canvas):
    canvas.create_oval(self.x - 20, self.y - 20, self.x
    + 20, self.y + 20, fill="white", width=0)
def draw(self, canvas):
    canvas.create_oval(self.x - 20, self.y - 20, self.x
    + 20, self.y + 20, fill=self.color, width=0)
```

이 move 메서드 처리는 [원], [사각형], [삼각형] 모두 같다
원을 지우는 처리
원을 그리는 처리
이 2가지 처리를 [삼각형]과 [사각형]으로 바꾸면 된다

여기서는 지우는 처리를 [erase 메서드], 그리는 처리를 [draw 메서드]로 분리했습니다.

상속 받아 사각형 그리기 클래스를 만든다

이처럼 Ball 클래스를 개량해 두면 이 클래스를 기본으로 사각형을 그리는 Rectangle 클래스를 만드는 것은 간단합니다.

기존 클래스를 기본으로 새로운 클래스를 만드는 것을 [상속]이라고 합니다. 상속 받기 위해서는

서식 상속 받는 클래스의 정의

```
class 새로운 클래스명(기본 클래스명):
```

으로 하면 되고, 같은 이름으로 동작을 하는 메서드 작성은 생략할 수 있습니다. 그래서 Ball 클래스를 상속 받아 사각형을 그리는 Rectangle 클래스를 만들면 다음과 같습니다.

```
class Rectangle(Ball):
    def erase(self, canvas): ──사각형을 지운다
        canvas.create_rectangle(self.x - 20, self.y - 20, self.x + 20, self.y
+ 20,  fill="white", width=0)

    def draw(self, canvas): ──사각형을 그린다
        canvas.create_rectangle(self.x - 20, self.y - 20, self.x + 20, self.y
+ 20,  fill=self.color, width=0)
```

MEMO

Rectangle 클래스는 Ball 클래스를 상속받으려면 이 정의보다 앞에 Ball 클래스가 정의되어 있어야 합니다. 즉, Ball 클래스의 정의([class Ball])보다도 뒤에 Rectangle 클래스를 정의하지 않으면 오류가 발생합니다(이 Lesson 마지막 example07-09-01을 참조).

사각형을 그리려면 **create_rectangle 메서드**를 사용합니다(➜P.192의 표7-2-1를 참조). 여기에 나타낸 것처럼 이 Rectangle 클래스에서는 처리가 다른 erase 메서드와 draw 메서드만 만들고 나머지는 생략합니다. 즉, move 메서드는 Ball 클래스에 구현된 것과 같은 것이 쓰입니다.

이것은 마침 그림7-9-3처럼 [Ball 클래스의 일부 메서드가 덮어쓰여져 있다]라고 생각하면 이해하기 쉬울 것입니다. 클래스에는 [오버라이드]란 단어가 나오지만 이러한 [처리 덮어쓰기]야말로 오버라이드의 실체입니다.

그림7-9-3 오버라이드

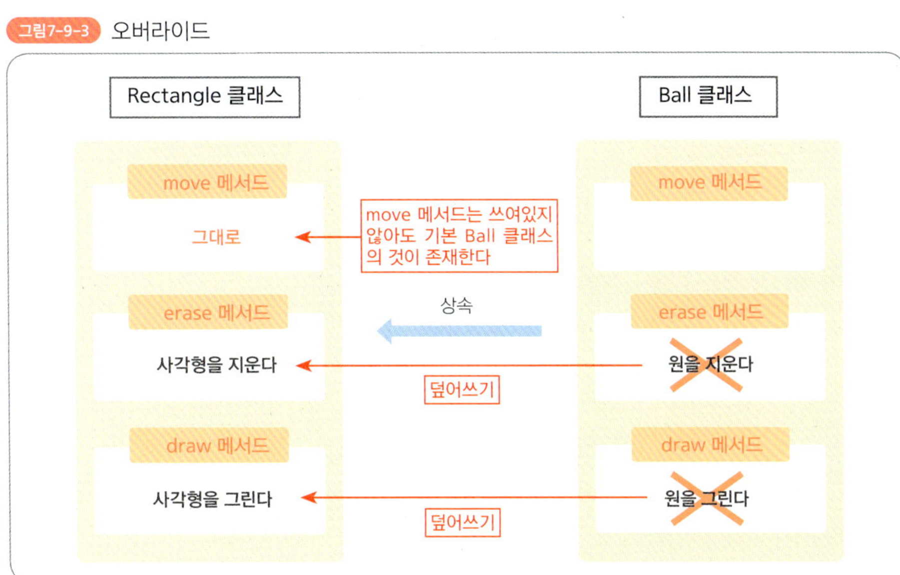

사각형을 그린다

그럼 이렇게 작성한 Rectangle 클래스를 사용해 사각형을 그리려면 그 처리는 다음과 같이 작성합니다.

```
b = Rectangle (400, 300, 1, 1, "red")

def loop():
  # 움직이게 한다
  b.move(canvas)
  # 한 번 더
  root.after(10,loop)
```

원을 다루는 Ball 클래스와의 차이는

```
b = Rectangle (400, 300, 1, 1, "red")
```

1줄 뿐으로 [Ball 클래스가 아닌 Rectangle 클래스를 사용하게 한다]뿐입니다. 실제로 실행하면 그림7-9-4와 같습니다.

그림7-9-4 사각형을 그린다

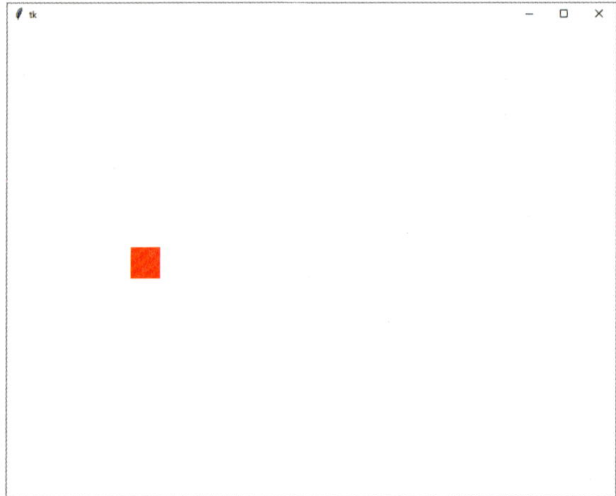

상속 받아 삼각형 그리기 클래스를 만든다

마찬가지로 삼각형을 그리는 Triangle 클래스를 만듭시다.

삼각형을 그리려면 **create_ploygon 메서드**를 사용합니다. create_ploygon 메서드는 다각형을 그리기 기능을 가집니다. 정점이 되는 3점의 좌표를 지정해 삼각형을 그릴 수 있습니다.

앞의 사각형과 마찬가지로 erase 메서드와 draw 메서드를 오버라이드하면 되고 다음과 같이 해서 만들 수 있습니다.

```
class Triangle(Ball):
    def erase(self, canvas): ──삼각형을 지운다
        canvas.create_polygon(self.x, self.y - 20, self.x + 20, self.y + 20,
self.x - 20, self.y + 20, fill="white", width=0)

    def draw(self, canvas): ──삼각형을 그린다
        canvas.create_polygon(self.x, self.y - 20, self.x + 20, self.y + 20,
self.x - 20, self.y + 20, fill=self.color, width=0)
```

삼각형을 그린다

이 Triangle 클래스를 사용해 삼각형을 그리는 것은 다음과 같습니다.

```
b = Triangle(400, 300, 1, 1, "red")

def loop():
  # 움직인다
  b.move(canvas)
  # 한 번 더
  root.after(10,loop)
```

차이는 다음 1줄 뿐입니다.

```
b = Triangle(400, 300, 1, 1, "red")
```

그림7-9-5 삼각형을 그린다

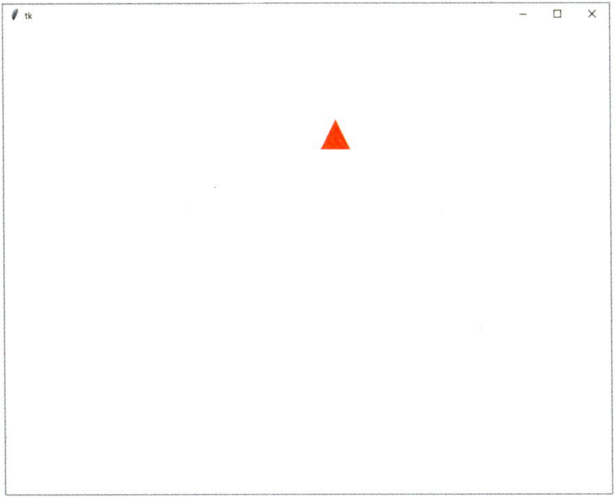

섞어 그린다

지금까지 [원(Ball)], [사각형(Rectangle)], [삼각형(Triangle)] 3개의 클래스를 사용, 각각 그리는 방법을 설명했습니다.

그럼 이것들을 섞어 그리려면 어떻게 해야 할까요? 그것에는 example07_09_01.py처럼 작성합니다.

이 프로그램에서는 먼저 다음과 같이 다 합해서 [원], [사각형], [삼각형]을 만들고 그것을 리스트로 구성하였습니다.

```
balls = [
    Ball(400, 300, 1, 1, "red"),
    Rectangle (200, 100, -1, 1, "green"),
    Triangle(100, 200, 1, -1, "blue")
]
```

그리고 이 balls 변수를 반복 처리해 그립니다(그림7-9-6).

```
for b in balls:
    b.move(canvas)
```

여기에서 핵심이 되는 것이 모든 클래스가 Ball 클래스를 상속받았고, 모두 [move 메서드]를 갖고 있다는 점입니다.

이 반복에서 실행하는 것은 그 객체의 [move 메서드]입니다. 그것이 [원(Ball 객체)], [사각형(Rectangle 객체)], [삼각형(Triangle 객체)] 어느 것인지는 관계 없습니다. 어떤 객체이든 상관없이 단지 [move 메서드만 있으면 똑같이 반복 처리할 수 있다]는 것입니다.

그림7-9-6 원, 사각형, 삼각형을 그린다

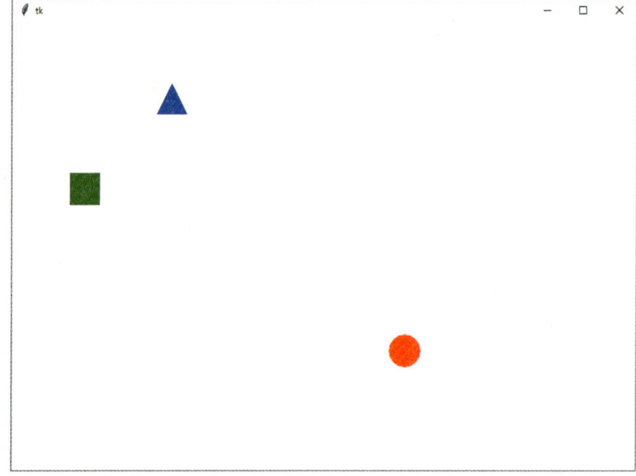

List example07-09-01.py

```
# coding:utf-8
import tkinter as tk
class Ball:
    def __init__(self, x, y, dx, dy, color):
        self.x = x
        self.y = y
        self.dx = dx
        self.dy = dy
        self.color = color

    def move(self, canvas):
        # 현재 그려진 원을 지운다
        self.erase(canvas)
        # X좌표, Y 좌표를 움직이게 한다
        self.x = self.x + self.dx
        self.y = self.y + self.dy
        # 다음 위치에 원을 그린다
        self.draw(canvas)
        # 끝을 넘으면 반대 방향으로 한다
        if (self.x >= canvas.winfo_width()):
            self.dx = -1
        if (self.x <= 0):
            self.dx = 1
        if (self.y >= canvas.winfo_height()):
            self.dy = -1
        if (self.y <= 0):
            self.dy = 1

    def erase(self, canvas):
        canvas.create_oval(self.x - 20, self.y - 20, self.x + 20, self.y + 20, fill="white", width=0)

    def draw(self, canvas):
        canvas.create_oval(self.x - 20, self.y - 20, self.x + 20, self.y + 20, fill=self.color, width=0)

class Rectangle(Ball):
    def erase(self, canvas):
        canvas.create_rectangle(self.x - 20, self.y - 20, self.x + 20, self.y + 20, fill="white", width=0)

    def draw(self, canvas):
        canvas.create_rectangle(self.x - 20, self.y - 20, self.x + 20, self.y + 20, fill=self.color, width=0)

class Triangle(Ball):
    def erase(self, canvas):
```

원을 그리는 클래스

오버라이드 하지 않으므로 이 2개의 메서드는 Rectangle에서도 Triangle에서도 같은 것이 사용된다

사각형을 그리는 클래스

삼각형을 그리는 클래스

다음 페이지에 계속

```
        canvas.create_polygon(self.x, self.y - 20, self.x + 20,
self.y + 20,  self.x - 20, self.y + 20, fill="white", width=0)

    def draw(self, canvas):
        canvas.create_polygon(self.x, self.y - 20, self.x + 20, self.y
+ 20,  self.x - 20, self.y + 20, fill=self.color, width=0)

# 원, 사각형, 삼각형을 합해서 준비한다
balls = [
    Ball(400, 300, 1, 1, "red"),
    Rectangle (200, 100, -1, 1, "green"),
    Triangle(100, 200, 1, -1, "blue")
]
def loop():
    # 움직이게 한다
    for b in balls:
        b.move(canvas)
    # 한 번 더
    root.after(10,loop)

# 윈도를 그린다
root = tk.Tk()
root.geometry("800x600")

# Canvas를 만든다
canvas = tk.Canvas(root, width = 800, height = 600, bg = "#fff")
canvas.place(x = 0, y = 0)

# 타이머를 설정
root.after(10, loop)

root.mainloop()
```

프로그래밍에 익숙해지면 되돌아간다

클래스와 객체는 다소 어려운 개념이므로 익히고 활용하기까지는 당분간 시간이 걸릴 것입니다. 클래스와 객체를 사용하는 것은 필수는 아닙니다. 서두르지 말고 천천히 알아가세요.

클래스와 객체는 프로그래밍 방법이나 설계 문제를 포함하기 때문에 처음 접해서는 감이 오지 않는 게 당연합니다.

오히려, 클래스와 객체를 사용하지 않고 당분간 프로그래밍을 하면서 다시 한번 클래스와 객체를 배우면 [이럴 때 클래스와 객체가 쓸만하구나]라는 사용 시점이 보일 것입니다.

Chapter 8

확장 모듈을 사용해보자

수 맞추기 게임을 만들거나 도형을 움직이면서 지금까지 약간의 놀이 형태로 기본적인 프로그램을 학습했습니다.
Chapter 8에서는 학습의 마무리로 실용적인 프로그래밍에 도전해 봅시다. PDF로 [플래카드]를 만드는 방법을 배웁니다.

Lesson 8-1

그동안의 프로그래밍 학습을 총정리합니다

PDF로 플래카드를 만들자

마지막장에서는 조금 실용적인 프로그램을 만듭니다. 창문에 A4 사이즈의 종이를 붙이고 크게 인쇄한 문자를 나열해 만드는 플래카드입니다.

PDF를 만드는 거라고 하니 어려워 보이는데…

모듈을 사용하면 쉽게 만들 수 있어요!

A4 크기 종이에 한 문자씩 크게 인쇄해서 이어 붙인다

플래카드를 만드는 데는 몇 가지 방법이 있습니다.

플래카드는 원래는 옆으로 긴 종이에 한번에 인쇄하는 것이 보통입니다. 그러나 긴 종이를 준비하는 것은 어려우므로 최근에는 A4 용지에 한 문자씩 인쇄하고, 그것을 나열해서 플래카드식으로 하는 방법이 자주 이용됩니다. 또한, 벽에 부착만 하는 게 아니라 [출], [시], [세], [일] 등 한 문자씩 창문에 붙여 밖을 향하여 어필하는 광고같은 것도 편의점이나 상점 등에서 흔히 볼 수 있습니다(그림8-1-1).

Chapter 8에서는 A4 용지 1장에 한 문자씩 크게 인쇄하고 플래카드를 만들기 위한 프로그램을 Python으로 작성해 그동안의 지식의 복습과 응용에 도전합시다.

그림8-1-1 편의점 창문에 붙인 [출시세일] 플래카드

Python에서 PDF를 만들려면

1장의 종이에 큰 글씨를 인쇄하는 방법은 여러 가지 있지만 여기서는 PDF를 사용합니다. 순서는 Python에서 한 문자가 크게 표시된 PDF를 만들고 그것을 인쇄해 사용하면 좋지만 안타깝게도 Python에는 PDF를 작성하는 기능이 없습니다. 그래서 외부에서 PDF를 만들 수 있는 **추가 기능(모듈)**을 가져와 Python과 연결시켜 PDF를 만들어 대처합니다(그림8-1-2).

Lesson 1-1 프로그램은 명령을 모은 것 ➜P.14에서 설명한 것처럼 누군가가 만든 프로그램을 가져오는 것도 작업 효율을 향상시키는 방법의 1가지였습니다.

그림8-1-2 Python에서 PDF를 만들기 위한 방법

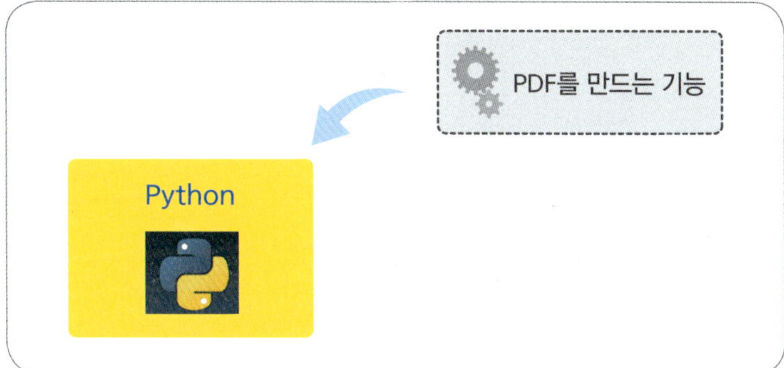

COLUMN

PDF가 뭘까요?

PDF는 Portable Document for mat의 약어로 어도비시스템즈라는 회사가 만든 인쇄를 대상으로 한 파일 형식입니다. 이 회사의 Adobe Reader라는 소프트웨어를 사용해 읽어 열람하거나 인쇄할 수 있습니다.
최근에는 전자 매뉴얼 등이 PDF로 제공되는 것이 많아 대부분의 컴퓨터에서는 PDF 형식의 파일을 더블 클릭하면 열 수 있습니다.
혹시 열리지 않을 때는 아래의 사이트에서 Adobe Reader를 다운받아 설치합니다.

▶ https://get.adobe.com/reader/

Lesson 8-2

확장 모듈이란?

Python에 기능을 추가하는 모듈

Python에서 PDF를 만드는 기능은 모듈로서 제공합니다. 모듈은 몇 가지 기능이 합해져 패키지화되어 있어 설치만으로 여러 기능을 Python에 추가할 수 있습니다.

모듈에는 여러 가지 종류가 있네요.

Python에는 도형 그리기, 과학 계산, 이미지 인식, 기계학습 등이 제공됩니다.

Python에 기능을 추가한다

모듈의 대표적인 것은 예를 들어 과학 계산과 그래프 그리기, 이미지 조작, 그리고 지금과 같은 PDF를 만드는 기능 및 이미지 인식과 최근 유행인 기계학습 등을 들 수 있습니다. 이러한 모든 것은 모듈을 사용해 구현할 수 있습니다(그림8-2-1).

그림8-2-1 모듈로 Python에 기능을 추가한다

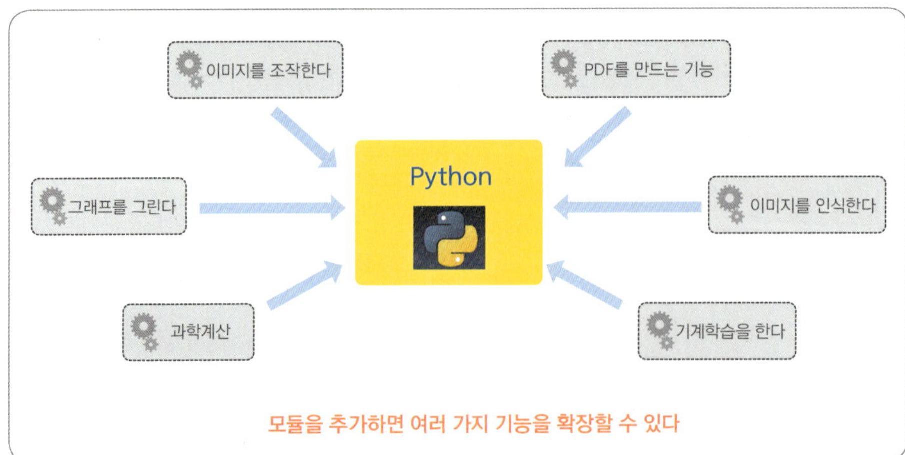

패키지를 설치하기 위한 pip 명령

Python에 기능을 추가하기 위한 모듈은 전 세계에서 다양한 개발자가 만들고 있습니다. 이러한 모듈은 원래대로라면 그 개발자의 홈페이지 등에서 다운받아 설치해야 합니다.

그러나 사실 Python에서는 [Python Package Index(PyPI. 파이파이)]라고 불리는 곳에 전 세계의 개발자가 만든 모듈이 정리되어 있습니다. PyPI에는 모듈을 실제로 설치할 수 있는 형태로 패키지화된 것이 등록되어 있습니다.

모듈을 사용하려면 개발자의 사이트를 여기저기 찾지 않더라도 PyPI에 등록된 것 모두를 한 장소에서 내려받을 수 있는 시스템입니다.

그럼 PyPI로부터 사용할 모듈을 하나씩 설치해야 하느냐면 그런 건 아닙니다.

사실 Python 2.7.9 이후, Python 3.4 이후에는 pip 명령이라는 것이 표준으로 포함되어 있습니다. 이 명령어를 사용해 사용하고 싶은 패키지명·모듈명을 지정하면 PyPI에서 다운받아 설치하는 순서가 일괄적으로 완료됩니다(그림8-2-2)

MEMO

하나의 모듈을 이용하기 위해서 [다른 모듈]이 필요한 것도 있습니다. 이런 전제가 되는 모듈과의 관계를 [의존관계]라고 합니다. pip 명령으로 설치하면 전제가 되는 모듈이 설치되어 있지 않으면 그 전제가 되는 모듈도 자동으로 다운받습니다. 그래서 전제가 되는 모듈을 찾거나 하나씩 설치할 필요는 없습니다.

그림8-2-2 PyPI에 등록되어 있는 것을 pip 명령으로 설치한다

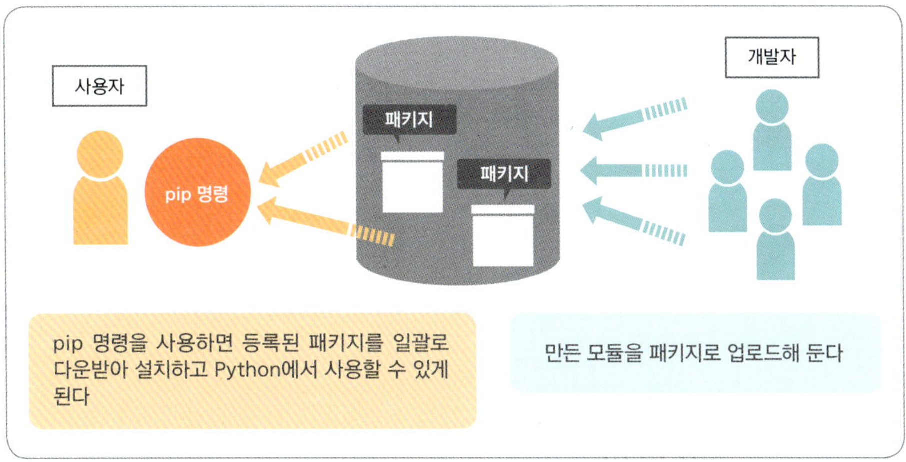

등록되어 있는 패키지는 PyPI 사이트에서 목록을 확인할 수 있습니다(그림8-2-3).

왼쪽 메뉴에서 [Browse packages]를 클릭하면 카테고리별로 패키지 목록을 참조할 수 있습니다. Python에서 뭔가 하고 싶은 것을 생각한다면 이런 패키지를 한번 훑어보면 좋을 것입니다.

▶ https://pypi.python.org/

MEMO

PyPI의 목록이 이용할 수 있는 패키지의 전부가 아닙니다. PyPI에 등록되지 않은 패키지도 있습니다. 그런 패키지는 제공 중인 개발자 사이트에 접속해 그 개발자가 지정하는 방법으로 설치합니다.

그림8-2-3 PyPI 사이트

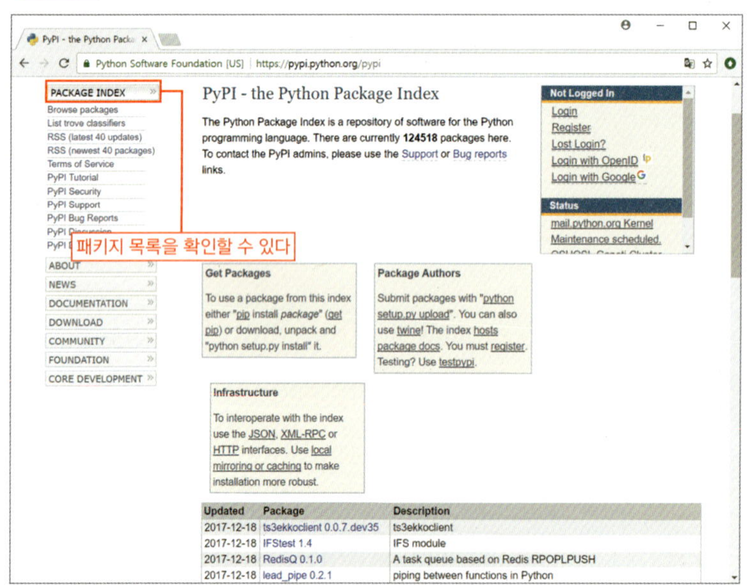

Lesson 8-3

PDF 작성의 흐름을 살펴봅니다

Python에서 PDF 파일을 만들어보자

먼저 처음으로 PDF를 만들기 위한 모듈을 설치합니다. 그리고 그 모듈을 사용해 간단한 PDF를 만듭니다.

바로 모듈을 사용하고 싶어요.

pip 명령으로 모듈을 설치해 봅시다.

PDF를 만들 수 있는 모듈 [ReportLab]

PDF를 다루기 위한 모듈은 몇 가지 있지만 여기서는 한국어도 사용할 수 있는 [ReportLab(리포트 랩)]이라는 모듈을 이용합니다.

ReportLab의 개발 사이트는 다음 URL이지만 pip 명령을 사용하면 개발 사이트가 아닌 PyPI로부터 간단하게 설치할 수 있습니다.

▶ http://www.reportlab.com/

MEMO

ReportLab에는 무료로 이용할 수 있는 [ReportLab open-source]와 PDF를 만들 때 템플릿을 사용할 수 있는 등 기능이 강화된 유료 [ReportLab PLUS] 2가지가 있습니다. 이 책에서는 무료를 이용합니다.

ReportLab을 설치하자

ReportLab의 설치 방법은 Windows와 Mac에서 다릅니다.

Windows인 경우

pip 명령으로 설치할 수 있습니다(그림8-3-1).

1 pip 명령을 입력

Windows의 시작 메뉴의 검색(텍스트 입력할 수 있는 부분)에 다음과 같이 입력합니다.

```
pip install reportlab [Enter]
```

② 모듈을 설치

[명령] 부분에 입력한 문자가 표시되므로 그것을 클릭합니다.

그림8-3-1 ReportLab을 설치한다

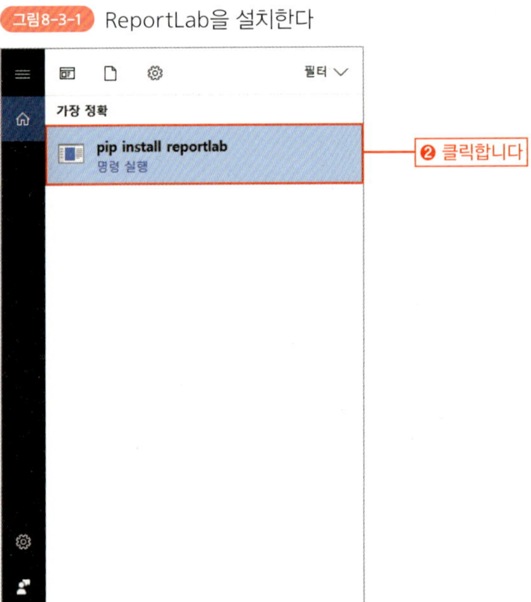

그러면 순간 검은 화면이 표시되고, 설치가 완료됩니다(그림8-3-2).

그림8-3-2 설치 시에 순간 표시되는 화면

```
명령 프롬프트
Collecting reportlab
  Downloading reportlab-3.4.0-cp36-cp36m-win_amd64.whl (2.1MB)
    100% |████████████████████████████████| 2.1MB 2.6MB/s
Requirement already satisfied: setuptools>=2.2 in c:\dev\programdata\anaconda3\lib\site-packages
(from reportlab)
Requirement already satisfied: pip>=1.4.1 in c:\dev\programdata\anaconda3\lib\site-packages (from
 reportlab)
Requirement already satisfied: pillow>=2.4.0 in c:\dev\programdata\anaconda3\lib\site-packages (f
rom reportlab)
Requirement already satisfied: olefile in c:\dev\programdata\anaconda3\lib\site-packages (from pi
llow>=2.4.0->reportlab)
Installing collected packages: reportlab
Successfully installed reportlab-3.4.0

C:\Users\AI_HUBRIS>
```

MEMO

Windows 8/8.1/10의 경우

[⊞](windows)키와 [R]키를 함께 누르면 [파일명을 지정해 실행] 윈도가 표시되므로 [pip install reportlab]으로 입력합니다.

Mac인 경우

Mac의 경우는 다음과 같이 설치합니다. Mac에서는 [pip 명령]이 아닌 [pip3 명령]을 사용하는 점에 주의하세요. 실수로 pip 명령을 사용하면 Mac에 표준으로 설치되어 있는 Python2.x계열에 대한 조작이 됩니다.

1 터미널 실행

LaunchPad를 실행하고, [기타]→[터미널]을 클릭하고 터미널을 실행합니다.

2 pip3을 업그레이드한다

터미널에서 다음과 같이 pip3 명령을 입력하고 업그레이드합니다.

```
pip3 install --upgrade pip Enter
```

3 pip3 명령으로 ReportLab을 설치한다

업그레이드가 끝나면 다음과 같이 pip3 명령을 입력하고 ReportLab을 설치합니다.

```
pip3 install reportlab Enter
```

4 clang 명령의 설치

실행하려면 clang 명령의 설치가 필요하다고 표시됩니다. [설치] 버튼을 클릭하여 설치합니다. 그 후, 사용 허락이 표시되면 허락하여 설치를 진행하세요.

5 다시 ReportLab을 설치한다

clang 명령 설치가 끝나면 다시 한번 3과 같은 명령을 입력하고 다시 설치합니다. 그러면 ReportLab 설치를 완료합니다.

그림8-3-4 ReportLab을 설치한다

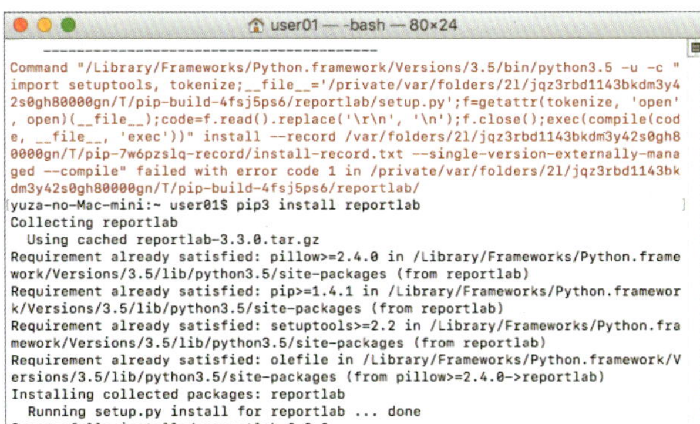

간단한 PDF를 만들어 보자

시작으로 간단한 PDF 파일을 만듭니다. 여기서는 example08-03-01.py를 살펴봅시다. 이 프로그램을 입력하고 실행해보세요(그림8-3-5). 그러면 프로그램을 저장하고 있는 같은 폴더 내에 [example.pdf]라는 PDF 파일이 저장될 것입니다. 더블 클릭해서 파일을 열면 그림 8-3-6처럼 [한글 PDF]라는 글자가 들어 있을 것입니다.

MEMO

PDF 파일을 더블 클릭했을 때 실행하는 소프트웨어는 컴퓨터 환경에 따라 다릅니다. 더블 클릭해도 열리지 않을 때는 Adobe Reader를 설치하세요(P.239의 칼럼을 참조).

List example08-03-01.py

```
# 클래스 임포트
from reportlab.pdfgen import canvas
from reportlab.pdfbase import pdfmetrics
from reportlab.pdfbase.cidfonts import UnicodeCIDFont
import reportlab.lib.units as unit
import reportlab.lib.pagesizes as pagesizes

# 폰트 등록
pdfmetrics.registerFont(UnicodeCIDFont("HYSMyeongJo-Medium"))

# PDF를 만든다
pdf = canvas.Canvas("example.pdf", pagesize=pagesizes.A4)
pdf.setFont("HYSMyeongJo-Medium", 14)
pdf.drawString(10 * unit.mm, 270 * unit.mm, "한글 PDF")
pdf.save()
```

PDF 파일명과 용지의 크기 지정

문자를 쓰기 위한 지정

그림8-3-5 example08-03-01.py를 입력해 실행한다

```
File Edit Format Run Options Window Help
# 클래스 임포트
from reportlab.pdfgen import canvas
from reportlab.pdfbase import pdfmetrics
from reportlab.pdfbase.cidfonts import UnicodeCIDFont
import reportlab.lib.units as unit
import reportlab.lib.pagesizes as pagesizes

# 폰트 등록
pdfmetrics.registerFont(UnicodeCIDFont("HYSMyeongJo-Medium"))

# PDF를 만든다
pdf = canvas.Canvas("example.pdf", pagesize=pagesizes.A4)
pdf.setFont("HYSMyeongJo-Medium", 30)
pdf.drawString(10 * unit.mm, 270 * unit.mm, "한글 PDF")
pdf.save()
```

그림8-3-6 작성된 PDF

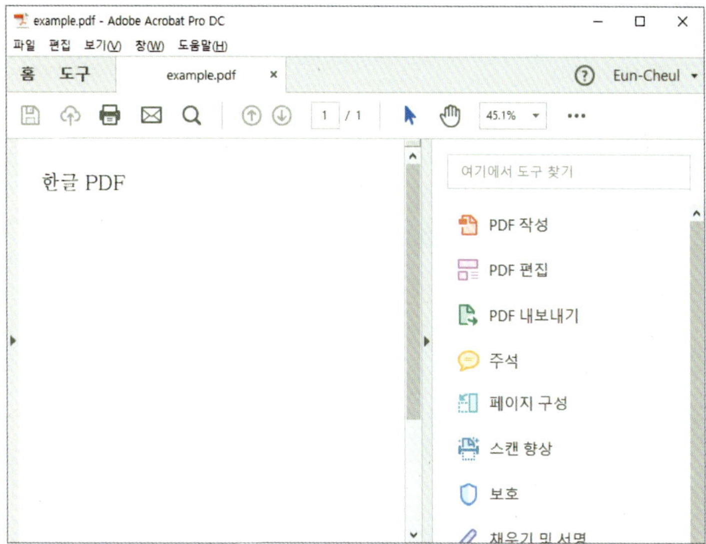

PDF를 만들 때의 흐름

그럼 PDF를 만들 때의 프로그램 흐름을 example08-03-01.py에 따라 설명합니다.

1 모듈 임포트

PDF를 만들기 위한 모듈을 임포트합니다(모듈의 임포트 방법 ➜P.123 참조). ReportLab에는 많은 함수와 클래스가 포함되어 있지만 PDF를 작성하는 경우는 대개 다음 5가지 종류의 클래스를 임포트하는 것이 일반적입니다.

MEMO

[as]로 지정해 임포트할 때의 이름은 어떤 이름이라도 상관없습니다.

```
# 클래스 임포트
from reportlab.pdfgen import canvas
from reportlab.pdfbase import pdfmetrics
from reportlab.pdfbase.cidfonts import UnicodeCIDFont
import reportlab.lib.units as unit
import reportlab.lib.pagesizes as pagesizes
```

▶ canvas

PDF의 그리기 영역(페이지면)을 표현합니다.

▶ pdfmetrics

PDF의 구조를 표현합니다. 폰트 등록 등은 이 클래스를 사용해 조작합니다.

▶ UnicodeCIDFont

폰트를 표현합니다.

▶ unit

단위를 표현합니다. [mm(밀리미터)], [cm(센티미터)] 등이 정의되어 있습니다.

▶ pagesizes

용지 크기를 표현합니다. [A4], [A3] 등이 정의되어 있습니다.

2 폰트의 등록

PDF로 문자를 표시하려면 미리 폰트를 등록해야 합니다.

폰트를 등록하려면 pdfmetrics의 registerFont라는 메서드를 사용합니다. 괄호 안에 지정하는 것은 지정할 문자의 서체-폰트명입니다.

```
# 폰트 등록
pdfmetrics.registerFont(UnicodeCIDFont("HYSMyeongJo-Medium"))
```

자유로운 서체를 사용할 수도 있지만 여기에 있듯이 [UnicodeCIDFont]라는 객체를 사용하면 Acrobat에 포함된 표준 폰트를 이용할 수 있습니다.

Acrobat이 대응하는 표준 폰트의 종류는 표8-3-1과 같습니다. 명조체와 고딕체가 있고, 가장 오래된 Acrobat4에 대응하는 것이 명조체는 [HYSMyeongJo-Medium], 고딕체는 [HYGothic-Medium]입니다.

표8-3-1 표준으로 이용할 수 있는 폰트

Acrobat 버전	명조체	고딕체
Acrobat7 이상	HYSMyeongJo-Medium	HYGothic-Medium

3 캔버스를 만든다

폰트가 준비되면 [캔버스]를 만듭니다. 캔버스는 그릴 수 있는 곳이며 전체 페이지에 해당합니다. 캔버스를 만들려면 [canvas.Canvas()]를 실행해 Canvas 객체를 만듭니다.

```
# PDF를 만든다
pdf = canvas.Canvas("example.pdf", pagesize=pagesizes.A4)
```

먼저 1번째 인수에 출력할 파일명을 지정합니다. 여기서는 [example.pdf]로 했습니다.

다음으로 2번째 인수에는 페이지 크기를 지정합니다. 여기서는 A4 크기를 지정했습니다. 그리고 그 결과를 [pdf] 변수로 받습니다. 다음, 문자나 선, 이미지 등을 이곳에 배치하는 경우에 이 변수 pdf에 대해서 조작해 나가게 됩니다. 물론, pdf라는 변수명은 어떤 이름이라도 상관없습니다.

④ 문자를 출력한다

③ 에서 만든 캔버스에 문자를 출력합니다. 문자를 출력할 때는 우선 이용할 폰트를 선택합니다. 폰트 선택에는 **setFont 메서드**를 사용합니다.
setFont 메서드에는 1번째 인수에 [미리 registerFont 메서드에 등록해 놓은 폰트명 중 1개], 2번째 인수에는 그 폰트의 [크기]를 지정합니다. 크기 단위는 포인트이고, [1포인트=72분의 1인치=약 0.35mm]입니다. 예를 들면, [고딕의 30포인트의 폰트]를 선택하려면 다음과 같이 합니다.

```
pdf.setFont("HYGothic-Medium", 14)
```

setFont로 폰트를 지정하면 다음에 drawString 메서드를 실행하고 문자를 출력합니다. drawstring 메서드 인수는 맨 앞부터 순서대로 [X 좌표, Y 좌표, 출력할 문자열]입니다. 그림 8-3-7과 같이 PDF 좌표는 가장 하단이 [0,0], 위를 향해 Y 좌표, 오른쪽으로 향해 X 좌표가 증가하는 좌표계입니다.
단위는 포인트입니다. 밀리미터로 지정하려면 다음의 예와 같이 X 좌표, Y 좌표에 각각 [unit.mm]를 곱합니다. 이 예에서는 용지의 왼쪽 끝부터 10mm, 용지 아래부터 270mm인 곳에 [한글 PDF]라는 문자열을 표시합니다.

```
pdf.drawString(10 * unit.mm, 270 * unit.mm, "한글 PDF")
```

MEMO

pdf.drawString 메서드를 여러 차례 호출하면 여러 개의 문자열을 표시할 수 있지만 그때마다 setFont 메서드를 실행할 필요는 없습니다. 폰트는 한번 setFont 메서드를 호출해 지정하면 그 다음에 같은 폰트를 사용하는 한은 다시 설정할 필요는 없습니다.

COLUMN

다른 용지 크기로 하고 싶을 때

[pagesize=pagesizes.A4] 부분을 변경하면 다른 용지 크기로 변경할 수 있습니다. 예를 들면 [pagesizes.B5]로 하면 B5 크기가 됩니다. 또한, 임의의 크기로 하고 싶을 때는

```
pdf = canvas.Canvas("example.pdf", pagesize = [210 * unit.mm, 297 * unit.mm])
```

처럼 리스트로 폭과 높이를 지정합니다. PDF 단위는 [포인트]이므로, 밀리미터로 지정하고 싶을 때는 이처럼 [unit.mm]를 곱합니다.

5 저장한다

캔버스에 그리기가 끝나면 마지막으로 **save 메서드**를 호출합니다. 그러면 캔버스를 만들었을 때 지정한 파일명으로 그 PDF 파일이 저장됩니다.

```
pdf.save()
```

기본적으로 PDF 작성의 흐름은 이런 순서입니다. drawString 메서드를 사용할 수 있으면 원하는 곳에 다양한 문자를 인쇄할 수 있습니다. 이 순서를 참고로 하여 다음 Lesson 8-4에서는 실제로 플래카드를 만들어 봅시다.

그림8-3-7 PDF 좌표계

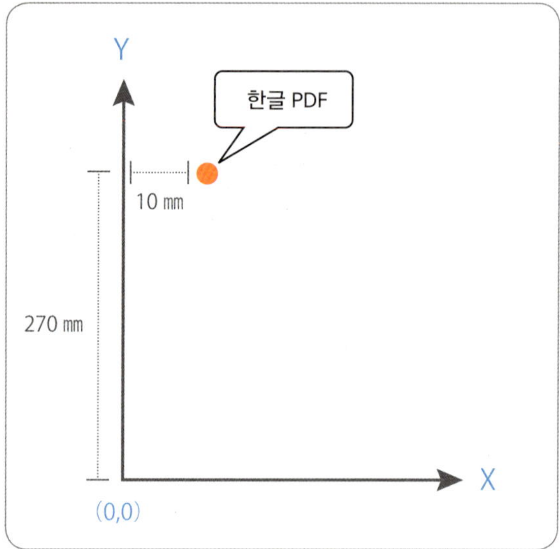

Lesson 8-4

용지에 꽉 차게 문자를 표시하자

플래카드를 만들자

앞 Lesson에서는 [한글 PDF]라는 문자열을 PDF 파일로 했지만, 같은 방법으로 한 페이지에 문자 하나씩 크게 표시하도록 프로그램하면 플래카드를 만들 수 있습니다. 실제로 해봅시다.

종이 1장에 큰 글자 하나씩 넣어서 플래카드를 만들고 싶어요.

A4 용지 1장에 문자 하나씩 쓰려면 for 구문을 사용하는 게 좋겠죠.

긴 문자도 반복을 사용하면 간단하네요!

먼저 문자 하나를 크게 표시해보자

우선은 문자 하나만 용지에 꽉 차게 크게 표시해봅시다. 여기서는 단순히 [가]라는 문자를 A4 크기 가득 표시합니다.

꽉 차게 표시하므로 폰트의 크기는 용지 너비에 맞춥니다(그림8-4-1. 여기에서 말하는 폭은 용지를 길게 놓았을 때의 가로 즉, 짧은쪽 부분입니다).

A4 크기는 너비가 210mm, 높이가 297mm 규격입니다. 그래서 폰트 크기를 너비와 같은 210mm로 지정하면 문자가 가로폭 가득 찬 크기가 됩니다. 그것을 정확히 용지의 중심에 표시하려면 [(높이-폰트 크기)÷2]로 문자를 배치할 때의 Y 좌표로 지정합니다.

실제로 프로그램을 만들어 실행하면 그림8-4-2처럼 [가]라는 문자가 용지 가득한 크기로 중심에 표시됩니다.

약간 중심에서 어긋나는 것은 그 폰트의 폭과 높이에 원래 약간 차이가 있기 때문입니다.

좌표 지정에 실수가 있는 것이 아니라 이것은 디자인상의 문제입니다. 혹시 신경이 쓰인다면 drawString 메서드에서 지정하는 좌표를 약간 비켜서, 표시하는 위치를 조정해 가면 좋을 것입니다.

그림8-4-1 A4 용지 중심에 꽉 차게 표시한다

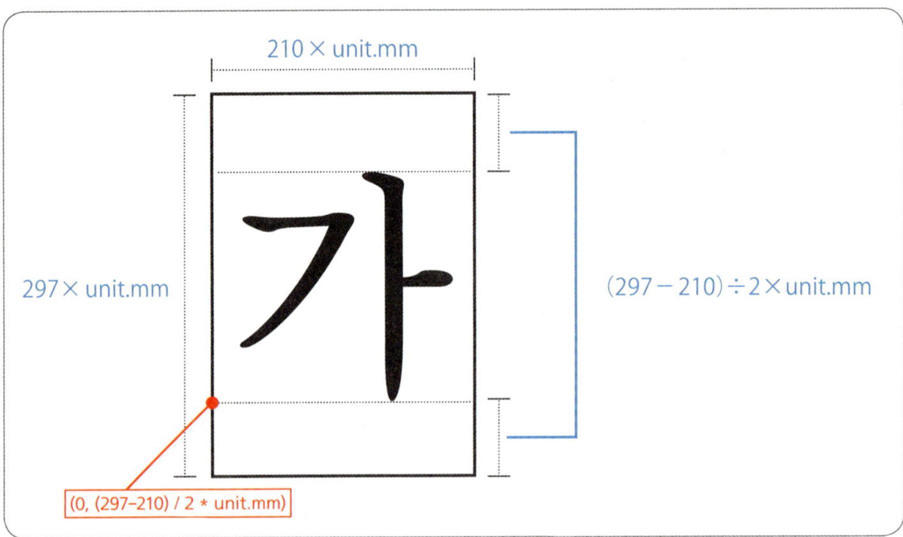

List example08-04-01.py

```python
# 클래스 임포트
from reportlab.pdfgen import canvas
from reportlab.pdfbase import pdfmetrics
from reportlab.pdfbase.cidfonts import UnicodeCIDFont
import reportlab.lib.units as unit
import reportlab.lib.pagesizes as pagesizes

# 폰트 등록
pdfmetrics.registerFont(UnicodeCIDFont("HYSMyeongJo-Medium"))

# PDF를 만든다
pdf = canvas.Canvas("example.pdf", pagesize=pagesizes.A4)
letter = "가"

# 폰트 크기는 용지 너비와 같은 210mm으로 한다
pdf.setFont("HYSMyeongJo-Medium", 210 * unit.mm)
# 높이
h = (297 - 210) / 2 * unit.mm
pdf.drawString(0 * unit.mm, h, letter)
pdf.save()
```

수정 위치

폰트 크기를 210mm로 한다

문자를 출력한다

그림8-4-2 example08-04-01.py 실행 결과

문자열을 문자 하나씩으로 나눠 각각의 페이지에 표시하자

문자 하나씩 크게 표시하는 방법을 알면 여러 개의 문자를 하나씩 분해해 플래카드를 만드는 것은 매우 간단합니다. 단순히 for 루프를 사용해 문자열을 문자 하나씩으로 나누어 반복 처리로 페이지를 만듭니다(그림8-4-3).

실제로 그 프로그램을 나타내면 example08-04-02.py와 같습니다.

이 프로그램은 기본적으로는 for 루프로 문자 수만큼 반복 실행하고 있지만 여기에서 새롭게 사용한 기능으로서 [**페이지 나누기**]라는 처리가 있습니다.

ReportLab 모듈을 사용해 PDF를 작성할 때, [pdf.showPage]처럼 **showPage 메서드**를 호출하면 그곳에서 페이지 나누기를 합니다. 만약 이렇게 쓰는 것을 잊어버리면 모든 문자가 겹쳐서 1장의 페이지에 표시되므로 주의하세요.

그림8-4-3 1장에 문자 하나씩 표시한다

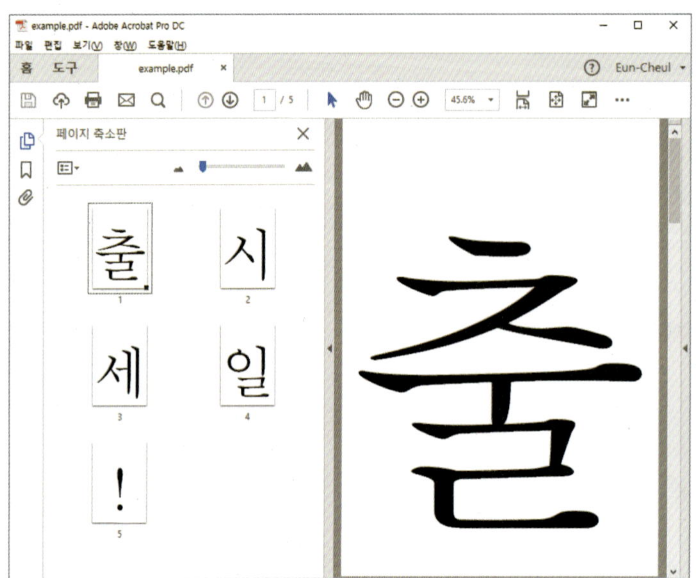

List example08-04-02.py

```
# 클래스 임포트
from reportlab.pdfgen import canvas
from reportlab.pdfbase import pdfmetrics
from reportlab.pdfbase.cidfonts import UnicodeCIDFont
import reportlab.lib.units as unit
import reportlab.lib.pagesizes as pagesizes

# 폰트 등록
pdfmetrics.registerFont(UnicodeCIDFont("HYSMyeongJo-Medium"))

# PDF를 만든다
pdf = canvas.Canvas("example.pdf", pagesize=pagesizes.A4)

title = "출시세일!"
for letter in title:
    # 폰트 크기는 용지 너비와 같은 210mm으로 한다
    pdf.setFont("HYSMyeongJo-Medium", 210 * unit.mm)
    # 높이
    h = (297 - 210) / 2 * unit.mm

    pdf.drawString(0 * unit.mm, h, letter)
    pdf.showPage()

# 저장
pdf.save()
```

인쇄할 문자 (title = "출시세일!")
문자 하나씩 꺼내서 반복한다 (for letter in title:)
페이지 나누기를 한다 (pdf.showPage())
수정 위치

원하는 폰트를 사용하려면

여기서는 [HYSMyeongJo-Medium]라는 명조체 폰트를 이용했는데 플래카드의 용도에 따라서는 조금 더 멋진 폰트를 사용하고 싶을 때도 있겠죠. Python으로 PDF를 만들 때는 물론 그와 같은 폰트를 이용할 수도 있습니다.

원하는 폰트를 사용하고 싶을 때는 그 폰트를 읽어야 합니다. 어떤 폰트가 시스템에 설치되어 있는지는 각각의 컴퓨터 환경에 따라서 다르기 때문에 우선은 [폰트의 파일명]을 조사하는 것부터 시작해야 합니다.

Windows인 경우

[제어판]의 [폰트]를 열면 글꼴 목록이 표시되므로 우클릭 후 [속성]을 선택하여 글꼴 속성을 살펴봅니다(그림8-4-4).

MEMO

그림8-4-4는 필자의 컴퓨터 환경의 것입니다. 어떤 글꼴이 설치되어 있는가는 컴퓨터에 따라서 다릅니다.

그러면 폰트 [종류], [파일명], [위치]를 알 수 있습니다(그림8-4-5).

Python에서 ReportLab 모듈을 사용해 PDF를 만들 때 사용할 수 있는 폰트는 [TrueType 컬렉션 폰트 파일(.TTC)]라는 종류뿐입니다. 그래서 우선은 종류가 [.TTC]인지를 확인합니다.

다음으로 위치와 파일명을 확인합니다. 그림8-4-5의 경우는

```
C:₩Windows₩Fonts₩gulim.ttc
```

임을 알 수 있습니다.

그림8-4-4 제어판의 폰트에서 사용하고 싶은 폰트의 속성을 확인합니다

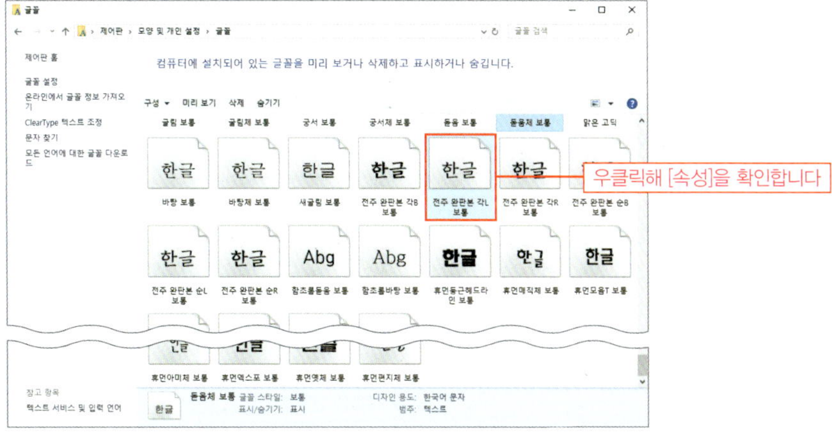

그림8-4-5 폰트의 속성

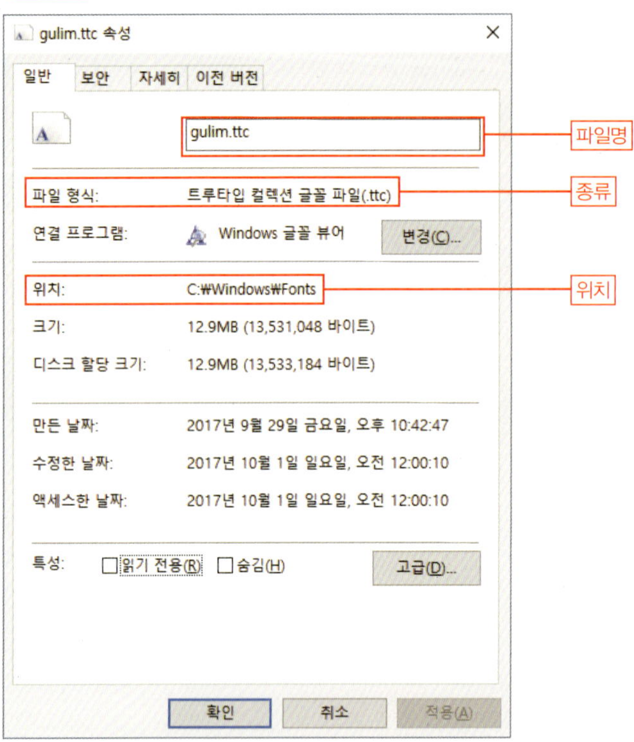

TrueType 폰트를 사용하는 예를 example08-04-03.py에 나타냅니다. 이제까지의 프로그램과 다른 것은 다음입니다.

① 임포트

TrueType 폰트를 사용하려면 다음과 같이 **ttfonts 클래스**를 임포트합니다.

```
from reportlab.pdfbase import ttfonts
```

② 폰트의 등록

TTFont 객체로 폰트를 만들고 그것을 등록합니다.

1번째 인수는 [나중에 폰트를 사용할 때의 임의의 이름(나중에 setFont 메서드로 지정한 이름입니다. 아무거나 상관없습니다)], 2번째 인수는 [지금 조사한 폰트의 파일명]입니다. 여기서는 전자에 [gulim]이란 이름을 붙였지만 실제로는 어떤 이름이든 상관없습니다.

MEMO

Windows 파일의 경로명 구분의 [₩]은 [₩₩]라고 쓰고 있는 점에 주의하세요. 이것은 Python에서는 문자 [₩]는 특별한 이스케이프 기호로 다루기 때문입니다(Lesson 3-7 긴 문자열을 표시해보자 ➜P.75를 참조).

```
pdfmetrics.registerFont(ttfonts.TTFont("gulim","C:₩₩Windows₩₩Fonts₩₩
gulim.ttc"))
```

③ 폰트의 지정

setFont 메서드에서는 ❷의 순서에서 1번째 인수로 지정한 것과 같은 이름을 지정합니다. 즉, ❷의 예에서는 [gulim]이라는 이름으로 등록했으므로 [gulim]을 지정합니다. 그러면 그 폰트로 출력되게 됩니다.

```
pdf.setFont("gulim", 210 * unit.mm)
```

실제로 실행하면 그 폰트를 사용해 PDF가 만들어집니다(그림8-4-6).

그림8-4-6 폰트를 변경한 것

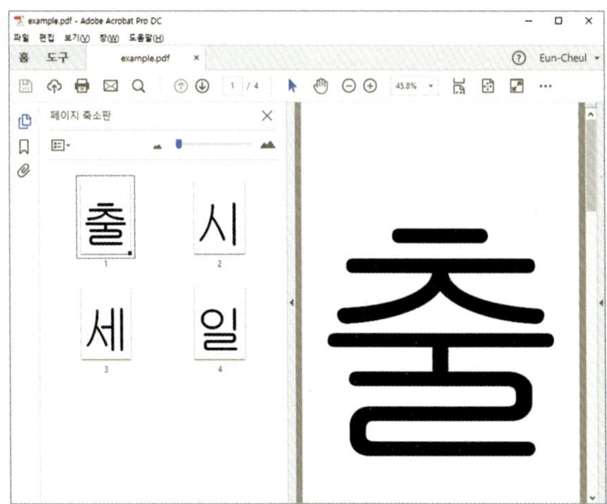

해냈다! 생각한 대로 프로그램하는 것이 되었어!

프로그램도 간단하고 확장 모듈을 사용하면 제작 폭이 넓어져!
Python은 정말로 [쉽고 강력]한 프로그래밍 언어네!

List example-8-04-03.py

```
# 클래스 임포트
from reportlab.pdfgen import canvas
from reportlab.pdfbase import pdfmetrics
from reportlab.pdfbase.cidfonts import UnicodeCIDFont
import reportlab.lib.units as unit
import reportlab.lib.pagesizes as pagesizes

# TrueType
from reportlab.pdfbase import ttfonts

# TrueType 폰트 등록
pdfmetrics.registerFont(ttfonts.TTFont("gulim",
"C:₩₩Windows₩₩Fonts₩₩gulim.TTC"))          ← 수정 위치

# PDF를 만든다
pdf = canvas.Canvas("example.pdf", pagesize=pagesizes.A4)

title = "출시세일"
for letter in title:
    # 폰트 크기는 용지 너비와 같은 210mm으로 한다
    # 폰트 종류는 TTFFont의 첫 번째에 인수에 지정한 것
    pdf.setFont("gulim", 210 * unit.mm)          ← 수정 위치
    # 높이
    h = (297 - 210) / 2 * unit.mm

    pdf.drawString(0 * unit.mm, h, letter)
    pdf.showPage()

# 저장
pdf.save()
```

COLUMN

Mac의 경우

Mac에서는 [OpenType]이라고 하는 폰트가 표준으로 사용됩니다. ReportLab에서는 이러한 폰트를 사용할 수 없습니다.

시판이나 무료 [TrueType 폰트]를 다운받아 그것을 Python 파일과 같은 디렉터리에 두고 다음과 같이 등록해 이용하세요.

```
pdfmetrics.registerFont(ttfonts.TTFont("임의의 이름", "TrueType 폰트의 파일명"))
```

파일명에는 확장자를 붙인다

INDEX

역자의 말

파이썬 프로그래밍의 세계에 오신 것을 환영합니다.

요즘은 파이썬 프로그래밍의 시대라고 해도 과언이 아닙니다. 파이썬 언어는 발표 이후로 꾸준히 사랑받는 언어이며, 특히 최근 제 4차 산업혁명과 인공지능의 붐으로 급속적으로 사용자가 늘고 있습니다. 또한, 파이썬 프로그래머를 필요로 하는 회사도 꾸준히 늘어 취업 전략으로도 필수적이라 생각합니다.

파이썬은 네덜란드의 귀도 반 루섬(Guido Van Rossum)에 의해 개발되었습니다. 파이썬은 고급 프로그래밍 언어이며 문법이 간결해 프로그래밍도 짧은 시간에 배울 수 있습니다. 이미 다른 언어를 공부한 경험이 있는 분이라면 2~3일 정도의 투자로도 파이썬을 배우게 될 것입니다. 이것은 파이썬이 다른 언어와 유사한 문법 구조로 되어 있기 때문입니다.

파이썬이 어떤 언어인지를 모든 언어의 바탕이 되는 C 언어와 비교해 보여드리겠습니다.

다음은 C 언어입니다(//와 #은 각 언어에서 사용되는 설명(주석)입니다).

```
int a;               // a라는 이름의 값을 저장할 수 있는 변수를 선언
a = 5;               // a라는 이름의 변수에 5를 대입
printf( "%d", a );   // a라는 이름의 변수에 들어 있는 값을 출력
```

다음은 위의 C 언어를 파이썬 언어로 구현한 것입니다.

```
a = 5                # a라는 이름의 변수를 선언과 동시에 사용(별도의 선언이 불필요)
print( a )           # a라는 변수에 들어 있는 값을 출력
```

C 언어와 파이썬 언어를 비교해보면 뭔가 비슷하지만 파이썬이 좀 더 짧고 강력한 느낌이 들 것입니다. 책에서는 위와 같이 기존 언어와 유사한 파이썬의 문법 구조를 하나하나 예제와 그림을 통해 쉽고 정확하게 설명하고, 파이썬만의 특징인 인덴트(들여쓰기), 함수 정의, 클래스 생성 방법에 관해서도 설명합니다. 또한, 파이썬을 활용할 수 있도록 간단한 게임도 몇 개 만듭니다.

끝으로 책이 나올 수 있도록 도움을 주신 영진출판사 관계자 분들께 감사드립니다.

2018년 6월 김은철, 유세라

가장 쉬운 파이썬 입문교실

1판 1쇄 발행 2018년 7월 11일
1판 2쇄 발행 2019년 4월 30일

저 자 | 오오사와 후미타카
발행인 | 김길수
발행처 | (주)영진닷컴
주 소 | 서울시 금천구 가산디지털2로 123 월드메르디앙벤처센터2차
10층 1016호 (우)08505

등 록 | 2007. 4. 27. 제16-4189호

ISBN 978-89-314-5800-8

YoungJin.com Y.
영진닷컴